Strategie di Marketing: Dalle Fondamenta alle Frontiere Future

Un Viaggio Completo attraverso Evoluzione, Innovazione e Sostenibilità nel Marketing Moderno

Michele Tampieli

1. **Introduzione al Marketing**: Definizione e importanza del marketing nel mondo degli affari.

2. **Storia del Marketing**: Come il marketing è evoluto nel tempo.

3. **Concetti Base del Marketing**: Mix di marketing (4Ps: Prodotto, Prezzo, Punto vendita, Promozione).

4. **Ricerca di Mercato**: Metodi per raccogliere dati e analizzare il mercato.

5. **Comportamento del Consumatore**: Come capire e influenzare le decisioni di acquisto.

6. **Segmentazione del Mercato**: Identificare e targettizzare i segmenti di mercato più profittevoli.

7. **Branding e Posizionamento**: Creare e gestire un marchio forte.

8. **Strategie di Prezzo**: Determinare il prezzo giusto per i prodotti o servizi.

9. **Canali di Distribuzione**: Scegliere il miglior canale per raggiungere il cliente.

10. **Comunicazione di Marketing**: Pubblicità, PR, vendite personali e promozione delle vendite.

11. **Marketing Digitale**: SEO, social media, email marketing, content marketing.

12. **E-commerce e Marketing Mobile**: Strategie per il commercio elettronico e il mobile marketing.

13. **Analisi delle Performance di Marketing**: Misurare il successo delle strategie di marketing.

14. **Etica nel Marketing**: Principi etici e responsabilità sociale.

15. **Marketing Internazionale**: Affrontare le sfide del marketing globale.

16. **Innovazione e Sviluppo di Nuovi Prodotti**: Dal concetto al lancio sul mercato.

17. **Customer Relationship Management (CRM)**: Gestire relazioni e fidelizzazione del cliente.

18. **Marketing Personale e Networking**: Costruire la propria marca personale e rete di contatti.

19. **Trend Futuri nel Marketing**: Intelligenza artificiale, realtà aumentata, personalizzazione.

20. **Conclusione e Prossimi Passi**: Riassunto delle lezioni chiave e piani d'azione per il futuro.

Introduzione al Marketing: Definizione e importanza del marketing nel mondo degli affari.

Introduzione al Marketing: Definizione e importanza del marketing nel mondo degli affari

Definizione di Marketing

Il marketing è un processo sociale e manageriale attraverso il quale individui e gruppi ottengono ciò di cui hanno bisogno e desiderano, creando, offrendo e scambiando prodotti e servizi di valore con altri. Si tratta di un'attività fondamentale per qualsiasi organizzazione che miri a soddisfare i bisogni e i desideri dei consumatori mediante un'offerta efficace. La sua essenza si trova nella comprensione delle esigenze del mercato e nel rispondere a queste esigenze in modo più efficace rispetto alla concorrenza.

Importanza del Marketing nel Mondo degli Affari

1. **Connessione con il Cliente**: Il marketing permette alle aziende di comprendere le esigenze

e i desideri dei consumatori, stabilendo una connessione vitale che guida allo sviluppo di prodotti e servizi che soddisfano tali esigenze. Questa connessione non si limita alla semplice transazione, ma si estende alla costruzione di relazioni a lungo termine.

2. **Guida all'Innovazione**: Attraverso la ricerca e l'analisi di mercato, il marketing identifica nuove opportunità di business, guidando l'innovazione di prodotti e servizi. Questo non solo soddisfa i bisogni attuali dei consumatori ma anticipa anche future tendenze di mercato.

3. **Differenziazione Competitiva**: In un mercato affollato, il marketing aiuta le aziende a distinguersi dai concorrenti. Attraverso strategie di branding e posizionamento, un'efficace comunicazione di marketing costruisce un'immagine di marca distintiva che attira e mantiene i clienti.

4. **Crescita Economica**: Il marketing stimola la domanda, che a sua volta genera produzione, vendite e, infine, crescita economica. Promuovendo efficacemente i prodotti e servizi, le aziende non solo aumentano i propri profitti ma contribuiscono anche all'espansione economica generale.

5. **Ottimizzazione dell'Offerta**: Attraverso la segmentazione del mercato e il targeting, il marketing consente alle aziende di personalizzare le loro offerte per specifici gruppi di clienti, ottimizzando le risorse e massimizzando la soddisfazione del cliente.

6. **Feedback Continuo**: Il marketing fornisce un meccanismo attraverso il quale le aziende ricevono feedback continuo dai loro clienti. Questo feedback è cruciale per l'adattamento e il miglioramento continuo delle strategie di business.

7. **Sviluppo Sociale**: Oltre agli aspetti economici, il marketing ha un impatto sociale promuovendo prodotti e servizi che migliorano lo stile di vita e rispondono a bisogni sociali, contribuendo così al benessere della comunità.

In conclusione, il marketing non è solo una funzione aziendale; è un processo essenziale che collega le aziende ai loro clienti, guida l'innovazione, crea differenziazione e contribuisce alla crescita economica e allo sviluppo sociale. In un ambiente imprenditoriale in rapida evoluzione, comprendere e implementare strategie di marketing efficaci è più cruciale che mai per il successo e la sostenibilità a lungo termine.

Il marketing, con la sua natura dinamica e multifaccettata, si estende ben oltre la semplice promozione e vendita di prodotti o servizi. È un'interfaccia critica tra un'azienda e il suo ambiente esterno, fungendo da sistema nervoso centrale che raccoglie, analizza e risponde alle informazioni del mercato. Per comprendere appieno l'importanza del marketing nel mondo degli affari, è essenziale esplorare ulteriori dimensioni che evidenziano il suo ruolo cruciale nel plasmare non solo le strategie aziendali ma anche l'impatto sul tessuto socio-economico più ampio.

Ruolo Strategico del Marketing

Il marketing inizia con la comprensione profonda dei bisogni e desideri dei consumatori, ma la sua applicazione va molto oltre. La pianificazione strategica, che si trova al cuore del processo di marketing, permette alle aziende di posizionarsi in modo ottimale nel loro contesto competitivo. Questo processo include l'analisi SWOT (Strengths, Weaknesses, Opportunities, Threats), che aiuta le aziende a comprendere i propri punti di forza e di debolezza interni, nonché le opportunità e le minacce esterne. Attraverso questa analisi, le aziende possono formulare strategie che sfruttano le opportunità di mercato, contrastano le minacce, costruiscono sui punti di forza e affrontano le debolezze.

Marketing e Innovazione

L'innovazione è spesso guidata dal marketing, che agisce come un ponte tra il desiderio di novità dei consumatori e la capacità dell'azienda di soddisfarlo. Il marketing non solo identifica le nuove tendenze e le mutevoli preferenze dei consumatori ma stimola anche l'innovazione interna per creare nuove soluzioni che rispondano a queste esigenze. Questo ciclo di feedback positivo tra innovazione e risposta del mercato alimenta la crescita e il rinnovamento aziendale, consentendo alle aziende di rimanere rilevanti e competitive.

Il Marketing nel Contesto Digitale

L'era digitale ha trasformato radicalmente il paesaggio del marketing, introducendo nuovi canali e strumenti che hanno ampliato le possibilità di connessione con il consumatore. Il marketing digitale, che include SEO, marketing dei contenuti, social media marketing, email marketing e pubblicità online, offre alle aziende opportunità senza precedenti per raggiungere e coinvolgere il pubblico su scala globale. Questi strumenti digitali permettono una segmentazione e personalizzazione molto più sofisticate, migliorando l'efficacia delle campagne di marketing e aumentando il ritorno sull'investimento.

Marketing e Responsabilità Sociale

Il marketing moderno riconosce anche l'importanza della responsabilità sociale d'impresa (CSR). Le aziende sono sempre più consapevoli che il loro ruolo nella società va oltre il mero profitto, abbracciando pratiche etiche e sostenibili che beneficiano sia la comunità che l'ambiente. Le campagne di marketing che evidenziano l'impegno di un'azienda verso la sostenibilità, l'equità e la responsabilità sociale possono rafforzare significativamente la sua immagine di marca e costruire fiducia e lealtà tra i consumatori.

Il Marketing come Motore di Crescita Economica

Infine, il marketing agisce come un motore di crescita economica, stimolando la domanda e incentivando il consumo. Questo, a sua volta, promuove la produzione, l'innovazione e l'occupazione, contribuendo alla vitalità economica di interi settori e nazioni. Inoltre, attraverso la globalizzazione dei mercati, il marketing facilita lo scambio culturale e commerciale tra paesi, promuovendo una maggiore integrazione economica e comprensione reciproca.

In sintesi, il marketing è una disciplina complessa e in continua evoluzione, il cui impatto si estende ben oltre la semplice vendita di prodotti o servizi. Esso gioca un ruolo fondamentale nel definire la direzione strategica delle aziende, nell'innovare per soddisfare le esigenze dei consumatori, nel navigare nel paesaggio digitale, nell'assumere una responsabilità sociale e nel guidare la crescita economica. La sua importanza nel mondo degli affari non può essere sottovalutata, poiché continua a essere un elemento chiave per il successo e la sostenibilità a lungo termine in un ambiente di mercato globale e altamente competitivo.

Per approfondire ulteriormente l'importanza del marketing nel mondo degli affari, è cruciale esplorare come esso si interfacci con le nuove tecnologie, la globalizzazione e i cambiamenti comportamentali dei consumatori, nonché il suo ruolo nel guidare le decisioni aziendali basate sui dati.

Integrazione tra Marketing e Tecnologie Emergenti

Le tecnologie emergenti, come l'intelligenza artificiale (IA), il machine learning, la blockchain e l'Internet delle Cose (IoT), stanno ridefinendo le strategie di marketing. L'IA e il machine learning, ad esempio, consentono un'analisi predittiva e comportamentale avanzata, migliorando la personalizzazione delle campagne di marketing e aumentando l'efficienza attraverso l'automazione. La blockchain promette di rivoluzionare la fiducia e la trasparenza nelle transazioni di marketing, mentre l'IoT apre nuove frontiere nella raccolta di dati in tempo reale e nell'interazione con i consumatori attraverso dispositivi connessi. Queste tecnologie non solo ottimizzano le operazioni di marketing ma creano anche nuove opportunità per coinvolgere i consumatori in modi innovativi.

Marketing e Globalizzazione

La globalizzazione ha ampliato il campo di gioco per le aziende, permettendo loro di accedere a mercati in precedenza inesplorati. Il marketing gioca un ruolo fondamentale nell'adattare le strategie aziendali alle diverse realtà culturali e normative dei mercati globali. Ciò richiede una profonda comprensione delle differenze culturali, dei valori e dei comportamenti dei consumatori in vari paesi. Il marketing transnazionale e multiculturale diventa quindi essenziale per comunicare efficacemente il valore di prodotti e servizi a un pubblico globale, rispettando al contempo le sensibilità locali.

Cambiamenti Comportamentali dei Consumatori

I cambiamenti nel comportamento dei consumatori, spesso guidati da fattori sociali, economici e tecnologici, richiedono un adattamento continuo delle strategie di marketing. La crescente consapevolezza ambientale, ad esempio, ha portato a una maggiore domanda di prodotti sostenibili e etici. Il marketing deve quindi non solo promuovere le caratteristiche e i benefici dei prodotti ma anche comunicare gli impegni dell'azienda verso pratiche sostenibili e responsabili. Inoltre, l'ascesa del consumatore digitale richiede un focus sempre maggiore sul marketing online e sui canali di social media, dove le preferenze e le interazioni dei consumatori possono essere monitorate e analizzate in tempo reale per un targeting più efficace.

Decisioni Aziendali Basate sui Dati

Nell'era del big data, il marketing diventa sempre più guidato dai dati. La raccolta, l'analisi e l'interpretazione di grandi volumi di dati sui consumatori consentono alle aziende di prendere decisioni informate, ridurre i rischi e massimizzare l'efficacia delle campagne di marketing. Questo approccio basato sui dati permette una segmentazione più precisa del mercato, una personalizzazione avanzata delle comunicazioni e un miglioramento continuo delle strategie di marketing attraverso il testing e l'apprendimento. La capacità di trasformare i dati in intuizioni azionabili è diventata una competenza chiave nel marketing moderno, guidando l'innovazione e la competitività aziendale.

In conclusione, il marketing nel mondo degli affari si evolve costantemente, adattandosi ai cambiamenti tecnologici, ai movimenti di globalizzazione, ai nuovi comportamenti dei consumatori e alla crescente importanza dei dati. Queste dinamiche sottolineano il ruolo centrale del marketing non solo come funzione aziendale ma come motore di crescita, innovazione e adattamento in un ambiente di mercato globale e in rapida evoluzione. La capacità di un'azienda di integrare efficacemente il marketing nelle sue strategie e operazioni determinerà in gran parte il suo successo e la sua sostenibilità a lungo termine.

Concludendo l'approfondimento sull'importanza del marketing nel mondo degli affari, è fondamentale riconoscere come questa disciplina trascenda la semplice promozione e vendita, influenzando profondamente ogni aspetto dell'esperienza aziendale e del consumatore. Il marketing si posiziona al centro di un ecosistema dinamico, dove interagisce e si adatta continuamente a variabili come tecnologie avanzate, globalizzazione dei mercati, cambiamenti comportamentali dei consumatori e l'incremento dell'analisi dati. Questa interazione complessa evidenzia il ruolo vitale del marketing nel guidare le strategie aziendali, promuovere l'innovazione e garantire la competitività e la sostenibilità a lungo termine.

Ruolo Vitale nella Strategia Aziendale

Il marketing informa la strategia aziendale a tutti i livelli, fornendo insight critici sui consumatori, sui concorrenti e sulle tendenze di mercato. Attraverso l'analisi e l'interpretazione di dati complessi, il marketing guida lo sviluppo di prodotti, la penetrazione di mercato, lo sviluppo del mercato e la diversificazione, assicurando che le decisioni aziendali siano allineate con le esigenze e le aspettative dei consumatori.

Promotore di Innovazione

L'innovazione, spinta dal marketing, non si limita al prodotto; comprende anche nuovi modelli di business, processi, esperienze di consumo e soluzioni di comunicazione. Il marketing stimola la creatività e l'adozione di tecnologie emergenti per creare valore aggiunto per i consumatori e differenziare l'offerta aziendale in un mercato competitivo.

Adattamento alla Globalizzazione e ai Cambiamenti Comportamentali

In un mondo globalizzato, il marketing abbraccia la diversità culturale e risponde ai cambiamenti comportamentali dei consumatori con strategie flessibili e adattabili. Questo non solo migliora la penetrazione di mercato e l'espansione globale ma rafforza anche la reputazione e l'immagine di marca, promuovendo pratiche etiche e sostenibili che risuonano con i valori dei consumatori moderni.

Basato sui Dati e Orientato al Futuro

Infine, l'enfasi del marketing moderno sull'analisi dei dati e sulla decisione basata su insight approfonditi segna una trasformazione significativa nella sua funzione. Questo approccio basato sui dati non solo ottimizza l'efficacia delle campagne ma guida anche l'innovazione continua e il miglioramento dei prodotti e dei servizi, assicurando che le aziende rimangano all'avanguardia nell'anticipare e soddisfare le esigenze dei consumatori.

In sintesi, il marketing nel mondo degli affari è una forza propulsiva per la crescita, l'adattabilità e il successo a lungo termine. La sua importanza si estende ben oltre la tradizionale concezione di promozione e vendita, abbracciando un ruolo centrale nella definizione delle strategie aziendali, nell'innovazione, nella risposta ai cambiamenti globali e comportamentali, e nell'adozione di un approccio guidato dai dati. In un ambiente di mercato sempre più complesso e competitivo, il marketing emerge come una disciplina indispensabile, fondamentale per navigare le sfide attuali e future e per sfruttare le opportunità che queste presentano.

2. Storia del Marketing: Come il marketing è evoluto nel tempo.

La storia del marketing rappresenta un viaggio affascinante attraverso l'evoluzione delle pratiche e delle teorie che hanno plasmato il modo in cui le aziende comunicano e interagiscono con i loro clienti. Questo percorso si estende da tecniche rudimentali di vendita e baratto a strategie sofisticate basate su dati, riflettendo i cambiamenti nella società, nella tecnologia e nell'economia. La storia del marketing può essere suddivisa in diverse ere significative, ognuna caratterizzata da innovazioni, teorie e metodologie che hanno segnato importanti punti di svolta.

Era della Produzione (Fino agli anni '20)

L'era della produzione è caratterizzata dalla focalizzazione sul miglioramento dell'efficienza produttiva e della distribuzione. In questo periodo, la domanda di beni superava spesso l'offerta, e quindi le aziende si concentravano principalmente sulla produzione. Il concetto di marketing era ancora in una fase embrionale, con poca o nessuna enfasi sulla pubblicità o sulla vendita basata sulle necessità del consumatore.

Era delle Vendite (1920-1950)

Con l'aumento della capacità produttiva e l'inizio della sovrapproduzione, le aziende hanno iniziato a concentrarsi sulle tecniche di vendita per spingere i

prodotti verso i consumatori. Questo periodo vide
l'ascesa della pubblicità aggressiva e delle tecniche di
vendita dirette. Il marketing era visto principalmente
come un mezzo per vendere prodotti esistenti,
piuttosto che come uno strumento per comprendere e
soddisfare le esigenze dei consumatori.

Era del Marketing (1950-1980)

Questo periodo segna un significativo cambiamento di
paradigma, con le aziende che iniziano a riconoscere
l'importanza di orientarsi verso il mercato e i bisogni
del consumatore. La concorrenza intensificata ha
spinto le aziende a differenziarsi attraverso la ricerca di
mercato, lo sviluppo di prodotti basati sulle esigenze
dei consumatori, e strategie di marketing mirate. Il
concetto di mix di marketing (Prodotto, Prezzo,
Promozione, Piazza) è stato introdotto in questo
periodo, diventando fondamentale per la pianificazione
delle strategie di marketing.

Era del Marketing Olistico e Relazionale (1980-Oggi)

L'evoluzione continua del marketing ha portato a
un'era in cui il focus si sposta sulle relazioni a lungo
termine con i clienti, la gestione del valore per il cliente
e l'integrazione di tutti i canali di comunicazione per
creare una strategia coesa. Il marketing relazionale e il
marketing olistico enfatizzano l'importanza di creare
valore non solo per l'azienda ma anche per i clienti,

considerando il contesto sociale e ambientale in cui operano le aziende. Questo periodo ha visto l'ascesa del digitale, del marketing dei contenuti, del social media marketing e di tecniche basate sui dati come il big data e l'analisi predittiva.

Era Digitale e del Dati (Inizio del 21° secolo-Oggi)

L'avvento di Internet e delle tecnologie digitali ha trasformato radicalmente il panorama del marketing, spostando l'attenzione verso il marketing digitale, l'e-commerce, il SEO, il marketing sui social media e le strategie basate sui dati. Le aziende ora hanno a disposizione strumenti avanzati per analizzare i comportamenti dei consumatori, personalizzare le offerte, e interagire con i clienti in tempo reale su piattaforme globali. Il marketing diventa sempre più orientato ai dati, con un'enfasi sulla misurazione del ROI, sull'automazione del marketing e sull'esperienza personalizzata del cliente.

Attraverso queste ere, il marketing si è evoluto da un focus sulla produzione e vendita a un approccio olistico e relazionale che pone il cliente al centro delle decisioni aziendali. Ogni era ha contribuito allo sviluppo di nuovi strumenti, teorie e pratiche che hanno arricchito il campo del marketing, rendendolo una disciplina complessa e multifacettata che continua a evolversi in risposta ai cambiamenti tecnologici, economici e sociali.

Continuando l'esplorazione dell'evoluzione del marketing nel tempo, è rilevante approfondire ulteriormente come le innovazioni tecnologiche, i cambiamenti nei comportamenti dei consumatori e i contesti economici globali abbiano influenzato e continuino a plasmare le strategie di marketing delle aziende.

L'Impatto della Globalizzazione

La globalizzazione ha esteso il campo d'azione del marketing ben oltre i confini nazionali, portando le aziende a competere su scala globale. Ciò ha richiesto un adattamento delle strategie di marketing per tenere conto delle diverse culture, leggi, norme e preferenze dei consumatori internazionali. La capacità di personalizzare e localizzare i messaggi di marketing, pur mantenendo un'immagine di marca coesa a livello globale, è diventata una competenza fondamentale. Le aziende di successo nel contesto globalizzato sono quelle che riescono a bilanciare efficacemente l'universalità del loro marchio con la specificità locale, utilizzando approfondite ricerche di mercato per guidare le decisioni.

La Rivoluzione Digitale e l'Analisi dei Dati

La rivoluzione digitale ha trasformato il marketing da un'attività prevalentemente basata su intuizioni e esperienze a una disciplina guidata dai dati. L'analisi dei dati, il machine learning e l'intelligenza artificiale sono diventati strumenti indispensabili per comprendere i pattern comportamentali dei consumatori, prevedere le tendenze, personalizzare le offerte e ottimizzare le campagne in tempo reale. La capacità di raccogliere, analizzare e agire basandosi su enormi volumi di dati ha reso il marketing più efficiente, efficace e misurabile, permettendo alle aziende di ottimizzare il ritorno sull'investimento e di sviluppare relazioni più profonde e significative con i clienti.

Sostenibilità e Responsabilità Sociale

Negli ultimi anni, l'aumento della consapevolezza riguardo alle questioni ambientali e sociali ha influenzato significativamente il comportamento dei consumatori e, di conseguenza, le strategie di marketing. I consumatori sono sempre più alla ricerca di marchi che non solo offrano prodotti e servizi di qualità ma che si impegnino anche in pratiche di business sostenibili e responsabili. Questo ha portato le aziende a integrare la sostenibilità e la responsabilità sociale nelle loro strategie di marketing, comunicando gli sforzi compiuti in queste aree come parte della loro proposta di valore. Il marketing verde, l'etica del marchio e il marketing sociale sono diventati aspetti chiave che influenzano la percezione del marchio e la fedeltà del cliente.

L'Era dell'Esperienza del Cliente

L'attenzione si è spostata dal vendere prodotti a creare esperienze di valore per i clienti. Nel contesto attuale, l'esperienza del cliente (Customer Experience, CX) emerge come un fattore critico di differenziazione. Le aziende investono in tecnologie come la realtà aumentata, la realtà virtuale e i chatbot per arricchire l'esperienza di acquisto e di servizio. La coerenza tra i vari punti di contatto, dalla ricerca online al servizio post-vendita, diventa essenziale per costruire e mantenere la fiducia e la lealtà del cliente. La personalizzazione, basata su dati comportamentali e preferenze espresse, permette alle aziende di offrire esperienze uniche e personali, aumentando il valore percepito e l'engagement del cliente.

Convergenza tra Tecnologia e Creatività

Infine, l'evoluzione del marketing mostra una crescente convergenza tra tecnologia e creatività. Mentre gli strumenti digitali e l'analisi dei dati offrono insight preziosi e la capacità di misurare l'efficacia delle campagne con precisione, la creatività rimane al cuore del marketing per catturare l'attenzione e suscitare emozioni nei consumatori. La sfida per i marketer moderni consiste nel sfruttare le tecnologie avanzate per amplificare il potere delle narrazioni creative, creando campagne che siano non solo mirate e personalizzate ma anche coinvolgenti e memorabili.

Attraverso queste dimensioni, si evidenzia come il marketing continui a evolversi in risposta a un paesaggio dinamico, dove tecnologia, globalizzazione, sostenibilità e l'esperienza del cliente giocano ruoli chiave. Il futuro del marketing promette ulteriori innovazioni e sfide, con le aziende che devono rimanere agili, reattive e innovative per prosperare in un mercato in costante cambiamento.

La continua evoluzione del marketing si intreccia strettamente con l'evolversi dei mezzi di comunicazione e delle piattaforme digitali, portando alla luce nuove sfide e opportunità per i professionisti del settore. Mentre esploriamo ulteriormente l'evoluzione del marketing, è essenziale considerare come l'innovazione tecnologica e i cambiamenti socio-culturali abbiano aperto nuovi orizzonti per il marketing.

L'Ascesa del Mobile Marketing

L'avvento degli smartphone e dei dispositivi mobili ha rivoluzionato il modo in cui i consumatori accedono alle informazioni e interagiscono con i marchi. Il mobile marketing si è imposto come uno strumento indispensabile, spingendo le aziende a ottimizzare i loro contenuti e le campagne pubblicitarie per i dispositivi mobili. Questo ha incluso lo sviluppo di app dedicate, campagne SMS/MMS, e strategie di posizionamento basate sulla geolocalizzazione, per raggiungere i consumatori in movimento con messaggi tempestivi e pertinenti.

Marketing Influencer e Social Media

Le piattaforme di social media hanno trasformato il panorama del marketing, dando vita al fenomeno del marketing influencer. I marchi collaborano con influencer e creatori di contenuti che possiedono un seguito significativo sui social media per promuovere prodotti e servizi in modo più autentico e credibile. Questo approccio sfrutta la fiducia e l'engagement che gli influencer hanno costruito con il loro pubblico, offrendo un modo efficace per raggiungere nicchie di mercato specifiche e generare conversazioni intorno ai prodotti.

L'Importanza del Content Marketing

Il content marketing è emerso come una strategia chiave, spostando l'attenzione dalla semplice promozione di prodotti alla creazione di contenuti di valore che informano, educano e intrattengono il target di riferimento. Questo approccio aiuta a costruire relazioni a lungo termine con i consumatori, posizionando le aziende come leader di pensiero e risorse affidabili nel loro settore. Blog, video, podcast, e-book e infografiche sono solo alcuni esempi di contenuti che possono migliorare la visibilità del marchio e l'engagement del cliente.

Personalizzazione e Automazione

La tecnologia ha reso possibile un livello senza precedenti di personalizzazione nelle campagne di marketing. Utilizzando i dati raccolti dai comportamenti online dei consumatori, le aziende possono ora creare messaggi altamente personalizzati che rispondono alle specifiche esigenze e preferenze del loro pubblico. L'automazione del marketing, combinata con l'intelligenza artificiale, consente di gestire queste campagne in modo efficiente, assicurando che i messaggi giusti vengano consegnati al momento giusto e attraverso i canali più efficaci.

Responsiveness e Agilità

In un mondo che cambia rapidamente, l'agilità e la capacità di risposta diventano qualità essenziali per le strategie di marketing. Le aziende devono essere in grado di adattarsi rapidamente a nuove tendenze, tecnologie e comportamenti dei consumatori. Ciò significa essere pronti a sperimentare con nuovi canali di comunicazione, adottare approcci innovativi e rivedere rapidamente le strategie in base al feedback del mercato e ai risultati delle analisi dei dati.

Il Futuro del Marketing

Guardando al futuro, è chiaro che il marketing continuerà a evolversi in modi che attualmente possiamo solo immaginare. L'avanzamento dell'intelligenza artificiale, la realtà virtuale, la realtà aumentata e altre tecnologie emergenti promettono di aprire nuove frontiere per l'engagement dei consumatori e l'esperienza del marchio. In questo contesto dinamico, la capacità di innovare, di rimanere flessibili e di adattarsi velocemente sarà cruciale per il successo nel marketing del futuro.

Attraverso queste riflessioni, diventa evidente che il marketing è un campo in continua evoluzione, strettamente legato ai progressi tecnologici e ai cambiamenti nella società. Mentre le aziende cercano di navigare in questo paesaggio complesso, l'abilità di anticipare le tendenze future, di comprendere profondamente i propri consumatori e di utilizzare i dati per guidare le decisioni strategiche sarà sempre più importante.

L'evoluzione del marketing non è solamente una questione di cambiamenti tecnologici o di nuove piattaforme di comunicazione; essa riflette anche una profonda trasformazione nei valori e nelle aspettative dei consumatori. Nel corso degli anni, si è assistito a un crescente desiderio di autenticità, trasparenza e responsabilità sociale da parte delle aziende, fattori che hanno significativamente influenzato le strategie di marketing.

L'Etica e la Sostenibilità nel Marketing

Negli ultimi anni, l'attenzione verso l'etica e la sostenibilità è cresciuta esponenzialmente, diventando un aspetto cruciale nella decisione di acquisto dei consumatori. Le persone sono sempre più alla ricerca di marchi che non solo offrono prodotti e servizi di qualità ma che si impegnano attivamente in cause sociali, ambientali ed etiche. Di conseguenza, il marketing deve riflettere queste preoccupazioni, spostandosi verso campagne che evidenziano l'impegno dell'azienda verso la sostenibilità, l'equità e la trasparenza. Questo include l'uso di materiali ecologici, la promozione di pratiche di produzione etiche e il sostegno a iniziative benefiche.

Il Ruolo dei Dati e della Privacy

Con l'aumento dell'uso dei dati nel marketing, la questione della privacy e della sicurezza dei dati è diventata un argomento di rilievo. I consumatori sono sempre più consapevoli dei dati che condividono online e delle potenziali implicazioni per la loro privacy. Ciò ha portato a un aumento delle normative in materia, come il General Data Protection Regulation (GDPR) nell'Unione Europea, che mirano a proteggere i dati personali degli individui. Le aziende devono quindi navigare in questo panorama complesso, bilanciando l'uso efficace dei dati per il marketing personalizzato con la necessità di rispettare la privacy dei consumatori e di costruire la fiducia.

Marketing Omnicanale

L'approccio omnicanale è diventato un elemento fondamentale delle strategie di marketing moderne, rispondendo alla necessità di offrire un'esperienza cliente coerente e senza soluzione di continuità attraverso diversi punti di contatto. Questo approccio integra i vari canali di comunicazione e vendita, online e offline, assicurando che i messaggi di marketing siano uniformi e che i clienti possano interagire con il marchio in modo fluido, indipendentemente dal canale scelto. L'implementazione efficace di strategie omnicanale richiede un'analisi approfondita del percorso del cliente, l'utilizzo di tecnologie avanzate per la gestione dei dati e un forte allineamento interno tra i diversi reparti dell'azienda.

Intelligenza Artificiale e Marketing Predittivo

L'intelligenza artificiale (IA) sta rivoluzionando il marketing, offrendo strumenti potenti per l'analisi dei dati, la personalizzazione e l'automazione. L'IA consente di identificare modelli e tendenze nei comportamenti dei consumatori, rendendo possibile il marketing predittivo: la capacità di anticipare le esigenze e le preferenze future dei clienti e di offrire prodotti e messaggi mirati prima che il consumatore ne sia consapevole. Questo approccio non solo migliora l'efficacia delle campagne di marketing ma aumenta anche la soddisfazione del cliente, offrendo esperienze altamente personalizzate e pertinenti.

La Crescita del Voice Search e del Marketing Conversazionale

Il crescente uso di assistenti vocali e la popolarità del voice search stanno apportando nuove sfide e opportunità nel campo del marketing. Questo trend richiede un adattamento dei contenuti e delle strategie SEO per ottimizzarli per la ricerca vocale, oltre allo sviluppo di strategie di marketing conversazionale che utilizzino chatbot e assistenti virtuali per interagire con i clienti in modo più naturale e intuitivo. Il marketing conversazionale permette di costruire relazioni più profonde e significative con i clienti, facilitando dialoghi bidirezionali che possono raccogliere insight preziosi e migliorare l'esperienza del cliente.

Questi sviluppi sottolineano l'importanza di restare al passo con i cambiamenti nel comportamento dei consumatori e nelle tecnologie disponibili, richiedendo ai professionisti del marketing di essere costantemente aggiornati, flessibili e pronti ad adattarsi a nuove realtà. Mentre il futuro del marketing continuerà a evolversi in modi inaspettati, una cosa rimane chiara: l'attenzione alle esigenze e ai desideri dei consumatori sarà sempre al centro di strategie di marketing efficaci.

Concludendo, la storia del marketing riflette un viaggio dinamico attraverso le epoche, evidenziando come le strategie e le tattiche si siano evolute in risposta ai cambiamenti tecnologici, economici, sociali e culturali. Questo percorso storico, da semplici transazioni di mercato a sofisticate strategie digitali omnicanale, non solo dimostra l'adattabilità del marketing alle sfide emergenti ma sottolinea anche il suo ruolo cruciale nel connettere le aziende ai loro clienti in modi sempre più significativi e personalizzati.

L'evoluzione del marketing, dalla produzione di massa dell'era industriale all'odierna era dell'informazione e oltre, ha visto il passaggio da un focus sul prodotto a uno sul cliente, dalla comunicazione unidirezionale al dialogo interattivo, dalla standardizzazione alla personalizzazione estrema. Questi cambiamenti sono guidati da una comprensione più profonda dei desideri e delle esigenze dei consumatori, dall'adozione di nuove tecnologie e dall'importanza crescente di valori come l'etica, la sostenibilità e la responsabilità sociale.

Il futuro del marketing continuerà a essere plasmato da innovazioni in aree come l'intelligenza artificiale, il marketing predittivo, la realtà aumentata e virtuale, e le tecnologie blockchain, che promettono di offrire esperienze ancora più immersive, personalizzate e sicure. In questo contesto, i professionisti del marketing dovranno non solo dominare le nuove tecnologie ma anche coltivare una comprensione profonda dei cambiamenti nei valori e nelle aspettative dei consumatori.

Inoltre, la crescente preoccupazione per la privacy e la sicurezza dei dati implica che le aziende dovranno navigare con cautela tra l'uso efficace dei dati per il marketing personalizzato e il rispetto dei diritti dei consumatori alla privacy. Questo equilibrio sarà fondamentale per costruire e mantenere la fiducia dei clienti, un elemento senza tempo e insostituibile del successo nel marketing.

In sintesi, la storia del marketing è la storia di un'adattabilità e innovazione continue, con le aziende che cercano costantemente di anticipare e soddisfare le esigenze dei consumatori in un panorama in rapida evoluzione. Guardando al futuro, il marketing si troverà senza dubbio di fronte a nuove sfide, ma anche a nuove opportunità per creare valore in modi che oggi possiamo solo immaginare. La capacità di anticipare queste tendenze e di adattarsi ad esse determinerà chi tra le aziende riuscirà non solo a sopravvivere ma a prosperare nell'era digitale in continua evoluzione.

3. Concetti Base del Marketing: Mix di marketing (4Ps: Prodotto, Prezzo, Punto vendita, Promozione).

I concetti base del marketing sono fondamentali per comprendere come le aziende comunicano valore e si connettono con i loro clienti. Al centro di questi concetti c'è il mix di marketing, comunemente rappresentato dalle 4Ps: Prodotto, Prezzo, Punto vendita (Place, in inglese), e Promozione. Questo modello fornisce una struttura per le aziende per esaminare e definire le strategie di marketing più efficaci.

Prodotto

Il "Prodotto" si riferisce a qualsiasi bene o servizio che un'azienda offre ai consumatori per soddisfare un bisogno o un desiderio. La definizione di prodotto va oltre la semplice fisicità dell'oggetto venduto, includendo caratteristiche come qualità, design, caratteristiche di marca, imballaggio, e servizi post-vendita. In questa fase, le aziende devono capire profondamente i bisogni dei loro clienti, progettando prodotti che non solo li soddisfino ma li superino, offrendo un valore unico che li distingua dalla concorrenza.

Prezzo

Il "Prezzo" rappresenta l'ammontare di denaro che i consumatori sono disposti a pagare per un prodotto o servizio. La strategia di prezzo deve considerare vari fattori, tra cui i costi di produzione, i prezzi della concorrenza, la percezione del valore da parte del cliente e le condizioni del mercato. Le strategie possono variare significativamente, dall'adozione di prezzi premium che riflettono un'elevata percezione del valore, fino alla penetrazione del mercato con prezzi bassi per guadagnare rapidamente quota di mercato. La determinazione del prezzo giusto è cruciale, poiché influisce direttamente sulle vendite e sulla redditività.

Punto Vendita (Place)

Il "Punto vendita" si riferisce ai canali attraverso i quali il prodotto è venduto e come viene reso disponibile al consumatore finale. Ciò include decisioni su quali intermediari o distributori utilizzare, la selezione dei punti vendita fisici e la presenza in ambienti digitali. In un'epoca di globalizzazione e commercio elettronico, il punto vendita diventa sempre più complesso, richiedendo alle aziende di ottimizzare la loro catena di distribuzione e di garantire che i prodotti siano facilmente accessibili sia online che offline, in modi che soddisfino le preferenze di acquisto dei consumatori.

Promozione

La "Promozione" comprende tutte le attività intraprese per comunicare le caratteristiche e i vantaggi di un prodotto ai consumatori e persuaderli all'acquisto. Questo può includere pubblicità, vendite promozionali, marketing diretto, social media marketing, relazioni pubbliche e altre forme di comunicazione di marketing. L'obiettivo è costruire consapevolezza, generare interesse, stimolare il desiderio e infine indurre all'azione di acquisto. Una strategia promozionale efficace assicura che i messaggi giusti raggiungano il pubblico giusto attraverso i canali più efficaci.

Il mix di marketing delle 4Ps fornisce un quadro per la pianificazione strategica, consentendo alle aziende di bilanciare e ottimizzare questi elementi per raggiungere i loro obiettivi di mercato. Tuttavia, in un ambiente di mercato sempre più orientato al servizio e al cliente, molti studiosi e professionisti hanno ampliato questo modello per includere ulteriori "Ps" come Persone, Processi e Prove fisiche (Physical Evidence), adattandosi meglio al marketing di servizi e alla necessità di un approccio più olistico e centrato sul cliente.

All'interno del contesto del mix di marketing, è fondamentale considerare come ciascuna delle 4Ps interagisca e si influenzi reciprocamente, creando una strategia complessiva che sia coerente e allineata con gli obiettivi dell'azienda. Questa interazione diventa particolarmente evidente in un mercato in rapida evoluzione, dove le aspettative dei consumatori e le tecnologie emergenti possono trasformare rapidamente le pratiche ottimali.

L'Integrazione delle 4Ps

Un aspetto cruciale del mix di marketing è la sua natura integrata. Per esempio, le decisioni sul prodotto influenzano direttamente le strategie di prezzo. Un prodotto innovativo o altamente differenziato può giustificare un prezzo premium, mentre un prodotto in un mercato saturo potrebbe richiedere una strategia di penetrazione basata su prezzi più bassi. Analogamente, la scelta del punto vendita può rafforzare il posizionamento del prodotto e la percezione del valore, con prodotti di lusso venduti in negozi esclusivi o attraverso canali selezionati online.

Evoluzione delle 4Ps

Nell'era digitale, la componente Promozione del mix di marketing si è espansa per includere una vasta gamma di nuovi strumenti e piattaforme, come i social media, il marketing dei contenuti, il search engine marketing (SEM) e l'ottimizzazione dei motori di ricerca (SEO).

Questi canali offrono opportunità senza precedenti per raggiungere e coinvolgere i consumatori in modi più personalizzati e misurabili. Inoltre, la capacità di raccogliere e analizzare grandi quantità di dati sui consumatori in tempo reale permette alle aziende di affinare le loro strategie di marketing con una precisione mai vista prima.

Sfide e Opportunità

Le 4Ps affrontano anche sfide significative in un contesto globale. Le aziende che entrano in nuovi mercati devono adattare il loro mix di marketing per rispettare le differenze culturali, legali e economiche. Il prezzo, in particolare, richiede una considerazione attenta, poiché fattori come il potere d'acquisto, le tasse, i dazi doganali e la concorrenza locale possono influenzare notevolmente la strategia ottimale.

Allo stesso tempo, l'evoluzione tecnologica offre nuove opportunità per innovare in tutti gli aspetti del mix di marketing. Ad esempio, la realtà aumentata (AR) e la realtà virtuale (VR) possono offrire esperienze di prodotto immersive, i sistemi di intelligenza artificiale possono ottimizzare la personalizzazione dei prezzi, e le piattaforme di e-commerce e le app mobili possono estendere il punto vendita a nuovi ambienti digitali.

Verso un Approccio Olistico

Riconoscendo le limitazioni del modello delle 4Ps in alcuni contesti, soprattutto nel marketing di servizi, è emersa l'importanza di considerare elementi aggiuntivi come le Persone (dipendenti e clienti), i Processi (i meccanismi attraverso cui i servizi sono consegnati) e le Prove fisiche (l'ambiente in cui il servizio è fornito e qualsiasi elemento tangibile che serva a comunicare la qualità del servizio). Questi elementi aggiuntivi enfatizzano l'importanza dell'esperienza del cliente e del servizio, riflettendo il passaggio da un'economia basata sui prodotti a una incentrata sui servizi e sulle esperienze.

In conclusione, il mix di marketing rimane uno strumento fondamentale nel toolkit di ogni marketer, offrendo una struttura per pensare strategicamente su come portare al mercato prodotti e servizi. Tuttavia, la sua applicazione richiede una comprensione profonda e in continua evoluzione del contesto di mercato, delle tecnologie emergenti e delle aspettative dei consumatori.

Nell'approfondire ulteriormente i concetti base del marketing e l'interazione tra le 4Ps, è essenziale considerare come questi principi si adattino e si evolvano in risposta ai cambiamenti nel comportamento dei consumatori e nelle dinamiche di mercato. Un aspetto particolarmente rilevante in questo contesto è l'importanza crescente della sostenibilità e della responsabilità sociale d'impresa (CSR) nelle strategie di marketing.

Sostenibilità e Marketing

La crescente consapevolezza e preoccupazione per le questioni ambientali e sociali ha portato i consumatori a favorire marchi e prodotti che non solo soddisfano le loro esigenze ma sono anche percepiti come sostenibili e eticamente responsabili. Questo cambiamento nei valori e nelle aspettative dei consumatori richiede un'adattabilità del mix di marketing per incorporare principi di sostenibilità.

- **Prodotto**: Le aziende sono incoraggiate a progettare e sviluppare prodotti con minor impatto ambientale, attraverso l'uso di materiali riciclati o rinnovabili, una maggiore efficienza energetica e una maggiore durabilità. L'integrazione della sostenibilità nel processo di sviluppo del prodotto può non solo ridurre l'impatto ambientale ma anche creare un nuovo valore per il cliente, differenziando il marchio nel mercato.

- **Prezzo**: La definizione del prezzo deve considerare il costo della sostenibilità, che può essere superiore a quello di prodotti meno sostenibili. Tuttavia, molti consumatori sono disposti a pagare un premio per prodotti che considerano più etici o ambientalmente amichevoli. Le strategie di prezzo devono quindi riflettere il valore aggiunto della sostenibilità, comunicando chiaramente ai consumatori perché un prodotto sostenibile potrebbe avere un costo maggiore.

- **Punto vendita**: La distribuzione sostenibile implica l'ottimizzazione della logistica e della catena di fornitura per ridurre l'impronta di carbonio. Ciò può includere l'adozione di pratiche di trasporto più efficienti, la scelta di packaging sostenibile e la minimizzazione dei rifiuti. Inoltre, la presenza digitale consente di ridurre ulteriormente l'impatto ambientale, offrendo ai consumatori opzioni di acquisto che non richiedono il trasporto fisico.

- **Promozione**: La comunicazione di marketing deve riflettere autenticamente l'impegno dell'azienda per la sostenibilità, evitando accuse di "greenwashing". Ciò implica la trasparenza riguardo le pratiche sostenibili e la condivisione di storie di successo che dimostrino l'impatto positivo dell'azienda. Le campagne di marketing che enfatizzano l'impegno ambientale e sociale possono rafforzare la fedeltà del marchio e attirare nuovi clienti che condividono valori simili.

Digitalizzazione e Personalizzazione

La digitalizzazione ha trasformato il modo in cui le aziende implementano il mix di marketing, offrendo opportunità senza precedenti per la personalizzazione. L'analisi dei dati dei consumatori permette alle aziende di comprendere le preferenze individuali e di adattare il loro approccio di marketing per incontrare le esigenze specifiche di ciascun cliente.

- **Prodotto**: La personalizzazione dei prodotti, dove i consumatori possono modificare aspetti o caratteristiche di un prodotto secondo i propri gusti, è diventata una strategia sempre più popolare, rafforzando il legame tra il cliente e il marchio.

- **Prezzo**: La dinamica dei prezzi, basata sull'analisi del comportamento di acquisto e sulla disponibilità a pagare, consente alle aziende di ottimizzare le strategie di prezzo per massimizzare sia la soddisfazione del cliente che la redditività.

- **Punto vendita**: L'omnicanalità, l'integrazione
  tra i diversi canali di vendita fisici e digitali, offre
  ai consumatori un'esperienza di acquisto senza
  soluzione di continuità, aumentando la comodità
  e la soddisfazione del cliente.

- **Promozione**: Il marketing digitale consente di
  indirizzare messaggi promozionali personalizzati
  ai singoli consumatori, attraverso email
  marketing, pubblicità online mirata e contenuti
  sui social media che risuonano con i loro
  interessi specifici.

In sintesi, l'evoluzione continua del mix di marketing richiede un approccio dinamico e flessibile, che tenga conto delle aspettative in cambiamento dei consumatori, dell'importanza crescente della sostenibilità e delle opportunità offerte dalla tecnologia digitale. Questo implica non solo un adattamento delle strategie esistenti ma anche un impegno costante nell'innovazione e nella sperimentazione per rimanere competitivi in un panorama di mercato sempre più complesso e in evoluzione.

Nell'approfondire ulteriormente il mix di marketing e le sue applicazioni nel contesto attuale, è cruciale esaminare l'impatto delle tecnologie emergenti e delle nuove piattaforme di comunicazione sulle strategie di marketing. La continua evoluzione digitale sta modificando il modo in cui le aziende interagiscono con i consumatori, offrendo nuove vie per creare esperienze di marca coinvolgenti e personalizzate.

Intelligenza Artificiale e Automazione nel Marketing

L'adozione dell'intelligenza artificiale (IA) e dell'automazione nel marketing apre nuove possibilità per ottimizzare e personalizzare le strategie di marketing a un livello mai visto prima. Queste tecnologie permettono alle aziende di analizzare grandi quantità di dati in tempo reale, prevedere comportamenti dei consumatori, e implementare strategie di marketing più efficaci.

- **Prodotto**: L'intelligenza artificiale può aiutare a migliorare il processo di sviluppo del prodotto attraverso l'analisi predittiva delle tendenze di mercato e delle preferenze dei consumatori. Ciò consente alle aziende di adattare i loro prodotti in modo proattivo alle esigenze emergenti dei consumatori, migliorando la rilevanza e l'attrattività dell'offerta.

- **Prezzo**: Le soluzioni di IA possono ottimizzare la strategia di pricing in tempo reale, adattandosi dinamicamente a fattori come la domanda di mercato, il comportamento d'acquisto dei consumatori e le attività dei concorrenti. Questo approccio dinamico al pricing può massimizzare sia le vendite che i margini di profitto.

- **Punto vendita**: L'automazione e l'IA possono rivoluzionare la gestione del punto vendita, sia online che offline, migliorando l'efficienza della catena di fornitura e offrendo esperienze d'acquisto personalizzate attraverso raccomandazioni di prodotti basate su algoritmi.

- **Promozione**: L'intelligenza artificiale consente di creare campagne promozionali ultra-personalizzate, ottimizzando la selezione dei canali, il timing e il contenuto dei messaggi in base alle caratteristiche e al comportamento di ogni singolo consumatore.

Realta Aumentata e Virtuale nel Marketing

La realtà aumentata (AR) e la realtà virtuale (VR) stanno iniziando a giocare un ruolo significativo nelle strategie di marketing, offrendo modalità immersive per coinvolgere i consumatori e arricchire l'esperienza di marca.

- **Prodotto**: Utilizzando l'AR e la VR, le aziende possono offrire ai consumatori esperienze di prova del prodotto virtuali, permettendo loro di visualizzare come i prodotti si adatteranno alla loro vita prima dell'acquisto, migliorando la decisione di acquisto e riducendo il tasso di reso.

- **Promozione**: Le esperienze di marketing immersive tramite AR e VR possono aumentare l'engagement dei consumatori, creando connessioni emotive profonde con il marchio. Queste tecnologie permettono di raccontare storie di marca in modi nuovi e coinvolgenti, trasformando la promozione da un messaggio unidirezionale a un'esperienza interattiva.

Marketing Basato sui Dati e Personalizzazione

Il marketing basato sui dati diventa sempre più centrale, consentendo alle aziende di comprendere profondamente i loro clienti e di personalizzare le interazioni in modo significativo. L'analisi dei dati aiuta a identificare pattern e tendenze nel comportamento dei consumatori, consentendo una segmentazione più precisa e strategie di targeting più efficaci.

- **Analisi comportamentale**: Tracciando e analizzando il comportamento online dei consumatori, le aziende possono identificare le preferenze individuali, i punti di dolore e i momenti chiave del percorso d'acquisto, permettendo di personalizzare l'approccio di marketing per rispondere in modo più efficace alle esigenze del cliente.

- **Personalizzazione in tempo reale**: L'uso avanzato dei dati permette di adattare l'esperienza di navigazione web, le email marketing e le interazioni sui social media in tempo reale, basandosi sulle azioni del consumatore, per offrire contenuti e offerte che rispecchiano le sue preferenze attuali e i comportamenti passati.

Questi sviluppi sottolineano la necessità per le aziende di rimanere all'avanguardia nell'adozione di nuove tecnologie e nell'implementazione di strategie di marketing innovative. Adattarsi rapidamente ai cambiamenti del mercato e alle aspettative dei consumatori, integrando tecnologie emergenti e sfruttando i dati per personalizzare l'esperienza del cliente, è cruciale per costruire relazioni di lungo termine con i consumatori e garantire il successo sostenibile nel panorama competitivo attuale.

L'evoluzione del mix di marketing nell'era digitale richiede un'esplorazione continua delle nuove frontiere del marketing, che comprende non solo l'adozione delle ultime tecnologie ma anche l'attenzione verso le mutevoli aspettative e comportamenti dei consumatori. In questo contesto, diventa fondamentale per le aziende adottare un approccio olistico e integrato al marketing, che consideri non solo i quattro pilastri tradizionali ma anche le nuove dimensioni emergenti.

Marketing Sostenibile e Responsabile

Un aspetto sempre più rilevante nel mix di marketing riguarda l'importanza crescente della sostenibilità e della responsabilità sociale d'impresa. I consumatori di oggi sono sempre più informati e sensibili alle pratiche etiche delle aziende, inclusi gli impatti ambientali e sociali dei loro prodotti o servizi.

- **Prodotto**: Le aziende stanno rispondendo a questa esigenza integrando principi di sostenibilità nella progettazione e produzione dei loro prodotti, come l'utilizzo di materiali riciclati o la riduzione dell'impronta carbonica. Questo non solo migliora l'immagine del marchio ma risponde anche alle aspettative dei consumatori consapevoli.

- **Prezzo**: La trasparenza e l'equità dei prezzi diventano elementi distintivi, poiché riflettono l'impegno dell'azienda verso pratiche etiche. Inoltre, strategie di pricing possono includere incentivi per scelte più sostenibili da parte dei consumatori, come sconti per prodotti riciclabili o riutilizzabili.

- **Punto vendita**: La distribuzione e il retail stanno vivendo una trasformazione verso pratiche più sostenibili, con l'adozione di imballaggi eco-compatibili, la riduzione degli sprechi e l'ottimizzazione della logistica per minimizzare l'impatto ambientale.

- **Promozione**: Le campagne di marketing che evidenziano l'impegno di un'azienda per la sostenibilità possono rafforzare significativamente la lealtà del cliente e l'attrattiva del marchio. La comunicazione autentica riguardo alle iniziative sostenibili e responsabili diventa un fattore chiave per differenziarsi nel mercato.

Customer Experience e Engagement

Nel panorama attuale, il marketing si estende ben oltre la semplice promozione di un prodotto o servizio, impegnandosi nella creazione di esperienze cliente memorabili e significative. Questo implica un focus costante sull'engagement dei consumatori attraverso tutti i punti di contatto con il marchio.

- **Customer Journey Personalizzato**: Le aziende stanno utilizzando dati e analisi avanzate per mappare i percorsi dei clienti in modo dettagliato, offrendo interazioni personalizzate che si adattano alle esigenze e preferenze individuali in ogni fase del viaggio del cliente.

- **Esperienze Omnicanale**: Garantire una presenza coerente e integrata su tutti i canali — sia fisici che digitali — è fondamentale per offrire un'esperienza cliente senza soluzione di continuità. Ciò include l'armonizzazione di messaggi, offerte e servizi clienti attraverso piattaforme online, negozi fisici, social media e oltre.

- **Engagement e Community Building**:
  Fomentare una comunità intorno al marchio
  attraverso eventi, programmi di fidelizzazione, e
  piattaforme di social media consente di costruire
  relazioni profonde con i consumatori,
  trasformando i clienti in veri e propri
  ambasciatori del marchio.

L'integrazione di questi nuovi elementi nel mix di
marketing tradizionale richiede un cambio di mentalità
e l'adozione di un approccio più flessibile e reattivo. Le
aziende devono essere pronte a sperimentare con
nuove strategie, adattarsi rapidamente ai cambiamenti
del mercato e alle preferenze dei consumatori, e
impegnarsi in un processo di apprendimento continuo
per rimanere rilevanti e competitive. La capacità di
anticipare e rispondere alle tendenze emergenti,
integrando considerazioni di sostenibilità,
responsabilità sociale, customer experience ed
engagement nel cuore delle strategie di marketing,
definirà il successo delle aziende nell'era digitale e
oltre.

Concludendo, il mix di marketing, con le sue 4Ps
fondamentali — Prodotto, Prezzo, Punto vendita e
Promozione — rimane una pietra miliare nel pensiero
strategico del marketing. Tuttavia, l'evoluzione
costante del contesto di mercato, guidata
dall'avanzamento tecnologico, dai cambiamenti nei
comportamenti dei consumatori e dall'aumento della

sensibilità verso la sostenibilità e l'etica, richiede un'espansione e un adattamento di questo framework classico.

Integrazione e Innovazione

L'integrazione delle nuove dimensioni — come la sostenibilità, l'esperienza del cliente, l'engagement e la personalizzazione — nel mix di marketing tradizionale non solo risponde alle esigenze emergenti dei consumatori ma offre anche alle aziende opportunità uniche di differenziazione e vantaggio competitivo. L'innovazione continua nei prodotti, nelle strategie di prezzo, nei canali di distribuzione e nelle tecniche promozionali è fondamentale per mantenere il passo con un mercato in rapida evoluzione.

Sostenibilità e Responsabilità Sociale

La sostenibilità e la responsabilità sociale d'impresa sono diventate non solo aspettative dei consumatori ma anche componenti essenziali della reputazione e del valore del marchio. Integrare questi principi nel core del mix di marketing significa non solo rispondere a una domanda di mercato ma anche contribuire positivamente alla società e all'ambiente, costruendo al contempo relazioni di fiducia a lungo termine con i consumatori.

Tecnologia e Personalizzazione

L'avvento delle tecnologie digitali e l'uso strategico dei dati hanno trasformato il panorama del marketing, permettendo una personalizzazione senza precedenti e la creazione di esperienze cliente ricche e coinvolgenti. L'adozione di strumenti come l'intelligenza artificiale, la realtà aumentata e virtuale e l'analisi predittiva può amplificare l'efficacia di ogni componente del mix di marketing, rendendo le campagne più mirate, efficienti e misurabili.

Verso un Marketing Olistico

La necessità di un approccio olistico al marketing è più evidente che mai. Oltre alle 4Ps, le aziende devono considerare elementi come le Persone, i Processi e le Prove fisiche, soprattutto nel marketing dei servizi, dove l'interazione diretta con i clienti e la tangibilità dell'esperienza di servizio sono fondamentali. Inoltre, l'attenzione alla Customer Experience (CX) e all'engagement dei clienti attraverso tutti i punti di contatto diventa cruciale per costruire marchi forti e relazioni durature.

In conclusione, mentre il mix di marketing continua a fornire un framework valido per la pianificazione e l'implementazione delle strategie di marketing, il suo successo nell'era moderna dipende dalla capacità delle aziende di adattarsi, innovare e integrare nuove pratiche e tecnologie. Mantenere un dialogo aperto con i consumatori, capire profondamente i loro bisogni e valori, e rispondere con prodotti, servizi e comunicazioni che riflettano un impegno autentico verso l'eccellenza, la sostenibilità e l'innovazione è la chiave per navigare con successo nel complesso paesaggio del marketing contemporaneo.

4. Ricerca di Mercato: Metodi per raccogliere dati e analizzare il mercato.

La ricerca di mercato è un processo cruciale per comprendere il comportamento dei consumatori, valutare il potenziale di mercato, monitorare la concorrenza e identificare le opportunità di crescita. Si basa su una metodologia sistematica per raccogliere, analizzare e interpretare dati e informazioni che influenzano le decisioni di marketing. Questo processo può essere suddiviso in diverse fasi e utilizza una varietà di metodi per ottenere insight approfonditi.

Tipi di Ricerca di Mercato

1. **Ricerca Primaria**: Direttamente raccolta dall'audience target o dal mercato di interesse. Include sondaggi, interviste, focus group e osservazioni.

2. **Ricerca Secondaria**: Si avvale di dati già esistenti e pubblicati, come studi di settore, rapporti di ricerca, dati demografici e statistiche di mercato.

Metodi di Ricerca Primaria

- **Sondaggi e Questionari**: Strumenti flessibili che possono essere distribuiti su larga scala tramite email, online, telefonicamente o di persona per raccogliere feedback quantitativo.

- **Interviste**: Consentono di ottenere dati qualitativi profondi attraverso conversazioni dirette con i clienti o esperti di settore. Possono essere strutturate, semi-strutturate o non strutturate.

- **Focus Group**: Discussioni di gruppo guidate da un moderatore per esplorare percezioni, opinioni e atteggiamenti dei consumatori su prodotti, servizi o concetti pubblicitari.

- **Osservazione**: L'analisi del comportamento dei consumatori in ambienti naturali o controllati fornisce insight non filtrati sulle abitudini di acquisto e l'uso del prodotto.

Metodi di Ricerca Secondaria

- **Analisi dei Dati di Settore**: Rapporti di ricerca e studi di mercato forniscono una panoramica delle tendenze del settore, della dimensione del mercato e della quota di mercato.

- **Dati Governativi e Statistici**: Informazioni demografiche, economiche e sociali disponibili pubblicamente che possono aiutare a identificare le tendenze di mercato e le opportunità di crescita.

- **Analisi Competitiva**: L'esame delle strategie, dei prodotti, delle vendite e delle attività di marketing dei concorrenti offre preziose informazioni competitive.

Analisi e Interpretazione dei Dati

Una volta raccolti i dati, l'analisi e l'interpretazione sono fondamentali per trasformare le informazioni grezze in insight utili. L'uso di software statistico e strumenti di analisi dei dati aiuta le organizzazioni a identificare pattern, tendenze e correlazioni nei dati di mercato. Questo processo include l'analisi quantitativa, per misurare l'estensione di fenomeni osservati, e l'analisi qualitativa, per comprendere il significato e il contesto delle informazioni raccolte.

Conclusione

La ricerca di mercato è indispensabile per qualsiasi strategia di marketing efficace. Offre una base solida su cui costruire piani di marketing, sviluppare prodotti che soddisfano le esigenze dei consumatori e implementare campagne promozionali mirate. Inoltre, fornisce alle aziende le conoscenze necessarie per anticipare i cambiamenti di mercato, adattarsi alle evoluzioni dei comportamenti dei consumatori e mantenere un vantaggio competitivo nel loro settore.

L'evoluzione della ricerca di mercato e l'adozione di nuove tecnologie hanno ulteriormente ampliato il campo delle possibilità per le aziende di raccogliere e analizzare dati pertinenti al mercato. Questi sviluppi offrono nuovi metodi e strumenti per ottenere una comprensione più profonda e accurata dei consumatori e delle dinamiche di mercato.

Tecnologie Emergenti nella Ricerca di Mercato

- **Intelligenza Artificiale (IA) e Machine Learning**: L'IA e il machine learning stanno rivoluzionando la ricerca di mercato, permettendo l'analisi di grandi volumi di dati in tempo reale. Queste tecnologie possono identificare tendenze e pattern nascosti nei dati, migliorando la precisione delle previsioni di mercato e personalizzando le offerte per i clienti.

- **Big Data**: L'uso del big data nella ricerca di mercato consente alle aziende di analizzare una vasta gamma di informazioni provenienti da diverse fonti, inclusi dati transazionali, social media, sensori IoT e altro. Questo approccio olistico offre una visione a 360 gradi del comportamento dei consumatori e delle opportunità di mercato.

- **Social Media Analytics**: L'analisi dei social media fornisce accesso in tempo reale ai sentimenti e alle opinioni dei consumatori. Monitorando le conversazioni sui social media, le aziende possono raccogliere feedback preziosi sui prodotti, identificare influencer di marca e monitorare la reputazione del brand.

Approcci Innovativi nella Raccolta dei Dati

- **Tecnologie Wearable e Mobile Tracking**: L'utilizzo di dispositivi indossabili e applicazioni mobile per il tracciamento delle attività quotidiane offre un'opportunità unica per raccogliere dati comportamentali in tempo reale. Questi dati possono fornire insight preziosi sulle abitudini di vita, sulle preferenze di consumo e sulla salute dei consumatori.

- **Esperienze Immersive per la Ricerca**: La realtà virtuale (VR) e la realtà aumentata (AR) stanno trovando applicazioni nella ricerca di mercato, permettendo alle aziende di testare concept di prodotti, packaging e esperienze di acquisto in ambienti virtuali controllati. Questo non solo riduce i costi associati alla ricerca tradizionale ma offre anche la possibilità di testare in modo più approfondito le reazioni dei consumatori.

Sfide e Considerazioni Etiche

Nonostante i vantaggi offerti dalle nuove tecnologie e metodi di ricerca di mercato, le aziende devono affrontare anche sfide significative, in particolare in termini di privacy e etica. La raccolta e l'analisi dei dati comportamentali e personali sollevano questioni importanti riguardo alla protezione dei dati dei consumatori. Le aziende devono quindi navigare con attenzione le normative sulla privacy, come il GDPR nell'Unione Europea, e assicurarsi di raccogliere e utilizzare i dati in modo responsabile e trasparente.

Conclusione Parziale

La ricerca di mercato continua a evolversi, spinta dall'innovazione tecnologica e dall'esigenza di comprendere in modo sempre più dettagliato e profondo i consumatori in un mercato globale e interconnesso. L'adozione di nuovi strumenti e metodi, insieme a un'attenzione scrupolosa alle questioni etiche e alla privacy, permetterà alle aziende di rimanere competitive, anticipando le tendenze di mercato e rispondendo efficacemente alle esigenze dei consumatori. L'impegno verso una ricerca di mercato innovativa e responsabile è fondamentale per guidare le strategie di marketing nel futuro.

Mentre esploriamo ulteriormente l'evoluzione e le nuove frontiere della ricerca di mercato, è cruciale riconoscere l'impatto delle tendenze emergenti e dei cambiamenti nel comportamento dei consumatori sullo sviluppo di strategie di ricerca innovative. Questi cambiamenti richiedono non solo l'adozione di nuove tecnologie ma anche un ripensamento delle metodologie tradizionali di ricerca per rimanere allineati con le dinamiche di mercato in continua evoluzione.

Personalizzazione e Micro-segmentazione

La crescente domanda di personalizzazione da parte dei consumatori spinge le aziende a esplorare metodi di ricerca che consentano una micro-segmentazione avanzata del mercato. Questo approccio si concentra sull'identificazione di nicchie di mercato estremamente specifiche e sulla comprensione delle esigenze e dei desideri unici dei gruppi di consumatori all'interno di queste nicchie. Utilizzando sofisticate tecniche di analisi dei dati, le aziende possono ora sviluppare prodotti, servizi e messaggi di marketing altamente personalizzati che risuonano profondamente con segmenti di clientela molto ristretti.

Customer Journey Analytics

L'analisi del percorso del cliente (Customer Journey Analytics) diventa sempre più importante nella ricerca di mercato, offrendo insight dettagliati sulle esperienze dei consumatori attraverso tutti i punti di contatto con il marchio. Questo approccio olistico permette alle aziende di identificare punti di forza e aree di miglioramento nell'interazione con i clienti, dalla consapevolezza del brand fino all'acquisto e oltre. Mappare in modo efficace il customer journey aiuta a ottimizzare l'esperienza del cliente, aumentando la soddisfazione e la fedeltà.

Analisi Predittiva

L'analisi predittiva utilizza dati storici e algoritmi di machine learning per prevedere comportamenti, tendenze e risultati futuri. Nella ricerca di mercato, questo metodo offre la possibilità di anticipare i cambiamenti nei comportamenti dei consumatori, l'emergere di nuove tendenze e la domanda di prodotti o servizi non ancora espressi. Questa capacità predittiva consente alle aziende di essere proattive nelle loro strategie di marketing, sviluppando offerte che soddisfano le esigenze future dei consumatori prima che diventino evidenti.

Sentiment Analysis e Social Listening

Il monitoraggio delle conversazioni online e l'analisi del sentiment dei consumatori sui social media offrono preziose informazioni sulle percezioni del pubblico riguardo marchi, prodotti e servizi. Questi metodi, noti come social listening e sentiment analysis, permettono alle aziende di catturare feedback non sollecitato e autentico, identificare influencer e advocate del brand, e rispondere in tempo reale a preoccupazioni o tendenze emergenti. Questa forma di ricerca continua consente un'agilità senza precedenti nel gestire la reputazione del marchio e nel sfruttare le opportunità di engagement.

Netnografia

La netnografia, una metodologia di ricerca qualitativa che adatta le tecniche etnografiche allo studio delle comunità online, fornisce insight profondi sulla cultura e sul comportamento dei consumatori nel loro ambiente digitale naturale. Attraverso l'osservazione e l'analisi delle interazioni nei forum online, nei blog e sui social media, le aziende possono ottenere una comprensione autentica delle esperienze dei consumatori, dei loro valori e delle dinamiche sociali che influenzano le decisioni di acquisto.

Conclusione Parziale

L'adattamento e l'innovazione continui nella ricerca di mercato sono fondamentali per navigare con successo l'ambiente di mercato in rapido cambiamento di oggi. L'incorporazione di nuove tecnologie, la focalizzazione su personalizzazione e micro-segmentazione, l'esplorazione di metodi avanzati di analisi dei dati e l'adozione di approcci etici e responsabili nella raccolta e nell'uso dei dati sono tutti elementi chiave che permettono alle aziende di rimanere all'avanguardia. Mentre le sfide diventano più complesse, le opportunità di ottenere insight preziosi e di costruire relazioni significative con i consumatori non fanno che espandersi, guidando l'innovazione e la crescita nel panorama competitivo globale.

Approfondendo ulteriormente il campo della ricerca di mercato, è fondamentale esaminare come l'integrazione delle tecnologie emergenti e delle metodologie innovative continui a trasformare il modo in cui le aziende comprendono e interagiscono con i loro mercati di riferimento. Questo processo non si limita alla mera raccolta di dati, ma si estende all'interpretazione e all'applicazione di questi dati per guidare decisioni strategiche informate. La dinamica in evoluzione del mercato globale richiede un approccio sempre più sofisticato e personalizzato alla ricerca di mercato, evidenziando l'importanza di adattarsi alle nuove realtà e di sfruttare al meglio le opportunità emergenti.

Intelligenza Artificiale e Machine Learning

L'intelligenza artificiale (IA) e il machine learning stanno rivoluzionando la ricerca di mercato, rendendo possibile l'analisi di grandi volumi di dati in modo più efficiente e accurato. Queste tecnologie possono identificare pattern e tendenze che sarebbero difficili, se non impossibili, da rilevare manualmente. L'applicazione dell'IA nella segmentazione del mercato, nell'analisi del sentiment e nella previsione delle tendenze consente alle aziende di ottenere insight più profondi e azionabili, migliorando la capacità di prendere decisioni basate sui dati in tempo reale.

Big Data e Analitica Avanzata

L'era del big data offre opportunità senza precedenti nella ricerca di mercato. La capacità di aggregare, analizzare e interpretare enormi set di dati provenienti da diverse fonti digitali apre nuove vie per comprendere comportamenti, preferenze e tendenze dei consumatori. Le aziende stanno adottando strumenti e tecniche di analitica avanzata per trasformare questi dati in insight strategici, che possono poi essere utilizzati per personalizzare offerte, ottimizzare le strategie di marketing e migliorare l'esperienza del cliente.

Virtual Reality (VR) e Augmented Reality (AR)

La realtà virtuale (VR) e la realtà aumentata (AR) stanno iniziando a giocare un ruolo importante nella ricerca di mercato, offrendo metodi innovativi per testare prodotti, concept e esperienze di consumo in ambienti simulati. Queste tecnologie permettono alle aziende di condurre ricerche di mercato in modo più immersivo e interattivo, fornendo insight preziosi sulle reazioni dei consumatori e sulle preferenze in scenari quasi reali. L'uso di VR e AR nella ricerca di mercato non solo migliora la qualità e l'affidabilità dei dati raccolti ma apre anche la porta a nuove forme di esplorazione del comportamento del consumatore.

Etica e Privacy dei Dati

Man mano che le metodologie di ricerca di mercato diventano sempre più sofisticate e intrinsecamente legate alla tecnologia, emergono importanti questioni etiche, in particolare riguardo alla privacy e alla sicurezza dei dati. Le aziende devono navigare con attenzione le normative in continua evoluzione relative alla raccolta, all'uso e alla condivisione dei dati dei consumatori, assicurando trasparenza e ottenendo il consenso esplicito quando necessario. La fiducia dei consumatori è fondamentale in questo contesto, e le pratiche etiche nella gestione dei dati non solo sono obbligatorie dal punto di vista legale ma sono anche cruciali per costruire e mantenere questa fiducia.

Collaborazione e Condivisione delle Conoscenze

La ricerca di mercato sta diventando sempre più una disciplina collaborativa, con aziende, istituti di ricerca e accademici che condividono conoscenze, dati e insight per arricchire la comprensione collettiva dei mercati e dei comportamenti dei consumatori. Questo approccio cooperativo aiuta a superare i limiti delle singole organizzazioni, accelerando l'innovazione e migliorando la precisione e la rilevanza degli insight di mercato. Le piattaforme di condivisione delle conoscenze e le partnership strategiche tra diversi stakeholder stanno diventando comuni, evidenziando l'importanza di un approccio olistico e integrato alla ricerca di mercato.

Conclusione Parziale

La continua evoluzione della ricerca di mercato, guidata dall'adozione di tecnologie avanzate, dall'approfondimento delle metodologie di analisi e dall'impegno verso l'etica e la privacy dei dati, sottolinea la necessità per le aziende di rimanere agile e informato. L'abilità di adattarsi rapidamente alle nuove tendenze, di abbracciare l'innovazione e di sfruttare le opportunità emergenti è fondamentale per mantenere un vantaggio competitivo in un mercato globale in rapido cambiamento. Mentre le sfide diventano più complesse, le opportunità per ottenere insight preziosi e costruire relazioni profonde con i consumatori non fanno che aumentare, spingendo le aziende verso nuove frontiere della conoscenza e della comprensione del mercato.

In conclusione, la ricerca di mercato si posiziona come una colonna portante essenziale per qualsiasi strategia di business orientata al successo nel contesto contemporaneo. La sua evoluzione, guidata da progressi tecnologici e metodologici, ha trasformato profondamente il panorama della raccolta e dell'analisi dei dati, offrendo alle aziende una comprensione senza precedenti dei propri mercati di riferimento. La capacità di attingere a un vasto serbatoio di dati, combinata con strumenti analitici avanzati, ha reso possibile una precisione e una profondità di insight che erano inimmaginabili solo pochi decenni fa.

La ricerca di mercato moderna si avvale di tecniche quali l'intelligenza artificiale, il machine learning, il big data e l'analitica avanzata, oltre a sperimentare con realtà aumentata e virtuale per creare esperienze immersive che possono rivelare dinamiche di consumo altrimenti nascoste. Questi strumenti non solo migliorano la capacità delle aziende di comprendere i desideri e le esigenze dei consumatori ma aprono anche la strada a innovazioni in termini di prodotti, servizi e strategie di comunicazione.

Tuttavia, la potenza di queste tecnologie comporta anche una grande responsabilità. Le questioni etiche relative alla privacy e alla sicurezza dei dati dei consumatori sono diventate centrali, con le aziende costrette a navigare un terreno normativo complesso per garantire che le loro pratiche di raccolta e utilizzo dei dati siano trasparenti, sicure e responsabili. Il mantenimento della fiducia dei consumatori emerge, quindi, come un imperativo strategico, richiedendo un impegno costante alla protezione dei dati personali e alla costruzione di relazioni basate sul rispetto reciproco.

In questo contesto, la collaborazione e la condivisione delle conoscenze assumono un ruolo cruciale. La ricerca di mercato, sempre più vista come un'impresa collaborativa, beneficia enormemente dalla condivisione di insight, dati e migliori pratiche tra aziende, istituti di ricerca e accademici. Questo approccio non solo accelera il progresso e l'innovazione ma aiuta anche a stabilire standard etici elevati e pratiche responsabili che possono essere adottate su scala globale.

Infine, la ricerca di mercato si conferma un elemento dinamico e in continua evoluzione del mondo degli affari, un campo in cui l'adattabilità, l'innovazione e l'integrità giocano un ruolo fondamentale. Man mano che le aziende si muovono in un mercato sempre più saturato e competitivo, la capacità di sfruttare efficacemente i dati e gli insight derivanti dalla ricerca di mercato sarà determinante per forgiare strategie vincenti, anticipare le tendenze del mercato, innovare in modo responsabile e, in definitiva, raggiungere il successo sostenibile. In questo senso, la ricerca di mercato non è solo uno strumento per comprendere il presente ma una bussola per navigare il futuro, guidando le decisioni strategiche in un mondo imprevedibile e in rapida trasformazione.

5. Comportamento del Consumatore: Come capire e influenzare le decisioni di acquisto.

Il comportamento del consumatore rappresenta uno degli aspetti più complessi e sfaccettati del marketing, essendo il fulcro attorno al quale ruotano tutte le strategie di business orientate al cliente. Comprendere come i consumatori prendono le loro decisioni di acquisto è fondamentale per sviluppare prodotti, servizi e messaggi pubblicitari che risuonino con il loro pubblico target. Questo ambito di studio si interessa non solo di cosa la gente acquista, ma anche di perché acquista, quando e come effettua gli acquisti, e come si sente riguardo a questi acquisti successivamente.

Il processo decisionale del consumatore può essere influenzato da una moltitudine di fattori, che vanno dalle influenze culturali e sociali, alle percezioni personali e alle motivazioni intrinseche. Le aziende cercano di decifrare queste complesse interazioni attraverso ricerche di mercato qualitative e quantitative, analisi del comportamento online, sondaggi, focus group e studi etnografici, tra gli altri metodi. Queste ricerche aiutano a rivelare insight preziosi sulle abitudini di consumo, sulle preferenze e sulle avversioni, consentendo alle aziende di personalizzare le loro offerte e strategie di comunicazione per meglio soddisfare le esigenze e desideri dei loro clienti.

Fattori che influenzano il comportamento del consumatore

Fattori culturali

La cultura, le sottoculture e le classi sociali a cui un individuo appartiene giocano un ruolo significativo nel modellare le sue preferenze e comportamenti di acquisto. Le aziende devono comprendere queste influenze culturali per poter posizionare efficacemente i loro prodotti in diversi mercati.

Fattori sociali

Gli individui sono influenzati dalle loro reti sociali, famiglie, gruppi di riferimento e leader di opinione. Le aziende sfruttano spesso il marketing influencer e le strategie di social media per raggiungere i consumatori attraverso questi canali.

Fattori personali

Le caratteristiche individuali, come l'età, la professione, lo stile di vita e la personalità, influenzano anche le decisioni di acquisto. Il marketing personalizzato e il targeting demografico sono tecniche comuni per rivolgersi a segmenti specifici di consumatori.

Fattori psicologici

Motivazioni, percezioni, apprendimento e credenze personali sono tutti fattori psicologici che influenzano come i consumatori vedono i prodotti e le marche e come decidono di impegnarsi con loro. Le tecniche di marketing spesso cercano di appellarci a questi fattori psicologici per influenzare le decisioni di acquisto.

Strategie per influenzare il comportamento del consumatore

Branding e posizionamento

Creare un marchio forte e un chiaro posizionamento di prodotto può aiutare significativamente a influenzare la percezione del consumatore e le decisioni di acquisto. Un marchio di fiducia spesso trascende il prodotto stesso, diventando un simbolo di qualità e affidabilità.

Marketing esperienziale

Offrire esperienze memorabili e coinvolgenti può creare una connessione emotiva con i consumatori, influenzando la loro percezione della marca e aumentando la fedeltà.

Personalizzazione

La personalizzazione delle offerte e delle comunicazioni basate sui dati raccolti sul comportamento del consumatore può aumentare significativamente l'efficacia del marketing, rendendo i messaggi più rilevanti e attraenti per ciascun individuo.

Responsabilità sociale d'impresa (CSR)

Le pratiche etiche e la responsabilità sociale possono influenzare positivamente la percezione del marchio e favorire la lealtà dei consumatori, in quanto le persone sono sempre più inclini a supportare aziende che riflettono i loro valori personali e sociali.

In conclusione, comprendere e influenzare il comportamento del consumatore richiede un approccio olistico che consideri tutti i fattori che possono influenzare le decisioni di acquisto. Attraverso la combinazione di ricerche approfondite, strategie innovative e un impegno costante per l'etica e la responsabilità, le aziende possono costruire relazioni durature con i loro clienti e guidare il successo a lungo termine nel mercato competitivo di oggi.

Il comportamento del consumatore si estende ben oltre il semplice atto di acquisto, abbracciando il ciclo completo di pre-acquisto, acquisto e post-acquisto, che insieme formano un viaggio complesso e multidimensionale. Questo percorso è influenzato da una miriade di punti di contatto e interazioni che il consumatore ha con la marca, i prodotti, i servizi e le esperienze offerte. L'analisi di questo comportamento offre alle aziende la possibilità di ottimizzare ogni fase del viaggio del cliente per migliorare la soddisfazione, la fedeltà e, in ultima analisi, il valore a lungo termine del cliente per l'azienda.

Touchpoint Digitali e il Comportamento del Consumatore

Con l'avanzare della tecnologia e l'aumento dell'uso di dispositivi digitali, i touchpoint digitali sono diventati fondamentali nel modellare il comportamento del consumatore. Piattaforme di social media, siti web, app mobili e chatbot forniscono opportunità senza precedenti per le aziende di interagire con i consumatori in tempo reale, offrendo informazioni personalizzate, supporto e servizi che possono guidare le decisioni di acquisto. La capacità di tracciare e analizzare le interazioni digitali in modo dettagliato permette alle aziende di acquisire una comprensione profonda delle preferenze e dei comportamenti dei consumatori, consentendo una personalizzazione ancora maggiore e campagne di marketing mirate.

L'Impatto delle Recensioni Online e dei Social Media

Le recensioni online e i social media hanno trasformato il paesaggio del marketing, dando ai consumatori una voce potente e una portata amplificata per condividere le loro esperienze e opinioni sui prodotti e servizi. Le aziende sono quindi incentivate a mantenere elevati standard di qualità e servizio al cliente per evitare recensioni negative che possono danneggiare rapidamente la reputazione del marchio. Allo stesso tempo, le recensioni positive e il passaparola sui social media possono fungere da potenti strumenti di marketing, costruendo fiducia e credibilità tra i potenziali clienti.

L'Economia dell'Attenzione e il Comportamento del Consumatore

In un'era caratterizzata da sovraccarico informativo, l'economia dell'attenzione diventa cruciale nel marketing. Catturare e mantenere l'attenzione dei consumatori richiede contenuti altamente coinvolgenti, campagne creative e strategie di comunicazione che si distinguono nel rumore di fondo. Le aziende devono quindi essere sempre più innovative e strategiche nell'utilizzo dei media, sia online che offline, per raggiungere efficacemente il loro pubblico target.

Sostenibilità e Comportamento del Consumatore

L'interesse crescente per la sostenibilità e le questioni etiche ha portato i consumatori a valutare le aziende non solo in base alla qualità e al prezzo dei loro prodotti, ma anche in base al loro impatto ambientale e sociale. Le aziende che dimostrano un impegno autentico verso la sostenibilità e l'etica aziendale possono guadagnare un vantaggio competitivo, attirando consumatori consapevoli e orientati ai valori. Questo sposta l'enfasi dal marketing transazionale a quello relazionale, dove la costruzione di una relazione a lungo termine basata su valori condivisi diventa una chiave per il successo.

In sintesi, il comportamento del consumatore oggi è influenzato da una complessità di fattori che vanno ben oltre il prodotto stesso, includendo l'interazione digitale, l'impatto sociale e ambientale delle aziende, e la capacità di creare esperienze di marca significative e personalizzate. Per navigare efficacemente in questo paesaggio complesso, le aziende devono adottare un approccio olistico e centrato sul cliente, utilizzando dati e analisi per guidare le decisioni e innovare costantemente nelle loro strategie di marketing e comunicazione.

Nell'analizzare il comportamento del consumatore, è fondamentale considerare il concetto di customer journey, ovvero il percorso compiuto dal consumatore dall'identificazione di un bisogno fino all'acquisto e oltre. Questo viaggio è caratterizzato da diversi momenti chiave e decisioni, ciascuno dei quali offre alle aziende l'opportunità di influenzare positivamente il comportamento del consumatore.

Il Ruolo delle Emozioni nel Comportamento del Consumatore

Le emozioni giocano un ruolo cruciale nelle decisioni di acquisto dei consumatori. Le marche che riescono a stabilire un legame emotivo con i loro clienti tendono a godere di maggiore fedeltà e advocacy. Questo perché le decisioni di acquisto sono spesso meno razionali di quanto si possa pensare e più guidate da come il consumatore si sente riguardo a un prodotto o servizio. Le campagne di marketing che evocano sentimenti positivi o risuonano con le esperienze personali dei consumatori possono quindi avere un impatto significativo sulle decisioni di acquisto.

Personalizzazione e Customizzazione

La personalizzazione e la customizzazione sono diventate aspettative standard per molti consumatori, specialmente in ambienti digitali. Offrire prodotti o esperienze personalizzate in base alle preferenze e al comportamento passato dei consumatori può aumentare significativamente l'efficacia del marketing. Questo approccio non solo migliora la soddisfazione del cliente ma può anche aumentare la rilevanza dei messaggi di marketing, riducendo la probabilità di percezione di questi come intrusivi o irrilevanti.

Tecnologia e Comportamento del Consumatore

L'avanzamento tecnologico ha profondamente modificato il comportamento del consumatore. La realtà aumentata (AR), la realtà virtuale (VR), l'intelligenza artificiale (AI) e il machine learning offrono nuove modalità per le aziende di creare esperienze di acquisto immersive e personalizzate. Ad esempio, le app di AR consentono ai consumatori di visualizzare come un prodotto potrebbe apparire nella propria casa prima dell'acquisto, migliorando la fiducia nella decisione di acquisto e potenzialmente riducendo i tassi di reso.

Il Potere dei Dati nel Comprendere il Comportamento del Consumatore

L'analisi dei dati gioca un ruolo sempre più centrale nel marketing moderno, offrendo insight preziosi sul comportamento del consumatore che possono guidare la strategia di marketing. Attraverso l'analisi dei dati, le aziende possono identificare pattern di acquisto, preferenze di prodotto, e tendenze comportamentali che possono informare lo sviluppo del prodotto, la personalizzazione del marketing e l'ottimizzazione dell'esperienza del cliente. Tuttavia, questo richiede anche una gestione etica e responsabile dei dati del consumatore, con una crescente enfasi sulla privacy e sulla sicurezza dei dati.

Sfide e Opportunità nel Comportamento del Consumatore

Mentre il digitale offre nuove opportunità per comprendere e influenzare il comportamento del consumatore, presenta anche sfide, come la difficoltà di emergere in un mercato affollato e la velocità con cui cambiano le preferenze dei consumatori. Inoltre, l'aumento dell'attenzione verso la sostenibilità e l'etica aziendale richiede che le aziende siano trasparenti e coerenti nelle loro pratiche, poiché i consumatori diventano sempre più esigenti e informati riguardo agli impatti delle loro scelte di acquisto.

In conclusione, comprendere e influenzare il comportamento del consumatore in un'era digitale richiede un approccio olistico che consideri non solo gli aspetti tradizionali del marketing, ma anche le nuove dimensioni introdotte dall'avanzamento tecnologico, dalla globalizzazione e da un maggiore focus su sostenibilità ed etica. Le aziende che riescono ad adattarsi rapidamente e a offrire esperienze autentiche e personalizzate sono quelle che si distinguono e prosperano in questo contesto complesso e in rapida evoluzione.

Il ruolo delle comunità online e dei social media nel modellare il comportamento del consumatore è diventato sempre più significativo. Le piattaforme social non sono solo canali per la condivisione di contenuti o la comunicazione tra utenti, ma anche spazi influenti per la scoperta di prodotti, la valutazione delle marche e la formazione di opinioni. Gli influencer, ad esempio, svolgono un ruolo cruciale nel plasmare le percezioni e le decisioni di acquisto dei loro follower, agendo come intermediari di fiducia tra le aziende e i consumatori.

L'Influenza degli Influencer

Gli influencer marketing sono diventati una componente essenziale delle strategie di marketing, sfruttando la loro capacità di raggiungere pubblici vasti e impegnati attraverso canali social. Il loro potere risiede nella capacità di generare fiducia e autenticità, caratteristiche sempre più ricercate dai consumatori. Le aziende, collaborando con influencer che condividono i loro valori e parlano alla loro demografia target, possono creare campagne di marketing che risuonano a livello personale con il pubblico, incrementando l'engagement e la conversione.

Social Listening e Analisi del Sentimento

Il social listening, ossia il monitoraggio delle conversazioni online per raccogliere informazioni sulle percezioni del pubblico riguardo a una marca, prodotto o tendenza, è diventato uno strumento prezioso per comprendere il comportamento del consumatore. Attraverso l'analisi del sentimento e l'analisi delle conversazioni, le aziende possono ottenere insight in tempo reale su come i loro prodotti o servizi sono percepiti e quali argomenti sono di maggior interesse o preoccupazione per il loro pubblico. Questo consente di adattare rapidamente le strategie di marketing, migliorare l'offerta di prodotti o servizi e gestire in modo proattivo la reputazione online.

Il Consumatore come Co-creatore

Un'altra tendenza emergente nel comportamento del consumatore è il coinvolgimento degli utenti nella co-creazione di prodotti o contenuti. Questo approccio non solo aumenta l'engagement e la fedeltà dei clienti ma fornisce anche alle aziende accesso diretto a feedback preziosi e idee innovative. Attraverso piattaforme di crowdfunding, concorsi di design o programmi di feedback dei clienti, le aziende possono collaborare con i consumatori per sviluppare prodotti che meglio soddisfano le loro esigenze e desideri, trasformando i clienti in ambasciatori del brand.

L'Importanza della Sostenibilità e dell'Etica

In un'epoca caratterizzata da una crescente consapevolezza sociale e ambientale, il comportamento del consumatore è sempre più influenzato da questioni di sostenibilità ed etica. I consumatori tendono a preferire aziende che dimostrano un impegno autentico verso la riduzione dell'impatto ambientale e la promozione di pratiche etiche, dalla produzione alla catena di fornitura fino al packaging. Le aziende che trascurano questi aspetti rischiano di perdere la fiducia e il sostegno dei consumatori, mentre quelle che adottano pratiche sostenibili possono costruire una reputazione positiva che favorisce la lealtà del cliente a lungo termine.

La Personalizzazione Avanzata tramite Tecnologia

Infine, la personalizzazione avanzata, resa possibile dall'intelligenza artificiale e dal big data, sta ridefinendo le aspettative dei consumatori. La capacità di offrire esperienze di acquisto personalizzate, raccomandazioni di prodotti su misura e comunicazioni marketing individualizzate non è solo apprezzata, ma spesso attesa dai consumatori moderni. Le tecnologie emergenti permettono di analizzare vasti volumi di dati comportamentali dei consumatori in tempo reale, consentendo alle aziende di anticipare le esigenze dei clienti e offrire soluzioni altamente personalizzate che migliorano l'esperienza d'acquisto e massimizzano la soddisfazione del cliente.

La dimensione etica del consumo è diventata un fattore sempre più determinante nelle decisioni di acquisto dei consumatori. Questo aspetto include la preoccupazione per il benessere degli animali, la giustizia sociale, e l'integrità dell'ambiente. Le marche che si impegnano attivamente in cause sociali o ambientali spesso trovano una risonanza più profonda tra i consumatori, i quali sono sempre più inclini a supportare aziende che riflettono i loro valori personali. La trasparenza diventa, quindi, una moneta di scambio preziosa nel rapporto tra aziende e consumatori, poiché le informazioni dettagliate sui processi produttivi, la provenienza dei materiali e l'impegno sociale delle aziende influenzano positivamente la percezione del brand.

L'Economia della Condivisione e il Consumo Collaborativo

L'economia della condivisione e il consumo collaborativo rappresentano un cambiamento paradigmatico nel comportamento del consumatore, spostando l'attenzione dall'acquisto di beni all'accesso a servizi. Piattaforme come Airbnb, Uber, e il car sharing riflettono questa tendenza, dove il valore è posto sull'utilizzo piuttosto che sul possesso. Questo modello non solo offre ai consumatori opzioni più flessibili e spesso più economiche ma promuove anche una maggiore sostenibilità attraverso la riduzione dei rifiuti e l'ottimizzazione delle risorse. Le aziende che si adattano a questo cambiamento, integrando modelli di business basati sulla condivisione o offrendo servizi che complementano l'economia della condivisione, possono sfruttare nuove opportunità di crescita e di engagement con i consumatori.

La Gamification nell'Engagement dei Consumatori

La gamification, ossia l'applicazione di elementi tipici dei giochi in contesti non ludici, è un'altra strategia emergente per coinvolgere i consumatori in modo più profondo e significativo. Elementi come punti, badge, classifiche, e sfide possono trasformare attività ordinarie come lo shopping, l'apprendimento di un prodotto, o la partecipazione a programmi di fidelizzazione in esperienze coinvolgenti e divertenti. Questo approccio non solo aumenta l'engagement dei consumatori ma può anche incentivare comportamenti desiderati, come la condivisione di contenuti sui social media, recensioni di prodotti, o l'acquisto ripetuto, attraverso la gratificazione immediata e il riconoscimento.

La Crescita del Commercio Mobile e Omnicanale

La diffusione degli smartphone e la digitalizzazione hanno portato a un aumento significativo del commercio mobile (m-commerce), trasformando le abitudini di acquisto dei consumatori. L'aspettativa di un'esperienza di acquisto fluida e integrata, che permetta di passare senza soluzione di continuità tra diversi canali—online, mobile, e fisico—è diventata la norma. Le aziende che offrono un'esperienza omnicanale coesa, consentendo ai consumatori di interagire con il brand attraverso vari punti di contatto e offrendo un servizio clienti eccellente su ogni piattaforma, sono in grado di costruire una relazione più forte e duratura con i loro clienti. Questo richiede un'attenta integrazione dei sistemi di back-end e un approccio centrato sul cliente per garantire che l'esperienza di marca sia coerente e personalizzata, indipendentemente dal canale utilizzato.

La Personalizzazione come Motore di Decisione

Nell'era digitale, la personalizzazione si è affermata come una forza trainante nelle decisioni di acquisto dei consumatori. La capacità delle aziende di utilizzare i dati per offrire esperienze, prodotti e comunicazioni su misura per i singoli consumatori non solo aumenta la soddisfazione del cliente, ma può anche migliorare significativamente la fedeltà e il valore a lungo termine del cliente. La personalizzazione va oltre la semplice raccomandazione di prodotti basata sul comportamento di acquisto passato; si tratta di comprendere le preferenze, i bisogni e i desideri unici di ciascun consumatore per creare un'esperienza veramente personalizzata. Questo può includere offerte personalizzate, comunicazioni mirate e un'esperienza d'uso del sito web o dell'app che si adatta in tempo reale alle preferenze dell'utente.

L'Impatto dei Social Media sul Comportamento d'Acquisto

I social media hanno rivoluzionato il modo in cui i consumatori scoprono, valutano e acquistano prodotti. Le piattaforme social non sono solo canali per la condivisione di contenuti e la comunicazione, ma sono diventate importanti motori di decisione d'acquisto. Influencer, recensioni di prodotti, testimonianze e contenuti generati dagli utenti giocano un ruolo cruciale nell'influenzare le decisioni di acquisto. Le aziende che sanno navigare con successo nel mondo dei social media, costruendo relazioni autentiche con la loro comunità e sfruttando il potere degli influencer in modo etico, possono significativamente aumentare la loro visibilità e attrattività. Inoltre, la capacità di interagire direttamente con i consumatori attraverso i social media offre alle aziende preziose opportunità per raccogliere feedback, migliorare i prodotti e servizi e gestire proattivamente il servizio clienti.

Sostenibilità e Responsabilità Sociale Aziendale (CSR)

La crescente consapevolezza e preoccupazione per le questioni ambientali e sociali ha portato i consumatori a valutarc le aziende non solo in base alla qualità e al prezzo dei loro prodotti, ma anche in base al loro impatto sulla società e sull'ambiente. La sostenibilità e la responsabilità sociale d'impresa (CSR) sono diventate componenti essenziali della reputazione del marchio e della decisione di acquisto. I consumatori tendono a favorire aziende che dimostrano un impegno autentico verso la sostenibilità, che si tratti di pratiche di produzione etiche, imballaggi ecologici, supporto a cause sociali o iniziative di riduzione dell'impatto ambientale. Le aziende che comunicano in modo trasparente i loro sforzi di CSR e che integrano la sostenibilità nel nucleo della loro strategia aziendale possono costruire una relazione di fiducia con i consumatori, influenzando positivamente le loro decisioni di acquisto.

L'Intelligenza Artificiale e il Machine Learning nel Comprendere il Consumatore

L'avvento dell'intelligenza artificiale (IA) e del machine learning ha aperto nuove frontiere nella comprensione e nell'influenzamento del comportamento del consumatore. Queste tecnologie permettono alle aziende di analizzare grandi volumi di dati sui consumatori in tempo reale, prevedendo tendenze, comportamenti d'acquisto e preferenze personali con una precisione senza precedenti. L'IA può essere utilizzata per personalizzare l'esperienza di shopping online, migliorare il servizio clienti attraverso chatbot intelligenti, ottimizzare le strategie di marketing e pubblicità, e persino sviluppare nuovi prodotti in linea con le aspettative dei consumatori. La capacità di anticipare e soddisfare le esigenze dei consumatori attraverso l'uso dell'IA può conferire alle aziende un vantaggio competitivo significativo, rendendo i loro prodotti e servizi più rilevanti e attraenti per il mercato di oggi.

Economia dell'Attenzione e il Ruolo del Contenuto

Nell'attuale economia dell'attenzione, dove i consumatori sono bombardati da messaggi pubblicitari da molteplici fonti, il contenuto di qualità diventa un fattore critico per catturare e mantenere l'interesse del consumatore. Creare contenuti che risuonino con il pubblico, offrendo valore reale attraverso informazioni utili, intrattenimento o ispirazione, è fondamentale per costruire relazioni a lungo termine con i clienti. Le aziende che riescono a distinguersi attraverso una strategia di contenuto efficace non solo migliorano la loro visibilità, ma possono anche stabilire una posizione di autorità nel loro settore, influenzando positivamente le decisioni di acquisto.

La Psicologia del Colore nel Marketing

La psicologia del colore gioca un ruolo cruciale nel marketing e nel comportamento del consumatore, influenzando la percezione e le emozioni dei consumatori nei confronti di un marchio o di un prodotto. La scelta dei colori nel branding, nel packaging, nel web design e nelle campagne pubblicitarie può avere un impatto significativo sul modo in cui i consumatori interpretano un messaggio e sulla loro decisione di acquisto. I colori possono evocare specifiche risposte emotive e associare un marchio a determinati valori o qualità. Le aziende che comprendono e applicano strategicamente la psicologia del colore possono migliorare l'efficacia del loro marketing, aumentando l'attrattiva e la memorabilità del loro marchio.

Marketing Esperienziale

Il marketing esperienziale si concentra sulla creazione di esperienze memorabili e coinvolgenti per i consumatori, con l'obiettivo di creare una connessione emotiva profonda con il marchio. Questo approccio va oltre il semplice acquisto di prodotti o servizi, cercando di coinvolgere i consumatori in attività che stimolano i sensi, emozioni e relazioni. Dalle installazioni interattive agli eventi dal vivo, passando per campagne di realtà aumentata, il marketing esperienziale offre alle aziende l'opportunità di distinguersi in un mercato affollato, creando esperienze che i consumatori vogliono condividere e ricordare. Questo non solo aumenta la consapevolezza del marchio, ma può anche rafforzare la lealtà del cliente e influenzare positivamente le decisioni di acquisto.

Il Ruolo dei Valori Condivisi

I consumatori di oggi cercano sempre più di acquistare da aziende che riflettono i loro valori personali. Che si tratti di sostenibilità, equità sociale, etica aziendale o trasparenza, i valori condivisi stanno diventando un fattore sempre più importante nelle decisioni di acquisto. Le aziende che comunicano apertamente i loro valori, dimostrano un impegno autentico verso questi principi, e agiscono in modo coerente con essi, possono creare un forte legame emotivo con i loro clienti. Questo non solo attira consumatori con idee simili, ma può anche contribuire a costruire una comunità di marchio leale e impegnata, che sostiene l'azienda non solo con i propri acquisti, ma anche attraverso la promozione e la difesa dei suoi valori nell'ambito più ampio della società.

Questi approcci e strategie illustrano la complessità e la profondità del campo del comportamento del consumatore nel marketing moderno. Le aziende che riescono a navigare con successo in queste dinamiche, adattandosi alle mutevoli esigenze e desideri dei consumatori, possono non solo influenzare le decisioni di acquisto, ma anche costruire relazioni durature e significative con i loro clienti.

Personalizzazione e Marketing One-to-One

Il marketing personalizzato, o marketing one-to-one, rappresenta un'evoluzione significativa nel modo in cui le aziende interagiscono con i consumatori. Utilizzando dati e analisi avanzate, le aziende possono ora creare messaggi altamente personalizzati che rispondono ai desideri e alle esigenze specifiche di ogni cliente. Questo approccio non solo aumenta l'efficacia delle campagne pubblicitarie, ma migliora anche l'esperienza del cliente, rendendola più pertinente e coinvolgente. Con la personalizzazione, ogni interazione diventa un'opportunità per rafforzare la relazione con il cliente, aumentando la fedeltà e il valore a lungo termine di ogni cliente per l'azienda.

L'Importanza dei Dati nel Comprendere il Consumatore

I dati giocano un ruolo cruciale nella comprensione del comportamento del consumatore. Attraverso la raccolta e l'analisi di dati provenienti da varie fonti, le aziende possono ottenere insight preziosi sulle preferenze, sui comportamenti di acquisto e sulle tendenze dei consumatori. Queste informazioni permettono di prendere decisioni informate su come posizionare i prodotti, quali caratteristiche promuovere, come impostare i prezzi, e su quali canali concentrare gli sforzi di marketing. L'utilizzo efficace dei dati può anche aiutare a prevedere le tendenze future del mercato e a personalizzare le offerte per soddisfare le aspettative dei consumatori, migliorando così la competitività dell'azienda.

Il Ruolo delle Recensioni e del Passaparola Online

Nell'era digitale, le recensioni online e il passaparola giocano un ruolo fondamentale nel comportamento del consumatore. I consumatori si affidano sempre più alle recensioni online come fonte di informazioni affidabile prima di effettuare un acquisto. Le aziende, quindi, devono gestire attivamente la loro reputazione online, incoraggiando le recensioni positive e rispondendo in modo costruttivo a quelle negative. Un'efficace strategia di gestione delle recensioni può migliorare la percezione del marchio, aumentare la fiducia dei consumatori e influenzare positivamente le decisioni di acquisto. Inoltre, incentivare il passaparola positivo attraverso programmi di referral o social media può amplificare la visibilità del marchio e attrarre nuovi clienti.

L'Impatto dei Social Media sul Comportamento del Consumatore

I social media hanno trasformato il modo in cui i consumatori interagiscono con i marchi e prendono decisioni di acquisto. Le piattaforme social offrono alle aziende un canale diretto per coinvolgere i consumatori, promuovere prodotti e servizi, e raccogliere feedback. La presenza attiva sui social media consente di costruire una comunità attorno al marchio, incrementare l'engagement e stimolare la lealtà del cliente. I contenuti condivisi dai consumatori, come recensioni, testimonianze e post sui social media, possono influenzare significativamente le percezioni e le decisioni di acquisto di altri consumatori, evidenziando l'importanza di una strategia di marketing sui social media ben pianificata e gestita.

Tecnologie Emergenti e il Futuro del Comportamento del Consumatore

Le tecnologie emergenti, come l'intelligenza artificiale (IA), la realtà aumentata (AR) e la realtà virtuale (VR), stanno iniziando a svolgere un ruolo significativo nel modellare il comportamento del consumatore. Queste tecnologie offrono nuove modalità per esperienze di acquisto immersive e personalizzate, permettendo ai consumatori di visualizzare prodotti in contesti realistici o di ricevere raccomandazioni personalizzate attraverso assistenti virtuali. Man mano che queste tecnologie diventano più accessibili, le loro applicazioni nel marketing si espanderanno, offrendo nuove opportunità per coinvolgere i consumatori in modi finora inesplorati. Le aziende che riescono a integrare queste tecnologie emergenti nelle loro strategie di marketing saranno meglio posizionate per soddisfare le crescenti aspettative dei consumatori, offrendo esperienze uniche che possono differenziare significativamente il loro marchio nel mercato.

Concludendo, il comportamento del consumatore rappresenta un campo complesso e sfaccettato del marketing che richiede un'attenzione costante e un approccio olistico per essere pienamente compreso e influenzato efficacemente. La comprensione del comportamento del consumatore non si limita alla semplice osservazione delle azioni di acquisto, ma si estende all'analisi delle motivazioni, dei desideri, delle percezioni e delle interazioni dei consumatori con i marchi su vari canali, sia online che offline. Le aziende che riescono a cogliere queste sfumature e a integrare le loro scoperte in strategie di marketing mirate possono creare campagne più efficaci, costruire relazioni più forti con i clienti e ottenere un vantaggio competitivo nel loro settore.

L'evoluzione digitale ha amplificato l'importanza di adottare un approccio basato sui dati per comprendere e anticipare le esigenze dei consumatori. Gli strumenti di analisi avanzata e le tecnologie emergenti come l'intelligenza artificiale offrono opportunità senza precedenti per personalizzare l'esperienza del cliente e rendere le interazioni con il marchio più pertinenti e coinvolgenti. Le recensioni online, il passaparola digitale e l'impatto dei social media hanno trasformato il paesaggio del marketing, spostando il potere nelle mani dei consumatori e rendendo la gestione della reputazione online e l'engagement sui social componenti cruciali di ogni strategia di marketing.

In futuro, si prevede che tecnologie come la realtà aumentata, la realtà virtuale e ulteriori innovazioni nell'intelligenza artificiale rivoluzioneranno ulteriormente il modo in cui i consumatori scoprono, valutano e acquistano prodotti. Queste tecnologie offrono nuove vie per creare esperienze di acquisto immersive e personalizzate che possono elevare il posizionamento del marchio e rafforzare la lealtà dei clienti. Per rimanere rilevanti in questo panorama in rapida evoluzione, le aziende dovranno continuare a investire nella ricerca e nello sviluppo di strategie di marketing innovative che mettano al centro il comportamento del consumatore.

In definitiva, la chiave per influenzare efficacemente il comportamento del consumatore risiede nella capacità di un'azienda di adattarsi continuamente alle tendenze emergenti, di sfruttare le tecnologie avanzate per ottenere insight più profondi sui propri clienti e di implementare strategie di marketing che siano sia innovative che rispettose delle esigenze e dei desideri dei consumatori. Solo attraverso un impegno costante verso la comprensione e l'innovazione è possibile creare campagne di marketing che non solo attirino l'attenzione dei consumatori ma che stabiliscano anche relazioni durature e significative con loro.

6. Segmentazione del Mercato: Identificare e
targettizzare i segmenti di mercato più profittevoli.

La segmentazione del mercato è un processo
fondamentale nel marketing che consente alle aziende
di identificare e targettizzare specifici gruppi di
consumatori all'interno di un mercato più ampio.
Questo approccio si basa sulla premessa che i mercati
sono composti da sottogruppi di consumatori con
esigenze, desideri, comportamenti di acquisto e
caratteristiche demografiche differenti. Riconoscere e
comprendere questi segmenti permette alle aziende di
sviluppare prodotti, messaggi di marketing e strategie
di vendita su misura che rispondono in modo più
efficace alle esigenze specifiche di ciascun gruppo.

La segmentazione del mercato si basa su diversi criteri,
tra cui:

1. **Demografici**: Età, sesso, reddito, livello di
   istruzione e occupazione sono tra i fattori più
   comunemente utilizzati per segmentare il
   mercato. Questi dati forniscono un primo livello
   di segmentazione, utile per personalizzare i
   messaggi in base a caratteristiche facilmente
   identificabili.

2. **Geografici**: La segmentazione geografica divide
   il mercato in base alla posizione, come nazioni,
   regioni, città o quartieri. Questo tipo di
   segmentazione è particolarmente utile per le
   aziende che offrono prodotti o servizi i cui
   acquisti variano in base alla località.

3. **Psicografici**: Questa segmentazione considera
   gli stili di vita, gli interessi, le opinioni, i valori e
   la personalità dei consumatori. Offre
   un'immagine più profonda del perché i
   consumatori acquistano certi prodotti,
   permettendo di sviluppare messaggi che
   risuonano a livello emotivo.

4. **Comportamentali**: Questo approccio segmenta
   i consumatori in base al loro comportamento di
   acquisto, fedeltà al marchio, frequenza di utilizzo
   e sensibilità al prezzo. Le aziende possono
   utilizzare questi dati per identificare e
   targettizzare i consumatori più propensi
   all'acquisto o quelli che potrebbero beneficiare di
   offerte specifiche.

Identificare correttamente i segmenti di mercato
permette alle aziende di allocare le risorse in modo più
efficiente, concentrando gli sforzi di marketing sui
gruppi di consumatori più propensi a rispondere
positivamente. Questo non solo migliora l'efficacia
delle campagne di marketing, ma può anche

aumentare la soddisfazione del cliente e la lealtà verso il marchio, poiché i consumatori si sentono compresi e apprezzati.

Una strategia di segmentazione ben eseguita richiede un'analisi approfondita del mercato e la capacità di interpretare grandi quantità di dati sui consumatori. Le aziende spesso si avvalgono di tecnologie avanzate, come l'analisi dei dati e l'intelligenza artificiale, per identificare pattern e tendenze all'interno dei segmenti di mercato. Inoltre, la segmentazione del mercato è un processo dinamico; i segmenti possono evolvere nel tempo a causa di cambiamenti nelle condizioni economiche, nelle tendenze sociali o nel comportamento dei consumatori. Pertanto, le aziende devono continuamente rivedere e aggiornare le loro strategie di segmentazione per rimanere rilevanti e competitive nel mercato.

Approfondendo ulteriormente il concetto di segmentazione del mercato, possiamo esplorare l'importanza della personalizzazione e dell'adattamento delle strategie in base ai diversi segmenti identificati. La personalizzazione non riguarda solo la creazione di prodotti o messaggi che rispondono alle esigenze specifiche di un segmento, ma anche l'ottimizzazione dei canali di distribuzione e di comunicazione per raggiungere il target nel modo più efficace.

Strategie di Targeting Basate sulla Segmentazione

Una volta identificati i segmenti di mercato, le aziende devono decidere quali targettizzare e come. Questo processo, noto come targeting, può assumere diverse forme:

- **Targeting concentrato**: L'azienda si concentra su un singolo segmento di mercato, cercando di soddisfare le esigenze di quel gruppo specifico meglio di chiunque altro. Questo approccio è spesso adottato da piccole aziende o da quelle che operano in nicchie di mercato.

- **Targeting differenziato**: L'azienda decide di targettizzare più segmenti con offerte separate per ciascuno. Questo richiede maggiori risorse ma può aumentare la quota di mercato complessiva.

- **Targeting indifferenziato**: Un approccio più ampio, in cui l'azienda offre lo stesso prodotto o servizio a tutti i segmenti di mercato, ignorando le differenze tra i gruppi. Questo metodo può essere efficace per prodotti di largo consumo.

- **Micro-targeting**: Grazie all'avanzamento delle tecnologie di analisi dei dati, le aziende possono ora targettizzare segmenti estremamente specifici, talvolta persino individui singoli, con messaggi ultra-personalizzati.

Importanza dell'Adattamento del Prodotto

La segmentazione del mercato sottolinea anche l'importanza dell'adattamento del prodotto. I consumatori in segmenti diversi possono avere esigenze molto diverse, il che può richiedere variazioni significative nel design del prodotto, nelle funzionalità o nel servizio. Per esempio, un'azienda che vende abbigliamento potrebbe scoprire che i consumatori in un segmento di mercato prediligono stili casual, mentre un altro segmento preferisce abbigliamento formale. Rispondere a queste preferenze può essere cruciale per il successo del marchio.

Comunicazione e Distribuzione Personalizzate

Una strategia di comunicazione efficace richiede di parlare direttamente ai bisogni e desideri di ciascun segmento di mercato. Ciò significa scegliere i canali giusti (social media, email, pubblicità tradizionale, ecc.) e adattare il messaggio al linguaggio e ai valori del segmento target. Analogamente, la strategia di distribuzione deve considerare dove i membri di ciascun segmento preferiscono acquistare, che si tratti di negozi fisici, e-commerce o altri canali.

Feedback e Iterazione Continui

Il processo di segmentazione del mercato non si conclude con l'implementazione di una strategia. È fondamentale raccogliere continuamente feedback dai consumatori e analizzare i dati di vendita per capire se i segmenti target rispondono come previsto. Le aziende devono essere pronte ad adattare le loro strategie di segmentazione, targeting e posizionamento (STP) in risposta alle mutevoli dinamiche del mercato e alle preferenze dei consumatori.

In conclusione, la segmentazione del mercato è un processo complesso e multilivello che va oltre la semplice categorizzazione dei consumatori in gruppi basati su caratteristiche comuni. Richiede un approccio olistico che consideri non solo chi sono i consumatori, ma anche come vivono, cosa apprezzano e come preferiscono interagire con i marchi. Questo approccio permette alle aziende di costruire relazioni più profonde e significative con i loro clienti, massimizzando al contempo l'efficacia delle loro strategie di marketing.

Esplorando ulteriormente le sfumature della segmentazione del mercato, possiamo approfondire come le tecniche avanzate di data analytics e intelligenza artificiale (IA) stanno rivoluzionando questo campo. Con l'avvento del big data, le aziende hanno ora accesso a una quantità senza precedenti di informazioni sui consumatori, che possono essere analizzate per identificare tendenze, comportamenti e preferenze in modo molto più dettagliato ed efficiente.

Tecnologie Emergenti nella Segmentazione del Mercato

L'uso di algoritmi di machine learning e AI consente alle aziende di automatizzare il processo di segmentazione, identificando pattern e correlazioni che potrebbero non essere evidenti all'analisi umana. Questi strumenti possono scoprire segmenti nascosti all'interno di ampi set di dati, permettendo alle aziende di targettizzare gruppi di consumatori che prima erano inaccessibili o non identificati.

- **Predizione del Comportamento del Consumatore**: L'intelligenza artificiale può prevedere il comportamento futuro dei consumatori basandosi sul loro storico di acquisti, interazioni online, e persino sui post sui social media. Questo permette di anticipare le esigenze dei consumatori e di personalizzare le offerte in modo proattivo.

- **Personalizzazione in Tempo Reale**: Le tecnologie emergenti abilitano la personalizzazione delle esperienze di shopping in tempo reale, adattando i siti web e le app mobile ai desideri e alle abitudini di navigazione del consumatore. Questo grado di personalizzazione

aumenta l'engagement dei consumatori e può
significativamente migliorare le conversioni e la
fedeltà al marchio.

- **Segmentazione Basata sul Valore**: Al di là
  delle caratteristiche demografiche o
  comportamentali, le tecniche avanzate
  permettono di segmentare i consumatori in base
  al loro valore previsto per l'azienda. Questo
  approccio consente di focalizzare risorse e
  attenzioni sui clienti più profittevoli o su quelli
  con il maggiore potenziale di crescita.

Evoluzione del Concetto di Privacy

Nell'era del digitale, la segmentazione del mercato deve
anche navigare le acque complesse della privacy dei
dati. I consumatori sono sempre più consapevoli e
preoccupati per come le loro informazioni personali
vengono raccolte, utilizzate e condivise. Le aziende
devono quindi bilanciare la loro sete di dati dettagliati
con la necessità di rispettare la privacy dei consumatori
e le normative vigenti, come il GDPR in Europa o il
CCPA in California.

- **Trasparenza e Controllo**: Per costruire
  fiducia, le aziende devono essere trasparenti su
  come raccolgono e usano i dati dei consumatori,
  fornendo loro un controllo significativo su queste
  informazioni. Questo include la possibilità di
  optare per non partecipare a determinate

raccolte di dati o di personalizzare il livello di personalizzazione che ricevono.

- **Etica dei Dati**: L'etica nel trattamento dei dati diventa un elemento sempre più critico della segmentazione del mercato. Le aziende devono assicurarsi che le loro pratiche di raccolta e analisi dei dati non solo rispettino le leggi, ma siano anche eticamente responsabili, evitando bias e discriminazioni.

In conclusione, mentre la tecnologia continua a evolversi, anche le strategie di segmentazione del mercato devono adattarsi. La sfida per le aziende non è solo tecnologica ma anche culturale e etica, richiedendo un equilibrio delicato tra personalizzazione e privacy, innovazione e responsabilità. Questo equilibrio è cruciale per costruire relazioni durature e significative con i consumatori in un panorama di mercato sempre più complesso e competitivo.

Nel contesto della segmentazione del mercato, un'altra dimensione importante da considerare è l'analisi geografica e culturale, che va oltre la semplice ubicazione fisica dei consumatori per includere anche aspetti come valori, credenze e tradizioni che influenzano il comportamento di acquisto. Questa prospettiva olistica permette alle aziende di sviluppare strategie di marketing che risuonano a livello locale pur mantenendo un appeal globale.

Analisi Geografica Avanzata

L'avanzamento della tecnologia GIS (Geographic Information Systems) e dei dati di localizzazione ha permesso una segmentazione geografica molto più sofisticata. Le aziende possono ora analizzare i pattern di movimento dei consumatori, identificare i punti vendita ad alta performance e quelli che necessitano di miglioramento, e persino prevedere dove aprire nuovi negozi basandosi sulla densità della popolazione target e sulla concorrenza esistente.

- **Personalizzazione Locale**: Implementando strategie di marketing localizzate, le aziende possono adattare i loro messaggi e offerte alle specificità culturali e sociali di ogni area geografica. Questo include la personalizzazione di prodotti, pubblicità e campagne promozionali che rispecchiano le preferenze locali, massimizzando così l'efficacia del marketing.

- **Eventi e Sponsorizzazioni Locali**: Partecipare a eventi locali o sponsorizzare attività comunitarie può essere un modo efficace per aumentare la visibilità di un marchio e rafforzare il suo legame con specifici segmenti di mercato. Questo approccio può aiutare a costruire una base di clienti leale e migliorare la percezione del marchio a livello locale.

Cultura e Valori

La comprensione delle differenze culturali è fondamentale nella segmentazione del mercato internazionale. Le aziende che operano su scala globale devono essere sensibili alle varie norme culturali, stili di vita e aspettative dei consumatori in diversi paesi e regioni.

- **Adattamento del Prodotto**: In alcuni casi, può essere necessario adattare i prodotti o servizi per soddisfare le esigenze o le preferenze specifiche di un mercato culturale. Questo può includere modifiche al design, alla funzionalità o persino al posizionamento del prodotto per assicurarsi che risponda bene alle aspettative locali.

- **Comunicazione Sensibile alla Cultura**: Le strategie di comunicazione devono essere attentamente pianificate per assicurarsi che i messaggi pubblicitari siano appropriati e risuonino con il pubblico target in ogni cultura. Questo include la scelta di immagini, colori, simboli e linguaggio che siano rispettosi e attinenti alle norme culturali locali.

L'approccio alla segmentazione del mercato che tiene conto della geografia e della cultura richiede un impegno continuo alla ricerca e all'analisi per rimanere aggiornati sui cambiamenti nei comportamenti dei consumatori e nelle tendenze di mercato. Solo attraverso una comprensione profonda e rispettosa delle diverse realtà geografiche e culturali, le aziende possono sperare di sviluppare strategie di marketing veramente efficaci e inclusive.

L'approccio alla segmentazione basato sulla psicografia rappresenta un'altra dimensione cruciale, concentrata sulla comprensione delle personalità, dei valori, degli atteggiamenti, degli interessi e degli stili di vita dei consumatori. Questo metodo va oltre le tradizionali categorie demografiche o geografiche per toccare la fibra emotiva e psicologica dei potenziali clienti, permettendo alle aziende di creare messaggi di marketing che risuonano su un piano più personale e profondo.

Segmentazione Psicografica Approfondita

- **Personalità e Stili di Vita**: Analizzare come le personalità uniche e gli stili di vita influenzano le decisioni di acquisto può aiutare le aziende a sviluppare prodotti e messaggi pubblicitari che parlano direttamente ai bisogni e ai desideri del loro pubblico. Ad esempio, un brand che vende attrezzature per il fitness potrebbe targettizzare i

consumatori che valorizzano la salute e il
benessere fisico, adattando il suo messaggio per
risuonare con i loro valori personali.

- **Valori e Credenze**: Comprendere i valori
  fondamentali e le credenze dei consumatori può
  guidare le aziende nella creazione di campagne
  che echeggiano con le convinzioni profonde dei
  loro target di mercato. Le aziende possono così
  posizionarsi come alleate dei loro consumatori in
  cause comuni, come la sostenibilità ambientale o
  la giustizia sociale, creando una connessione
  emotiva più forte.

- **Attività, Interessi e Opinioni (AIO)**:
  Analizzare le attività, gli interessi e le opinioni
  dei consumatori offre ulteriori insight su come
  spendono il loro tempo libero, quali passioni
  perseguitano e come queste preferenze
  influenzano il loro comportamento di acquisto.
  Questi dati permettono alle aziende di
  personalizzare le loro offerte e comunicazioni per
  meglio allinearsi con le esperienze e gli interessi
  del loro pubblico.

Tecnologie Emergenti nella Segmentazione Psicografica

Le tecnologie di big data e intelligenza artificiale (AI)
stanno rivoluzionando la segmentazione psicografica,
permettendo una comprensione e un'analisi senza

precedenti del comportamento dei consumatori. L'AI può elaborare enormi volumi di dati sui consumatori, tra cui i loro post sui social media, le recensioni dei prodotti, e i pattern di navigazione web, per identificare pattern e tendenze nel comportamento e nelle preferenze.

- **Personalizzazione su Scala**: Grazie all'AI, le aziende possono ora offrire un livello di personalizzazione prima inimmaginabile, adattando i loro messaggi e offerte alle preferenze individuali dei consumatori in tempo reale. Questo non solo migliora l'esperienza del cliente, ma aumenta anche l'efficacia delle campagne di marketing.

- **Predizione del Comportamento del Consumatore**: L'analisi predittiva, alimentata da AI, permette alle aziende di anticipare le future tendenze di acquisto e le preferenze dei consumatori, adattando proattivamente le loro strategie di marketing per rimanere un passo avanti rispetto alla concorrenza.

In sintesi, la segmentazione del mercato, soprattutto quando arricchita da approcci psicografici e tecnologie avanzate, offre alle aziende la possibilità di comprendere profondamente e interagire efficacemente con il loro pubblico target. Questo approccio olistico e multilivello alla segmentazione assicura che il messaggio di marketing non solo raggiunga il suo pubblico, ma risuoni anche con esso a un livello significativo e personale, guidando l'engagement e la fedeltà del cliente.

L'adozione di tecniche avanzate di segmentazione comportamentale offre un altro strato di complessità e precisione nel targeting del mercato. Questo approccio analizza i comportamenti specifici dei consumatori, come la frequenza di acquisto, la lealtà al brand, l'utilizzo del prodotto, e le abitudini di navigazione online, per identificare modelli che possono influenzare le strategie di marketing. Integrando questi dati comportamentali con le analisi demografiche, geografiche, e psicografiche, le aziende possono sviluppare un quadro completo del loro target di mercato, permettendo una personalizzazione ancora più profonda e una maggiore efficienza nelle campagne di marketing.

Approfondimento sulla Segmentazione Comportamentale

- **Analisi del Percorso Cliente**: Capire il percorso compiuto dal cliente, dalla consapevolezza del bisogno alla decisione finale di acquisto, è fondamentale. Analizzando questo percorso, le aziende possono identificare i punti di contatto critici e i fattori che influenzano la decisione di acquisto, permettendo di intervenire in modo mirato per ottimizzare l'esperienza del cliente e aumentare le conversioni.

- **Lealtà e Frequenza di Acquisto**: La segmentazione basata sulla lealtà e sulla frequenza di acquisto consente alle aziende di distinguere tra clienti occasionali, abituali, e fedeli, ciascuno dei quali può richiedere strategie di comunicazione e offerte diverse. Ad esempio, i programmi di fidelizzazione possono essere progettati per premiare i clienti fedeli e incentivarli a mantenere o aumentare la loro frequenza di acquisto.

- **Engagement Digitale**: Nell'era digitale, l'analisi dell'engagement online diventa sempre più rilevante. Monitorando come i consumatori interagiscono con i brand sui social media, sui siti web, e attraverso le email, le aziende possono ottenere preziosi insight sulle preferenze dei consumatori e sull'efficacia dei vari canali di comunicazione. Questo permette di affinare le strategie digitali per massimizzare l'engagement e la risonanza del messaggio.

- **Personalizzazione Basata sui Dati**: L'integrazione dei dati comportamentali con tecnologie di marketing automatizzato consente la personalizzazione in tempo reale delle esperienze di acquisto. Questo può includere la personalizzazione dei contenuti visualizzati su un sito web, le offerte speciali inviate tramite email, o i messaggi pubblicitari mirati su piattaforme di social media, assicurando che ogni interazione sia il più rilevante e coinvolgente possibile per il singolo consumatore.

Sfide e Opportunità della Segmentazione Avanzata

Mentre le tecniche di segmentazione avanzate offrono opportunità senza precedenti per il targeting e la personalizzazione, presentano anche sfide significative. La gestione e l'analisi di grandi volumi di dati richiedono investimenti in tecnologia e competenze specifiche. Inoltre, le preoccupazioni relative alla privacy e alla sicurezza dei dati dei consumatori stanno diventando sempre più centrali, richiedendo alle aziende di navigare con attenzione le normative in materia e di costruire relazioni basate sulla fiducia con i loro clienti.

Nonostante queste sfide, la capacità di segmentare il mercato con precisione e di personalizzare l'approccio marketing in base a una comprensione profonda dei vari segmenti di clientela rappresenta un vantaggio competitivo cruciale nell'economia globale odierna. Le aziende che riescono a implementare efficacemente queste strategie sono meglio posizionate per rispondere alle esigenze dei loro clienti, costruire relazioni durature, e guidare la crescita sostenibile nel lungo termine.

La crescente importanza dell'intelligenza artificiale (IA) e del machine learning nel processo di segmentazione del mercato apre nuovi orizzonti per l'analisi predittiva e la personalizzazione. Queste tecnologie avanzate permettono alle aziende di processare e analizzare enormi quantità di dati in tempo reale, identificando tendenze, pattern e insight che sarebbero altrimenti inaccessibili. L'uso dell'IA nella segmentazione del mercato non solo aumenta la precisione della targettizzazione ma anche consente di anticipare le esigenze e i comportamenti futuri dei consumatori, offrendo una base per strategie proattive piuttosto che reattive.

L'Impatto dell'Intelligenza Artificiale sulla Segmentazione

- **Predizione del Comportamento del Consumatore**: L'IA può identificare schemi nei dati di comportamento dei consumatori che suggeriscono tendenze future, come un aumento dell'interesse per certi tipi di prodotti o servizi. Questo permette alle aziende di adattare le loro strategie di marketing e di prodotto in anticipo, posizionandosi vantaggiosamente rispetto alla concorrenza.

- **Personalizzazione Dinamica**: L'applicazione dell'IA consente una personalizzazione dinamica delle esperienze di acquisto, dove i contenuti, le offerte e i messaggi pubblicitari vengono adattati in tempo reale basandosi sulle azioni immediate dell'utente e sui dati storici del suo comportamento. Questo livello di personalizzazione aumenta significativamente l'efficacia delle campagne di marketing, migliorando l'engagement del consumatore e la conversione.

- **Ottimizzazione dei Canali di Comunicazione**: Utilizzando l'IA, le aziende possono analizzare l'efficacia dei vari canali di comunicazione per i diversi segmenti di mercato, ottimizzando la distribuzione dei loro messaggi di marketing. Questo non solo aumenta il ROI delle campagne ma assicura anche che i consumatori ricevano informazioni pertinenti attraverso i canali che preferiscono, migliorando l'esperienza del cliente.

- **Identificazione di Nuovi Segmenti di Mercato**: L'IA può rivelare segmenti di mercato precedentemente non identificati analizzando pattern complessi nei dati dei consumatori. Questo può portare alla scoperta di nicchie di mercato inaspettate o di nuove opportunità di business, permettendo alle aziende di diversificare le loro offerte e di rivolgersi a nuovi gruppi di clienti con strategie mirate.

Sfide nell'Implementazione dell'IA nella Segmentazione del Mercato

L'adozione dell'IA nella segmentazione del mercato, nonostante i suoi numerosi vantaggi, presenta anche sfide, tra cui la necessità di competenze tecniche specializzate per gestire e interpretare i modelli di IA, la questione etica e di privacy legata all'uso dei dati dei consumatori, e il bisogno di infrastrutture tecnologiche avanzate per supportare l'analisi dei dati in tempo reale. Le aziende devono affrontare queste sfide attraverso investimenti strategici in formazione, tecnologia e governance dei dati, assicurando che l'uso dell'IA sia responsabile e allineato con le aspettative dei consumatori e le normative vigenti.

In conclusione, mentre le aziende navigano nel complesso paesaggio del marketing moderno, l'adozione di tecniche di segmentazione avanzate, arricchite dall'intelligenza artificiale, diventa cruciale per comprendere e soddisfare le esigenze in evoluzione dei consumatori. Questo approccio non solo migliora l'efficacia delle campagne di marketing ma contribuisce anche a costruire relazioni più profonde e significative con i clienti, guidando la crescita sostenibile e il successo a lungo termine.

L'avvento dei social media e delle piattaforme digitali ha ulteriormente trasformato l'approccio alla segmentazione del mercato, permettendo alle aziende di sfruttare dati comportamentali e demografici in tempo reale per identificare e interagire con specifici segmenti di mercato. Questi strumenti digitali offrono una panoramica senza precedenti sulle preferenze, gli interessi e le abitudini dei consumatori, consentendo di affinare le strategie di segmentazione con una precisione fino ad ora irraggiungibile.

L'Evoluzione della Segmentazione attraverso i Social Media

- **Ascolto Sociale e Analisi del Sentimento**: Le aziende utilizzano tecniche di ascolto sociale per monitorare le conversazioni online e l'analisi del sentimento per comprendere le opinioni dei consumatori riguardo a marchi, prodotti e servizi. Questi dati forniscono insight preziosi che aiutano a identificare nuovi segmenti di mercato o a capire meglio quelli esistenti, basandosi su come e perché i consumatori parlano dei loro interessi online.

- **Targettizzazione Basata sugli Interessi**: I social media consentono una targettizzazione avanzata basata sugli interessi degli utenti, le loro interazioni e i loro comportamenti online. Questo significa che le aziende possono creare messaggi pubblicitari altamente personalizzati che risuonano con specifici gruppi, aumentando l'efficacia del marketing e migliorando l'esperienza del cliente con il brand.

- **Influenzatori e Marketing di Nicchia**: La collaborazione con influenzatori che hanno un seguito dedicato in specifici segmenti di mercato offre alle aziende un canale diretto per raggiungere e coinvolgere il proprio pubblico target. Questi influenzatori, spesso percepiti come più autentici e affidabili rispetto alla pubblicità tradizionale, possono aiutare a costruire fiducia e riconoscimento del brand in particolari nicchie di mercato.

Integrazione della Segmentazione Offline e Online

Un approccio olistico alla segmentazione del mercato integra dati e insight sia online che offline, offrendo una comprensione completa del comportamento del consumatore. Le strategie di marketing possono così beneficiare della combinazione di metodi tradizionali di segmentazione, basati su fattori demografici e psicografici, con quelli derivati dall'analisi di dati digitali, per una comprensione più sfumata e dettagliata dei diversi segmenti di mercato.

- **Unione dei Dati per un Profilo Completo**: L'unione dei dati raccolti attraverso interazioni fisiche (come acquisti in negozio o partecipazione a eventi) con quelli derivati dalle attività online (come la navigazione web, l'interazione sui social media e gli acquisti online) permette alle aziende di creare profili di consumatore ricchi e multidimensionali.

- **Personalizzazione Omni-Canale**: Sfruttando la comprensione dei segmenti di mercato attraverso dati integrati, le aziende possono implementare strategie di personalizzazione omni-canale, assicurando che ogni punto di contatto con il cliente – sia online che offline – sia ottimizzato per fornire messaggi pertinenti e coerenti che rispondano alle esigenze e alle preferenze specifiche del segmento di riferimento.

Sfide nella Segmentazione in un'Era Digitale

Nonostante le opportunità, la segmentazione in un'era digitale presenta anche sfide, inclusa la gestione della grande quantità di dati generati dai canali digitali, la necessità di proteggere la privacy dei consumatori e l'adattamento alle rapide evoluzioni tecnologiche. Le aziende devono quindi essere agili, eticamente responsabili e tecnicamente preparate per navigare efficacemente il complesso paesaggio della segmentazione del mercato moderno.

La segmentazione del mercato è una componente fondamentale delle strategie di marketing moderne, essenziale per identificare e targettizzare i segmenti di mercato più profittevoli in un ambiente commerciale sempre più saturato e competitivo. Questo processo, che consiste nell'aggregare potenziali clienti in gruppi o segmenti con esigenze, caratteristiche o comportamenti simili che richiedono approcci e prodotti di marketing specifici, si è evoluto notevolmente nel corso degli anni, soprattutto con l'avvento delle tecnologie digitali.

L'evoluzione della segmentazione del mercato riflette il passaggio da un marketing di massa a strategie sempre più personalizzate e mirate, guidate da una comprensione approfondita dei desideri e delle necessità dei consumatori. Questo cambiamento è stato accelerato dall'uso diffuso di dati e analisi avanzate, che permettono alle aziende di identificare con precisione segmenti di mercato unici e di sviluppare offerte personalizzate che rispondono direttamente alle aspettative dei consumatori.

Le tecniche di segmentazione si avvalgono ora di sofisticati strumenti analitici e di big data per analizzare un vasto array di informazioni sui consumatori, dai dati demografici e psicografici alle interazioni online, dai comportamenti di acquisto alle preferenze espresse sui social media. Questo approccio olistico offre una visione a 360 gradi dei consumatori, permettendo alle aziende di prevedere le tendenze, personalizzare l'offerta e comunicare in modo più efficace con i propri target.

Inoltre, la segmentazione del mercato odierna non si limita alla semplice identificazione dei segmenti, ma include lo sviluppo di strategie di engagement specifiche per ciascun segmento, utilizzando una vasta gamma di canali di comunicazione. Dalle campagne pubblicitarie tradizionali ai messaggi personalizzati attraverso i social media, email marketing, e pubblicità online targettizzata, le aziende ora hanno a disposizione un insieme di strumenti per interagire con i consumatori a un livello mai visto prima.

Tuttavia, le sfide non mancano. La crescente preoccupazione per la privacy dei dati e l'incremento delle normative in materia richiedono che le aziende siano sempre più trasparenti e responsabili nel modo in cui raccolgono, analizzano e utilizzano i dati dei consumatori. Inoltre, l'evoluzione continua delle tecnologie e dei comportamenti dei consumatori richiede una costante adattabilità e innovazione nelle strategie di segmentazione.

In conclusione, la segmentazione del mercato si è rivelata un elemento cruciale per il successo nell'era digitale, offrendo alle aziende la possibilità di comprendere profondamente e servire efficacemente i loro mercati di riferimento. Attraverso l'uso intelligente dei dati e l'adozione di strategie di marketing mirate, le aziende possono creare valore sia per i consumatori sia per se stesse, costruendo relazioni solide e durature che favoriscono la crescita e la sostenibilità a lungo termine. La capacità di segmentare accuratamente il mercato, adattarsi rapidamente ai cambiamenti e rispettare le aspettative dei consumatori in termini di personalizzazione e privacy sarà determinante per il successo delle aziende nel panorama competitivo attuale e futuro.

7. Branding e Posizionamento: Creare e gestire un marchio forte.

Il branding e il posizionamento sono aspetti fondamentali del marketing che giocano un ruolo cruciale nella creazione e nella gestione di un marchio forte. Il branding non si limita solo al nome, al logo o allo slogan di un'azienda, ma comprende l'intera identità di un marchio, ovvero come questo viene percepito dai consumatori. Il posizionamento, invece, riguarda il processo di definizione del posto che un marchio intende occupare nella mente dei consumatori, distinguendosi dai concorrenti.

Creare un marchio forte inizia con la definizione di una promessa di marca chiara e coerente che risuona con il target di riferimento. Questa promessa deve riflettere i valori fondamentali dell'azienda, la sua missione e ciò che la rende unica nel suo settore. Una volta definita, questa promessa deve essere comunicata in modo coerente attraverso tutti i punti di contatto con il cliente, dalla pubblicità ai social media, dal packaging al servizio clienti. La coerenza nella comunicazione aiuta a costruire fiducia e riconoscimento del marchio.

Il posizionamento del marchio, d'altra parte, richiede una comprensione profonda del mercato di riferimento, compresa la concorrenza e le esigenze e i desideri dei consumatori. Le aziende devono identificare un nicho di mercato o un aspetto del loro prodotto o servizio che li distingue dalla concorrenza, sfruttandolo per posizionarsi in modo univoco nella mente dei consumatori. Un posizionamento efficace comunica i benefici e il valore del marchio in modo che risuoni emotivamente con il target di riferimento, stabilendo una connessione duratura.

L'evoluzione digitale ha ampliato le opportunità per il branding e il posizionamento, permettendo alle aziende di interagire direttamente con i consumatori attraverso vari canali online. I social media, in particolare, offrono piattaforme potenti per costruire e mantenere la consapevolezza del marchio, permettendo al contempo un dialogo bidirezionale che può rafforzare la lealtà e il coinvolgimento del cliente. Le strategie di content marketing, influencer marketing e storytelling sono diventate componenti chiave nel costruire marchi forti e distintivi.

Tuttavia, la gestione di un marchio forte richiede anche un impegno costante nel monitorare e adattare la strategia di branding in risposta all'evoluzione delle tendenze di mercato e dei comportamenti dei consumatori. Le aziende devono essere pronte a evolvere e innovare, mantenendo al contempo l'essenza della loro promessa di marca. La reputazione di un marchio può essere influenzata da numerosi fattori, inclusi cambiamenti nel panorama competitivo, crisi pubbliche e cambiamenti nelle preferenze dei consumatori. Una gestione attenta e proattiva del marchio è essenziale per mantenere la rilevanza e il valore nel tempo.

In conclusione, il branding e il posizionamento sono processi complessi e dinamici che richiedono una comprensione profonda del proprio pubblico di riferimento e del contesto di mercato. Creare e mantenere un marchio forte richiede un impegno costante nella coerenza, nella comunicazione e nell'adattamento strategico. Quando eseguiti con successo, il branding e il posizionamento non solo distinguono un'azienda nella mente dei consumatori ma costruiscono anche una lealtà di marca che può sostenere la crescita e il successo a lungo termine.

Approfondendo ulteriormente l'importanza del branding e del posizionamento nel contesto attuale del marketing, possiamo esplorare come questi elementi si intersecano con le tendenze emergenti e le tecnologie innovative per creare esperienze di marca significative e personalizzate.

Nell'era digitale, il comportamento dei consumatori è diventato sempre più frammentato e volubile, con aspettative in continua evoluzione riguardo alla personalizzazione, alla convenienza e all'interazione con i marchi. Questo comportamento richiede che le aziende adottino strategie di branding e posizionamento flessibili e reattive, capaci di adattarsi rapidamente alle nuove tendenze e alle dinamiche di mercato. La personalizzazione, ad esempio, è diventata un aspetto cruciale del successo del marchio, con i consumatori che desiderano esperienze su misura che riflettano le loro preferenze individuali e i loro comportamenti di acquisto.

Le tecnologie emergenti, come l'intelligenza artificiale (AI) e il machine learning, stanno rivoluzionando il modo in cui i marchi interagiscono con i consumatori, offrendo strumenti avanzati per l'analisi dei dati, la segmentazione del pubblico e la personalizzazione delle campagne di marketing. Questi strumenti permettono alle aziende di comprendere meglio i loro clienti e di fornire messaggi e offerte altamente pertinenti, rafforzando il posizionamento del marchio e migliorando l'engagement del consumatore.

Inoltre, l'importanza dei valori di marca e della responsabilità sociale d'impresa (CSR) è cresciuta significativamente, con i consumatori che cercano marchi che non solo offrano prodotti e servizi di qualità, ma che riflettano anche i loro valori personali e contribuiscano positivamente alla società. Questo ha portato a un cambiamento nel modo in cui le aziende approcciano il branding e il posizionamento, enfatizzando l'autenticità, la trasparenza e l'impegno sociale come componenti chiave della loro identità di marca.

La narrativa di marca (storytelling) gioca un ruolo fondamentale nel connettere emotivamente i consumatori con i marchi, permettendo alle aziende di raccontare la loro storia, i loro valori e il loro impegno in modo che risuoni con il pubblico. Le storie efficaci possono aiutare a costruire fiducia e lealtà, distinguendo il marchio in un mercato affollato e creando un legame emotivo duraturo con i consumatori.

L'evoluzione dei canali digitali ha inoltre ampliato le opportunità per il branding e il posizionamento, con piattaforme come i social media, il content marketing e il marketing influencer che offrono nuovi modi per raggiungere e coinvolgere il pubblico. Questi canali consentono ai marchi di essere più dinamici e interattivi nella loro comunicazione, adattando i loro messaggi e le loro strategie in tempo reale per massimizzare l'impatto e l'engagement.

Infine, l'esperienza del cliente è diventata un elemento centrale del successo del marchio, con le aziende che si concentrano sulla creazione di esperienze positive e coerenti in ogni punto di contatto con il cliente. Dal design del sito web all'assistenza clienti, dall'imballaggio del prodotto alle interazioni sui social media, ogni aspetto dell'esperienza del cliente deve riflettere la promessa del marchio e rafforzare il suo posizionamento nel mercato.

In sintesi, il branding e il posizionamento nel contesto moderno richiedono un approccio olistico e integrato, che tenga conto delle tendenze emergenti, delle aspettative dei consumatori e delle opportunità offerte dalle nuove tecnologie. Le aziende devono essere agili, trasparenti e autentiche nel loro approccio al branding, utilizzando la narrativa e la personalizzazione per creare connessioni significative con i loro clienti e distinguersi in un mercato sempre più competitivo.

Nel contesto attuale, caratterizzato da una rapida evoluzione tecnologica e da cambiamenti nei comportamenti dei consumatori, l'importanza di adottare un approccio agile e innovativo al branding e al posizionamento diventa sempre più evidente. Le aziende devono essere capaci di navigare in un ambiente di mercato che richiede non solo di rispondere alle esigenze immediate dei consumatori ma anche di anticipare le tendenze future e di adattarsi di conseguenza.

Innovazione nel Branding e Posizionamento

- **Esperienze Immersive**: L'utilizzo di tecnologie come la realtà aumentata (AR) e la realtà virtuale (VR) offre alle aziende nuove modalità per coinvolgere i consumatori, creando esperienze di marca immersive e memorabili. Queste tecnologie possono trasformare il modo in cui i consumatori interagiscono con i prodotti e i servizi, permettendo un livello di coinvolgimento profondo che rafforza il posizionamento del marchio.

- **Sostenibilità e Branding Etico**: Con una crescente consapevolezza ambientale e sociale, i consumatori cercano marchi che non solo parlano di sostenibilità ma che agiscono concretamente in tal senso. L'integrazione di pratiche sostenibili ed etiche nel core business e la comunicazione trasparente di queste iniziative diventano elementi distintivi che possono rafforzare significativamente il posizionamento del marchio nel cuore dei consumatori.

- **Data-Driven Branding**: L'analisi dei dati gioca un ruolo fondamentale nell'identificare le preferenze e i comportamenti dei consumatori, consentendo alle aziende di adattare il loro branding e le loro strategie di posizionamento in modo più efficace. L'uso strategico dei dati permette una segmentazione più precisa del mercato, una personalizzazione avanzata delle comunicazioni e un miglioramento continuo dell'esperienza del cliente.

- **Agilità e Adattabilità:** In un mercato in rapido cambiamento, l'agilità diventa un attributo critico per i marchi che desiderano mantenere la loro rilevanza. Ciò significa essere pronti a evolvere il posizionamento del marchio, esplorare nuovi canali di comunicazione e adattarsi alle mutevoli aspettative dei consumatori. Le aziende che riescono a rimanere flessibili e aperte all'innovazione possono navigare con successo le sfide del mercato e cogliere nuove opportunità.

- **Co-creazione con i Consumatori**: Invitare i consumatori a partecipare attivamente al processo di branding e allo sviluppo del prodotto può rivelarsi una strategia vincente. La co-creazione favorisce un senso di appartenenza e impegno nei confronti del marchio, trasformando i consumatori in ambasciatori e costruendo una comunità attorno ai valori del marchio. Questo approccio partecipativo può arricchire il posizionamento del marchio, rendendolo più autentico e radicato nelle esperienze reali dei consumatori.

In conclusione, il panorama del branding e del posizionamento richiede una navigazione attenta e strategica, con un occhio sempre rivolto all'innovazione e all'adattabilità. Le aziende che riescono a integrare tecnologie emergenti, pratiche sostenibili, analisi dei dati avanzate e un approccio centrato sul consumatore non solo rafforzano il loro posizionamento di mercato ma costruiscono anche relazioni durature e significative con i loro clienti. In questo modo, possono non solo sopravvivere ma prosperare in un ambiente di mercato in continua evoluzione, distinguendosi come leader innovativi e responsabili nel loro settore.

La dinamica digitale e l'accesso globale hanno introdotto un'ulteriore complessità nel branding e nel posizionamento, portando le aziende a esplorare strategie innovative per mantenere la coerenza del marchio pur personalizzando l'esperienza per mercati diversificati. L'intersezione tra tecnologia digitale e aspettative dei consumatori richiede un equilibrio delicato tra universalità e localizzazione nelle strategie di branding.

Universalità vs. Localizzazione nel Branding

- **Strategie Glocal**: Il concetto di "glocalizzazione" – pensare globalmente e agire localmente – è diventato fondamentale nel posizionamento del marchio. Le aziende devono assicurare che il loro marchio sia riconoscibile e coerente a livello globale, pur essendo flessibile per adattarsi alle specificità culturali e alle preferenze locali. Questo richiede una profonda comprensione dei diversi mercati e la capacità di implementare strategie di marketing che siano culturalmente sensibili e rilevanti.

- **Piattaforme Digitali e Personalizzazione**: L'uso di piattaforme digitali consente una personalizzazione su vasta scala, permettendo alle aziende di raggiungere segmenti di mercato specifici con messaggi adattati. La tecnologia consente di analizzare comportamenti, preferenze e tendenze in diversi mercati, adattando in tempo reale le strategie di comunicazione per massimizzare l'efficacia del messaggio del marchio.

- **Storytelling Transculturale**: Narrare storie che risonino a livello transculturale è una sfida che, se superata, può rafforzare enormemente il posizionamento di un marchio. Creare narrazioni che colpiscano corde emotive universali, pur rispettando le diversità culturali, può aiutare a costruire una connessione emotiva profonda con il pubblico globale, rafforzando la lealtà al marchio.

- **Feedback Continuo e Adattamento**: Il ciclo di feedback costante offerto dai canali digitali e dai social media fornisce alle aziende insight preziosi sulle reazioni dei consumatori alle strategie di branding e posizionamento. Essere attenti a questi feedback e pronti ad adattarsi rapidamente è cruciale per mantenere la rilevanza e l'efficacia del marchio in un ambiente di mercato dinamico.

- **Etica e Responsabilità nel Branding Digitale**: Nell'era digitale, le questioni di etica e responsabilità sono diventate sempre più importanti per i consumatori. Le aziende devono quindi navigare attentamente le sfide poste dalla digitalizzazione, assicurando che le loro strategie di branding non solo rispettino la privacy e la sicurezza dei dati, ma riflettano anche un impegno verso la sostenibilità, l'inclusività e la responsabilità sociale.

In sintesi, il panorama in rapida evoluzione del branding e del posizionamento richiede alle aziende di essere più agili, consapevoli e innovative che mai. L'integrazione di strategie glocal, l'adozione di piattaforme digitali per la personalizzazione, la creazione di narrazioni transculturali, l'attenzione al feedback dei consumatori e un forte impegno etico sono tutti elementi chiave per navigare con successo le complessità del mercato moderno. Adottando un approccio olistico e dinamico al branding e al posizionamento, le aziende possono non solo costruire marchi forti e riconoscibili ma anche forgiare relazioni durature e significative con i consumatori in tutto il mondo.

Nell'ambito del branding e del posizionamento, un altro aspetto cruciale è la crescente importanza dell'esperienza del cliente come parte integrante dell'identità di un marchio. Nell'era digitale, l'esperienza che un cliente ha con un marchio può essere tanto significativa quanto il prodotto o il servizio offerto. Questo sposta l'attenzione dal solo prodotto a un approccio più olistico che considera ogni punto di contatto con il cliente come un'opportunità per rafforzare il posizionamento del marchio.

Esperienza del Cliente e Branding

- **Coerenza su Tutti i Punti di Contatto**: Per mantenere un posizionamento di marca forte, è essenziale garantire coerenza in tutti i punti di contatto con il cliente, sia online che offline. Questo include tutto, dalla qualità del servizio clienti, al design del sito web, ai messaggi pubblicitari e oltre. Una coerenza impeccabile aiuta a costruire fiducia e riconoscimento del marchio, rendendo il brand facilmente identificabile e differenziabile dalla concorrenza.

- **Personalizzazione e Esperienza**: La personalizzazione è diventata un aspetto chiave nell'esperienza del cliente. I consumatori si aspettano che le interazioni con i marchi siano su misura per le loro esigenze e preferenze. Utilizzando i dati per personalizzare l'esperienza, i marchi possono aumentare l'engagement del cliente, migliorare la soddisfazione e, in ultima analisi, rafforzare il posizionamento del marchio.

- **Innovazione e Adattabilità**: In un mercato in rapida evoluzione, l'innovazione continua è fondamentale per mantenere il marchio rilevante e all'avanguardia. Questo può significare l'adozione di nuove tecnologie, l'esplorazione di nuovi canali di comunicazione o l'introduzione di nuovi modelli di business. La capacità di adattarsi e innovare non solo migliora l'esperienza del cliente ma rafforza anche la percezione del marchio come leader nel suo settore.

- **Sostenibilità e Responsabilità Sociale**: I consumatori di oggi danno grande importanza alla sostenibilità e alla responsabilità sociale delle

aziende con cui scelgono di interagire. Integrare
questi valori nel nucleo del posizionamento del
marchio può avere un impatto significativo sulla
percezione del consumatore e sulla lealtà.
Mostrare un impegno genuino verso la
sostenibilità e la responsabilità sociale può
distinguere un marchio nel mercato, attirando
clienti che condividono gli stessi valori.

- **Narrativa del Marchio e Coinvolgimento
  Emotivo**: La capacità di raccontare una storia
  convincente intorno al marchio è più importante
  che mai. Le storie che suscitano emozioni e
  risuonano su un piano personale possono creare
  un legame profondo tra il marchio e il cliente.
  Questo coinvolgimento emotivo non solo
  aumenta la fedeltà ma può anche trasformare i
  clienti in ambasciatori del marchio, estendendo il
  reach del posizionamento del marchio attraverso
  il passaparola.

L'intersezione tra tecnologia, personalizzazione,
innovazione, sostenibilità e narrazione crea un tessuto
complesso che le aziende devono navigare per costruire
e mantenere un posizionamento di marca forte. Ogni
aspetto, dalla coerenza dell'esperienza del cliente
all'impegno per la responsabilità sociale, gioca un ruolo
cruciale nel definire come il marchio è percepito nel
mercato. Con l'evoluzione continua delle aspettative
dei consumatori e la progressione tecnologica, le

strategie di branding e posizionamento richiedono una riflessione dinamica e un adattamento costante per rimanere efficaci e rilevanti.

Nel contesto del branding e del posizionamento, un elemento fondamentale è il ruolo dell'innovazione digitale e dei social media nella creazione e nel mantenimento di un'identità di marca forte. Con la pervasività di internet e dei dispositivi mobili, le aziende hanno accesso a nuovi canali e strumenti per interagire con il loro pubblico, personalizzare le esperienze e costruire comunità attorno ai loro marchi. Questi canali digitali offrono opportunità senza precedenti per il posizionamento di marca, ma richiedono anche strategie sofisticate per navigare in un panorama mediatico sempre più frammentato e competitivo.

Digitalizzazione e Social Media nel Branding

- **Presenza sui Social Media**: Avere una presenza attiva sui social media consente ai marchi di partecipare a conversazioni, ascoltare direttamente i feedback dei clienti e costruire relazioni. Le piattaforme social diventano spazi vitali per la narrazione del marchio, permettendo alle aziende di mostrare la loro personalità, i valori e l'impegno verso i clienti in tempo reale. Questo dialogo continuo aiuta a mantenere il marchio al centro dell'attenzione del consumatore, rafforzando il suo posizionamento.

- **Marketing di Contenuto**: La creazione di contenuti originali e di valore è fondamentale per attrarre e coinvolgere il pubblico online. Questi contenuti possono variare da blog informativi, video tutorial, a studi di casi e infografiche. Il marketing di contenuto non solo migliora la visibilità nei motori di ricerca ma stabilisce anche l'azienda come autorità nel suo campo, rafforzando il posizionamento del marchio come leader del pensiero.

- **Personalizzazione e Tecnologia**: L'uso di tecnologie avanzate come l'intelligenza artificiale e il machine learning permette ai marchi di offrire esperienze altamente personalizzate a scala. Analizzando i dati dei clienti, le aziende possono creare campagne mirate che rispondono alle specifiche esigenze e preferenze del loro pubblico, migliorando l'efficacia del posizionamento del marchio.

- **Realta' Aumentata e Virtuale**: L'integrazione di tecnologie immersive come la realtà aumentata (AR) e la realtà virtuale (VR) nelle strategie di branding apre nuove frontiere per l'interazione cliente-marchio. Queste tecnologie offrono esperienze uniche che possono arricchire

il posizionamento del marchio, fornendo
modalità innovative per i consumatori di
esplorare prodotti e servizi.

- **Influenzer Marketing**: Collaborare con
  influencer che condividono i valori del marchio e
  hanno un seguito rilevante può amplificare
  significativamente il posizionamento del
  marchio. Gli influencer possono agire come
  ambasciatori del marchio, portando autenticità e
  fiducia attraverso le loro raccomandazioni.
  Questo approccio può aumentare la visibilità del
  marchio e rafforzare la sua identità agli occhi di
  un pubblico più ampio e diversificato.

- **Sostenibilità Digitale**: Mentre i marchi si
  immergono sempre più nel digitale, diventa
  importante considerare l'impatto ambientale
  delle loro operazioni digitali. La sostenibilità
  digitale, che comprende l'ottimizzazione dell'uso
  delle risorse digitali e la riduzione dell'impronta
  di carbonio, sta diventando un aspetto chiave del
  posizionamento di marca. Mostrare un impegno
  verso la sostenibilità in tutte le aree, inclusa
  quella digitale, può migliorare la percezione del
  marchio tra i consumatori consapevoli
  dell'ambiente.

Navigare nel paesaggio digitale richiede una
comprensione profonda del proprio pubblico, creatività

nell'uso delle piattaforme digitali, e un impegno costante verso l'innovazione e l'adattabilità. Integrare queste dimensioni nella strategia di branding e posizionamento non solo migliora la visibilità e l'engagement ma contribuisce a costruire un legame duraturo e significativo tra il marchio e i suoi clienti.

Il processo di branding e posizionamento si estende ben oltre la mera presenza digitale e l'utilizzo di tecnologie emergenti. Al suo cuore, riguarda la creazione di una promessa di marca che risuona profondamente con il pubblico target, una promessa che va mantenuta in ogni punto di contatto con il cliente. Questo impegno richiede una comprensione profonda della psicologia del consumatore, un'analisi rigorosa del contesto competitivo e l'abilità di adattarsi e rispondere alle dinamiche di mercato in continua evoluzione.

Coerenza del Marchio attraverso Tutti i Punti di Contatto

- **Esperienza Omni-channel**: In un mondo dove i consumatori interagiscono con i marchi attraverso molteplici canali – online e offline – la coerenza del messaggio di marca diventa cruciale. Ogni interazione, che si tratti di una visita al sito web, di un post sui social media, di un contatto con il servizio clienti o di un'esperienza in negozio, deve riflettere e rafforzare la promessa del marchio. Questa coerenza aiuta a costruire fiducia e riconoscimento, elementi essenziali per un posizionamento di successo.

- **Storytelling del Marchio**: Raccontare storie che incarnano i valori e la missione del marchio può essere un potente strumento di coinvolgimento. Queste narrazioni non solo aiutano a differenziare il marchio dalla concorrenza ma creano anche un legame emotivo con il pubblico. Un racconto efficace trasmette il valore unico del marchio in modo che risuoni con le esperienze e le aspirazioni dei consumatori, rafforzando così il suo posizionamento.

- **Feedback e Adattabilità**: Ascoltare attivamente il feedback dei clienti e dimostrarsi disposti ad adattarsi in base a questo input è fondamentale per mantenere un posizionamento di marca rilevante e resiliente. In un ambiente commerciale che cambia rapidamente, la capacità di evolvere mantenendo fedeltà ai valori fondamentali del marchio può distinguere i leader di mercato dai loro concorrenti. Questo processo di ascolto e adattamento non solo migliora il prodotto e l'esperienza del servizio ma rafforza anche la percezione del marchio come attento e orientato al cliente.

- **Partnership e Collaborazioni**: Le collaborazioni strategiche con altre marche o influencer che condividono valori simili possono ampliare la portata e rafforzare il posizionamento. Queste partnership possono offrire nuove piattaforme per raccontare la storia del marchio, accedere a nuovi segmenti di mercato e aggiungere valore attraverso l'associazione con marchi complementari. La scelta dei partner giusti è cruciale per garantire che queste collaborazioni siano allineate con la promessa del marchio e contribuiscano positivamente al suo posizionamento complessivo.

- **Innovazione Prodotto e Servizio**: Infine, il nucleo del posizionamento di un marchio è spesso radicato nella qualità e nell'innovazione dei suoi prodotti o servizi. Investire continuamente in ricerca e sviluppo per anticipare o rispondere ai bisogni dei consumatori non solo mantiene l'offerta del marchio rilevante ma può anche servire come potente leva di differenziazione. Questa innovazione, quando comunicata efficacemente attraverso le strategie di branding e posizionamento, può elevare la percezione del valore del marchio e rafforzare la sua posizione nel mercato.

In conclusione, il processo di branding e posizionamento è un impegno complesso e multifaccettato che richiede un'attenzione costante a come il marchio è percepito in ogni punto di interazione con il cliente. Dalla coerenza nella comunicazione alla capacità di innovare e adattarsi, ogni elemento contribuisce a costruire una forte identità di marca che può sostenere il successo a lungo termine in un panorama competitivo in continuo cambiamento.

Nel mondo del branding e del posizionamento, l'attenzione si sposta sempre di più verso l'autenticità e la responsabilità sociale come pilastri fondamentali per costruire relazioni significative con i consumatori. In questo contesto, i marchi che riescono a dimostrare un genuino impegno verso cause sociali, ambientali ed etiche guadagnano un vantaggio competitivo significativo. Questo approccio non solo riflette una crescente aspettativa da parte dei consumatori ma segnala anche un cambiamento nel modo in cui le aziende percepiscono il loro ruolo nella società.

Responsabilità Sociale d'Impresa (CSR) e Sostenibilità

- **Impatto Ambientale**: La sostenibilità è diventata un criterio chiave nella decisione d'acquisto per un numero crescente di consumatori. I marchi che adottano pratiche di produzione eco-sostenibili, che riducono l'impronta di carbonio e che utilizzano imballaggi riciclabili o biodegradabili non solo rispondono a questa domanda ma si posizionano anche come leader responsabili nel loro settore. Queste azioni contribuiscono a costruire un'immagine di marca rispettosa dell'ambiente, che può attrarre clienti con valori simili.

- **Impegno Sociale**: Allo stesso modo, le aziende che partecipano attivamente in iniziative sociali o che sostengono cause benefiche dimostrano un allineamento con i valori dei loro consumatori. Che si tratti di contribuire alla comunità locale, di sostenere l'educazione, di combattere la fame nel mondo o di promuovere la parità di genere, queste iniziative rafforzano il posizionamento del marchio come entità che va oltre il profitto per fare la differenza nel mondo.

- **Trasparenza e Autenticità**: In un'era segnata dalla diffusione delle informazioni e dalla facilità di accesso alle recensioni e ai feedback online, la trasparenza diventa un aspetto cruciale del posizionamento di marca. I consumatori si aspettano onestà riguardo all'origine dei prodotti, alle pratiche lavorative, agli ingredienti o ai materiali utilizzati. Le aziende che abbracciano questa trasparenza, ammettendo anche apertamente gli errori e mostrando gli sforzi per migliorare, costruiscono un livello di fiducia e di lealtà difficilmente erodibile.

- **Personalizzazione e Coinvolgimento del Cliente**: Offrire esperienze personalizzate è un altro modo efficace per rafforzare il posizionamento del marchio. Utilizzando i dati dei clienti in modo responsabile per adattare i prodotti, i servizi e le comunicazioni, i marchi possono creare un senso di unicità e di valore per il singolo consumatore. Questo livello di attenzione dettagliata può trasformare clienti occasionali in sostenitori appassionati del marchio, promuovendo una fedeltà che va oltre il semplice appeal del prodotto.

- **Tecnologia e Innovazione**: Infine, l'adozione di nuove tecnologie per migliorare l'esperienza del cliente o per offrire soluzioni innovative è fondamentale per un posizionamento di successo. Che si tratti di realtà aumentata per provare i prodotti virtualmente, di intelligenza artificiale per fornire assistenza clienti personalizzata o di piattaforme di e-commerce per una shopping experience senza soluzione di continuità, l'integrazione tecnologica può elevare significativamente la percezione del marchio.

Questi aspetti del branding e del posizionamento riflettono una comprensione profonda delle aspettative dei consumatori moderni e del desiderio delle aziende di rispondere in modo significativo a queste esigenze. Attraverso l'adozione di pratiche responsabili, la promozione della trasparenza, l'impegno nella personalizzazione e l'innovazione continua, i marchi possono navigare con successo il paesaggio complesso del mercato attuale, costruendo allo stesso tempo una reputazione solida e duratura.

Nell'ambito del branding e del posizionamento, è fondamentale considerare l'importanza delle narrazioni di marca (storytelling) e come queste influenzino la percezione e l'engagement dei consumatori. Le storie che un marchio racconta possono servire a costruire una connessione emotiva profonda con il suo pubblico, rendendo il marchio più memorabile e differenziandolo dalla concorrenza. Attraverso narrazioni efficaci, le aziende possono comunicare i loro valori fondamentali, la loro missione e la loro visione in modo che risuoni con il loro pubblico target, stabilendo un legame che va oltre il semplice scambio commerciale.

Storytelling di Marca

- **Condivisione dei Valori**: Le storie permettono ai marchi di esprimere i loro valori in modo che sia immediatamente chiaro e tangibile per i consumatori. Questo può includere tutto, dalla sostenibilità ambientale all'impegno per la qualità e l'innovazione. Quando i consumatori vedono i loro valori riflessi in un marchio, sono più propensi a sviluppare una lealtà verso quel marchio.

- **Differenziazione**: In un mercato saturo, la capacità di distinguersi è cruciale. Le narrazioni di marca offrono un modo per fare proprio questo, permettendo a un'azienda di evidenziare ciò che la rende unica. Questo potrebbe essere il suo patrimonio, le innovazioni specifiche che ha introdotto o il modo particolare in cui i suoi prodotti o servizi risolvono i problemi dei consumatori.

- **Engagement del Consumatore**: Le storie attraggono e mantengono l'attenzione in modo molto più efficace di semplici elenchi di caratteristiche o benefici. Raccontando storie che sono rilevanti, coinvolgenti e emozionanti, i marchi possono stimolare un engagement più profondo, incoraggiando i consumatori a partecipare attivamente alla narrazione del marchio attraverso i social media e altre piattaforme.

- **Memorabilità**: Le storie sono più facili da ricordare rispetto ai fatti o ai dati isolati. Una narrazione di marca efficace può aumentare la memorabilità del marchio, assicurando che rimanga nella mente dei consumatori anche dopo che l'interazione iniziale è terminata. Questo è particolarmente importante in fasi come il lancio di nuovi prodotti o campagne pubblicitarie.

- **Costruzione della Comunità**: Attraverso la condivisione di storie che risuonano con il loro pubblico, i marchi possono costruire comunità di consumatori che non solo acquistano i loro prodotti ma che si sentono parte di qualcosa di più grande. Queste comunità spesso diventano ambasciatori del marchio, condividendo le loro esperienze e raccomandando i prodotti o servizi ad altri.

- **Adattabilità e Evoluzione**: Le storie di marca non sono statiche; possono evolversi con il tempo per riflettere nuovi sviluppi, sfide e successi. Questa flessibilità consente ai marchi di rimanere rilevanti e di adattarsi alle mutevoli esigenze e aspettative dei consumatori, mantenendo al contempo una coerenza che rafforza l'identità di marca.

L'approccio narrativo nel branding e nel posizionamento offre quindi una potente leva per l'engagement dei consumatori, differenziando il marchio in un mercato competitivo e costruendo relazioni durature con il pubblico. Attraverso storie autentiche e coinvolgenti, i marchi possono esprimere i loro valori, stimolare l'interazione e creare una comunità leale, fattori tutti cruciali per il successo a lungo termine nel panorama aziendale moderno.

Nel contesto del branding e del posizionamento, un altro aspetto fondamentale è l'uso delle tecnologie digitali per personalizzare l'esperienza del cliente. L'avvento dei big data e dell'intelligenza artificiale ha trasformato il modo in cui i marchi interagiscono con i loro consumatori, consentendo una personalizzazione senza precedenti che può significativamente aumentare l'efficacia del posizionamento di un marchio.

Tecnologie Digitali e Personalizzazione

- **Big Data per la Personalizzazione**: I marchi oggi hanno accesso a quantità enormi di dati che possono essere analizzati per comprendere meglio i comportamenti, le preferenze e le esigenze dei consumatori. Utilizzando questi dati, le aziende possono personalizzare la loro comunicazione, i loro prodotti e i servizi per meglio rispondere alle aspettative individuali, migliorando così l'efficacia del loro posizionamento di mercato.

- **Intelligenza Artificiale e Machine Learning**: L'IA e il machine learning stanno rivoluzionando il branding e il posizionamento permettendo ai marchi di prevedere le preferenze dei consumatori e di adattare in tempo reale le loro strategie. Questo include la personalizzazione dei contenuti visualizzati sui siti web, le raccomandazioni di prodotti in e-commerce e la creazione di esperienze utente interattive che rispecchiano gli interessi e le abitudini di acquisto dei consumatori.

- **Chatbots e Assistenza Personalizzata**: I chatbots alimentati da IA offrono un altro strumento per il branding e il posizionamento, fornendo un'assistenza clienti personalizzata 24/7. Questi sistemi possono gestire richieste, risolvere problemi e persino consigliare prodotti basati sulle interazioni passate, creando un'esperienza di marca coesa e personalizzata che può rafforzare il posizionamento nel mercato.

- **Realta' Aumentata e Esperienze di Marca**: La realtà aumentata (AR) offre opportunità uniche per il posizionamento di marca, creando esperienze immersive che possono migliorare l'interazione con il prodotto e il marchio. Che si tratti di provare virtualmente prodotti prima dell'acquisto o di esplorare scenari di utilizzo in modalità AR, queste tecnologie possono arricchire l'esperienza del cliente e rafforzare il posizionamento del marchio come innovativo e orientato al futuro.

- **Piattaforme di Social Media e Engagement**: Le piattaforme di social media rimangono strumenti vitali per il branding e il posizionamento, consentendo ai marchi di connettersi con i loro pubblici in modo diretto e personale. Attraverso contenuti mirati, campagne interattive e la promozione dell'engagement degli utenti, i marchi possono costruire comunità fedeli, raccogliere feedback preziosi e posizionarsi come leader nel loro settore o come marchi vicini ai valori dei loro consumatori.

- **Marketing Influencer per l'Autenticità**: Collaborare con influencer che risuonano con il pubblico target di un marchio può migliorare notevolmente il posizionamento. Gli influencer possono aggiungere un livello di autenticità e fiducia, comunicando i valori del marchio e le caratteristiche del prodotto al loro pubblico in modo che sembri più genuino e meno commerciale.

L'integrazione di queste tecnologie e strategie nel branding e nel posizionamento non solo migliora l'esperienza del cliente ma consente anche ai marchi di distinguersi in mercati affollati. Personalizzando l'esperienza del cliente e adottando le ultime tecnologie, i marchi possono creare connessioni più profonde e durature con i loro consumatori, guidando la fedeltà e sostenendo il successo a lungo termine.

Nell'era dell'informazione e dell'iperconnessione, il ruolo del feedback dei consumatori nel processo di branding e posizionamento assume una nuova dimensione. Il feedback diretto e le recensioni online diventano strumenti essenziali per le aziende che cercano di affinare il loro posizionamento di marca e di migliorare continuamente l'esperienza offerta ai clienti. Questa interazione bidirezionale tra marchi e consumatori segna un cambiamento significativo rispetto agli approcci più unidirezionali del passato, offrendo opportunità uniche per il rafforzamento del marchio.

Feedback dei Consumatori e Iterazione Continua

- **Ascolto Attivo e Risposta**: In un mondo dove ogni consumatore può condividere pubblicamente la propria esperienza con un marchio, l'ascolto attivo diventa cruciale. Le aziende devono monitorare costantemente i social media, le piattaforme di recensione e altri canali digitali per raccogliere feedback e rispondere in modo tempestivo. Questo non solo aiuta a risolvere eventuali problemi e a migliorare l'esperienza del cliente ma dimostra anche un impegno del marchio verso l'eccellenza e la soddisfazione del cliente.

- **Adattabilità Basata sul Feedback:** L'integrazione del feedback dei consumatori nel processo decisionale dell'azienda consente un adattamento e un'innovazione continui dei prodotti, dei servizi e delle strategie di marketing. Questo approccio iterativo può aiutare i marchi a rimanere rilevanti e allineati con le aspettative in evoluzione dei loro target di mercato, rafforzando il loro posizionamento nel lungo termine.

- **Co-creazione con i Consumatori:** Andando oltre il semplice ascolto, alcune aziende abbracciano il concetto di co-creazione, invitando i consumatori a partecipare attivamente allo sviluppo di nuovi prodotti o servizi. Questo processo non solo genera innovazioni che sono direttamente allineate con le esigenze dei consumatori ma crea anche un senso di appartenenza e di fedeltà al marchio.

- **Trasparenza e Autenticità:** La trasparenza nella comunicazione del feedback ricevuto e delle azioni intraprese in risposta è fondamentale per costruire fiducia. I marchi che sono aperti riguardo ai loro punti di forza e alle aree di miglioramento sono percepiti come più autentici e affidabili dai consumatori. Questa autenticità è un asset prezioso nel posizionamento di marca.

- **Analisi del Sentimento e Intelligenza Artificiale**: L'uso di strumenti avanzati di analisi del sentimento e intelligenza artificiale permette di elaborare grandi volumi di feedback dei consumatori, identificando tendenze, sentimenti prevalenti e aree critiche per l'attenzione. Questa analisi può offrire insight strategici per affinare il posizionamento di marca e per sviluppare comunicazioni più efficaci.

In conclusione, l'importanza del feedback dei consumatori nel processo di branding e posizionamento non può essere sottovalutata. In un mercato sempre più guidato dalle esperienze e dalle aspettative individuali, la capacità di ascoltare, adattarsi e coinvolgere i consumatori è fondamentale per il successo di un marchio. Attraverso un impegno costante verso l'ascolto attivo, la trasparenza e l'innovazione guidata dal consumatore, i marchi possono non solo migliorare il loro posizionamento ma anche costruire relazioni più forti e durature con il loro pubblico. Questo approccio orientato al consumatore, supportato dall'uso di tecnologie avanzate per l'analisi e la gestione del feedback, rappresenta una chiave strategica per navigare con successo le sfide del mercato attuale e futuro.

Nel contesto del branding e del posizionamento, l'era digitale ha ampliato notevolmente il raggio d'azione delle strategie di comunicazione e interazione con i consumatori. Questo ambiente dinamico richiede che le aziende adottino approcci innovativi per mantenere e rafforzare la loro presenza di marca, sfruttando le tecnologie emergenti e i cambiamenti nei comportamenti dei consumatori per creare esperienze di marca coinvolgenti e memorabili.

Esperienze di Marca Personalizzate

- **Personalizzazione su Scala**: Grazie ai dati dei consumatori e all'intelligenza artificiale, le aziende possono ora offrire esperienze altamente personalizzate a livello individuale. Questa personalizzazione può spaziare dalla comunicazione marketing mirata fino all'adattamento dei prodotti e dei servizi alle esigenze specifiche del cliente. Creando esperienze uniche per il consumatore, i marchi possono migliorare l'engagement, incrementare la fedeltà e rafforzare il loro posizionamento sul mercato.

- **Tecnologie Immersive**: L'utilizzo di realtà aumentata (AR) e realtà virtuale (VR) offre nuove possibilità per l'immersione del cliente nel mondo del brand. Che si tratti di provare virtualmente un prodotto prima dell'acquisto o di partecipare a esperienze di marca immersive, queste tecnologie possono trasformare il modo in cui i consumatori interagiscono con i marchi, elevando il posizionamento di questi ultimi come innovatori nel loro campo.

Sostenibilità e Responsabilità Sociale

- **Valori di Marca Condivisi**: I consumatori di oggi cercano sempre più marchi che riflettano i loro valori personali, in particolare riguardo alla sostenibilità e alla responsabilità sociale. Le aziende che comunicano in modo efficace il loro impegno per queste cause non solo rafforzano il loro posizionamento ma creano anche una connessione emotiva più profonda con i loro clienti. Integrare questi valori nel nucleo del branding e delle operazioni aziendali può trasformarsi in un vantaggio competitivo significativo.

- **Collaborazioni e Partnership**: Le collaborazioni con influencer, marchi complementari o organizzazioni non profit possono ampliare la portata e approfondire il posizionamento di un marchio. Queste partnership possono aiutare a raggiungere nuovi pubblici, a costruire credibilità attraverso l'associazione e a creare campagne di marketing con un impatto maggiore. Le collaborazioni ben pianificate possono elevare la percezione del marchio e rafforzare il suo posizionamento come leader di pensiero o come forza positiva nella società.

- **Storytelling Digitale**: La narrazione di storie di marca attraverso canali digitali consente una comunicazione più ricca e multidimensionale. Utilizzando video, podcast, blog e social media, i marchi possono raccontare la loro storia, i loro valori, il loro impegno per la qualità e la sostenibilità in modi che risuonano emotivamente con i consumatori. Lo storytelling efficace non solo attira l'attenzione ma aiuta anche a costruire una narrazione coerente attorno al marchio, rafforzando il suo posizionamento nel cuore e nella mente dei consumatori.

Questi approcci al branding e al posizionamento riflettono l'importanza di adattarsi e innovare in un panorama di mercato in rapida evoluzione. Con l'ascesa delle aspettative dei consumatori e la costante evoluzione della tecnologia, i marchi devono rimanere agili, sfruttando nuove opportunità per connettersi con il loro pubblico in modi significativi e duraturi. Continuando a esplorare e integrare queste strategie, le aziende possono non solo mantenere ma anche elevare il loro posizionamento di marca, creando un vantaggio competitivo sostenibile nel tempo.

In conclusione, il processo di branding e posizionamento nel contesto moderno del marketing richiede un approccio dinamico e multifacettato che tiene conto delle aspettative in evoluzione dei consumatori e dell'impatto delle tecnologie emergenti. Per costruire e mantenere un marchio forte, le aziende devono impegnarsi in una comunicazione autentica e trasparente, offrire esperienze personalizzate e coinvolgenti, e dimostrare un impegno genuino nei confronti della sostenibilità e della responsabilità sociale.

La personalizzazione su scala, resa possibile dall'analisi dei dati e dall'intelligenza artificiale, permette ai marchi di offrire esperienze uniche che rispondono direttamente alle esigenze e preferenze dei singoli consumatori. Questo non solo migliora la soddisfazione del cliente ma rafforza anche la lealtà al marchio e il suo posizionamento sul mercato. Le tecnologie immersive, come la realtà aumentata e la realtà virtuale, aprono nuove frontiere per l'interazione tra marchi e consumatori, offrendo modi innovativi per esplorare prodotti e servizi e per immergersi nelle narrazioni di marca.

L'integrazione di valori come la sostenibilità e la responsabilità sociale nel core del branding non è più un'opzione ma una necessità in un mondo dove i consumatori valutano i marchi non solo in base alla qualità dei prodotti ma anche al loro impatto ambientale e sociale. Le collaborazioni strategiche e le partnership possono amplificare ulteriormente il posizionamento di un marchio, consentendo di raggiungere nuovi pubblici e di costruire credibilità attraverso associazioni positive.

Il storytelling rimane uno strumento potente nel toolkit del branding, permettendo ai marchi di comunicare i loro valori, la loro missione e la loro unicità in modi che risuonano emotivamente con il pubblico. Una narrazione efficace non solo cattura l'attenzione ma aiuta anche a costruire una narrativa coerente attorno al marchio, consolidando il suo posizionamento nel cuore e nella mente dei consumatori.

Infine, l'ascolto attivo e l'adattabilità sono cruciali in un ambiente di mercato in rapido cambiamento. I marchi devono essere pronti a evolvere e a rispondere alle nuove tendenze, ai feedback dei consumatori e alle sfide emergenti. Mantenere un dialogo aperto con il pubblico e dimostrarsi disposti ad adattarsi in base al feedback ricevuto può rafforzare la percezione del marchio come attento e orientato al cliente.

In sintesi, il successo nel branding e nel posizionamento richiede un impegno costante verso l'innovazione, l'autenticità e la connessione emotiva con i consumatori. Attraverso l'adozione di queste strategie, le aziende possono costruire marchi forti e rilevanti che non solo sopravvivono ma prosperano nel dinamico panorama del mercato moderno, creando un vantaggio competitivo sostenibile nel tempo.

8. Strategie di Prezzo: Determinare il prezzo giusto per i prodotti o servizi.

La definizione delle strategie di prezzo rappresenta uno degli aspetti più cruciali e complessi nel marketing di prodotti o servizi. Determinare il prezzo giusto implica una comprensione profonda del valore percepito dal consumatore, dei costi di produzione, della posizione competitiva sul mercato, e degli obiettivi finanziari dell'azienda. Un'efficace strategia di prezzo deve bilanciare questi elementi per massimizzare i profitti, conquistare quota di mercato e costruire una base di clienti fedeli.

Valore percepito e posizionamento

La strategia di prezzo inizia con la comprensione del valore percepito del prodotto o servizio da parte dei consumatori. Questo valore non deriva solo dalla qualità o dalle caratteristiche intrinseche del prodotto, ma anche dal posizionamento del marchio, dalla reputazione, e dall'esperienza complessiva offerta al cliente. Il valore percepito influisce sulla disponibilità del cliente a pagare, permettendo alle aziende di posizionare i loro prodotti come opzioni premium o economiche in base alla percezione del target di mercato.

Analisi dei costi

Un altro pilastro fondamentale nella definizione della strategia di prezzo è l'analisi dei costi, che include i costi diretti di produzione, i costi indiretti, e un margine di profitto desiderato. È cruciale stabilire un prezzo che copra tutti i costi e che allo stesso tempo generi un profitto sostenibile per l'azienda. L'analisi dei costi deve tenere conto anche della scala di produzione, poiché l'aumento dei volumi può portare a economie di scala che riducono il costo unitario, influenzando così la strategia di prezzo.

Concorrenza e domanda di mercato

La comprensione del contesto competitivo e della domanda di mercato è essenziale per definire il prezzo. Analizzare i prezzi e le offerte dei concorrenti aiuta a identificare un intervallo di prezzo accettabile per i consumatori. Inoltre, tecniche di pricing dinamico possono essere utilizzate per adattare i prezzi in risposta a variazioni della domanda o a mosse competitive, massimizzando così i ricavi in diversi scenari di mercato.

Strategie di prezzo

Esistono diverse strategie di prezzo che le aziende possono adottare a seconda degli obiettivi e del contesto di mercato:

- **Penetrazione**: stabilire un prezzo basso per guadagnare rapidamente quote di mercato.

- **Skimming**: impostare un prezzo elevato all'introduzione per "raschiare" i segmenti di mercato meno sensibili al prezzo.

- **Psicologico**: fissare prezzi che hanno un impatto psicologico, come $9,99 invece di $10, per stimolare la percezione di valore.

- **Orientato al valore**: stabilire il prezzo basandosi sul valore percepito dal cliente piuttosto che sui costi.

- **Prezzi dinamici**: variare i prezzi in tempo reale in base alla domanda, alla disponibilità, o al comportamento del cliente.

Test e feedback

Una volta definita una strategia di prezzo, è importante testarla e raccogliere feedback dal mercato. L'utilizzo di A/B testing, sondaggi, e analisi delle vendite può fornire informazioni preziose sull'accettazione dei prezzi da parte dei consumatori e sulla loro elasticità di prezzo. Questi dati permettono di affinare ulteriormente la strategia di prezzo per ottimizzare i ricavi e la soddisfazione del cliente.

In conclusione, determinare il prezzo giusto richiede un approccio olistico che integra il valore percepito, i costi, il contesto competitivo e la domanda di mercato. Una strategia di prezzo ben ponderata non solo garantisce la sostenibilità finanziaria dell'azienda, ma contribuisce anche a costruire relazioni solide con i clienti, posizionando efficacemente il prodotto o servizio nel mercato.

La definizione di strategie di prezzo si estende anche all'esplorazione di modelli di prezzo alternativi che si adattino alle mutevoli esigenze dei consumatori e alle dinamiche di mercato. In questo contesto, le aziende possono considerare approcci innovativi al pricing che vanno oltre i metodi tradizionali, sfruttando la tecnologia e i dati per creare proposte di valore più personalizzate e flessibili.

Pricing basato sul valore del cliente

Un approccio avanzato consiste nel pricing basato sul valore del cliente, dove il prezzo di un prodotto o servizio è personalizzato in base al valore che esso fornisce a un cliente specifico o a un segmento di clienti. Questo metodo richiede una profonda comprensione delle preferenze e del comportamento di acquisto dei clienti, utilizzando analisi avanzate dei dati per identificare quanto i clienti sono disposti a pagare per determinate caratteristiche o livelli di servizio. Implementare un modello di pricing basato sul valore può aiutare le aziende a massimizzare i ricavi da clienti ad alto valore, offrendo al contempo prezzi competitivi a segmenti di mercato più sensibili al prezzo.

Modelli di abbonamento e prezzi ricorrenti

Un'altra tendenza emergente nel pricing è l'adozione di modelli di abbonamento e prezzi ricorrenti. Questi modelli offrono ai clienti l'accesso a prodotti o servizi in cambio di un pagamento periodico, creando un flusso di ricavi prevedibile per l'azienda. I modelli di abbonamento sono particolarmente efficaci in mercati in cui il valore per il cliente si estende nel tempo, come i servizi software, l'accesso a contenuti digitali o i programmi di manutenzione. Per implementare con successo un modello di abbonamento, le aziende devono garantire che l'offerta continui a fornire valore nel tempo, incentivando i clienti a mantenere il loro impegno.

Pricing dinamico e in tempo reale

Il pricing dinamico e in tempo reale rappresenta un'estensione dei modelli di prezzo flessibili, dove i prezzi possono variare in base a fattori come la domanda di mercato, la stagionalità, o il comportamento di acquisto dei consumatori. Questa strategia è ampiamente utilizzata in settori come l'aviazione, l'ospitalità e il retail online, dove algoritmi sofisticati analizzano grandi volumi di dati per aggiustare i prezzi in tempo reale. Il pricing dinamico consente alle aziende di ottimizzare i ricavi e la capacità, ma richiede trasparenza e comunicazione efficace per mantenere la fiducia dei clienti.

Strategie di bundle e prezzi

Le strategie di bundle e prezzi consentono alle aziende di combinare più prodotti o servizi in un unico pacchetto a un prezzo aggregato, spesso inferiore alla somma dei prezzi dei singoli componenti. Questo approccio può aumentare il valore percepito dal cliente, incentivando l'acquisto di più articoli e aumentando il valore medio dell'ordine. I bundle possono anche aiutare a promuovere prodotti meno noti o a liberare inventario in eccesso. Tuttavia, la creazione di bundle efficaci richiede una comprensione delle preferenze dei clienti e della complementarità dei prodotti.

Implicazioni etiche e di trasparenza

Nell'implementare strategie di prezzo avanzate, le aziende devono considerare le implicazioni etiche e la necessità di mantenere la trasparenza con i clienti. Le pratiche di pricing devono essere giuste e non discriminatorie, evitando di sfruttare i consumatori o di creare percezioni negative del marchio. La trasparenza nel pricing aiuta a costruire fiducia e lealtà del cliente, essenziale per il successo a lungo termine nel mercato competitivo di oggi.

In conclusione, le strategie di prezzo richiedono un equilibrio tra innovazione, comprensione del cliente, e sensibilità etica. Mentre le aziende esplorano nuovi modelli di pricing e tecnologie per rimanere competitive, devono anche assicurarsi di agire nell'interesse dei loro clienti, costruendo relazioni basate sulla fiducia e sul valore reciproco.

Approfondendo ulteriormente le strategie di prezzo, un altro aspetto fondamentale da considerare è l'importanza della segmentazione dei prezzi e della personalizzazione delle offerte. In un mercato sempre più segmentato, dove i bisogni e le aspettative dei consumatori variano notevolmente, le aziende possono trarre vantaggio dall'adattare i loro prezzi e le loro offerte a specifici gruppi di clienti. Questo non solo consente di massimizzare il valore percepito da diversi segmenti di mercato ma anche di ottimizzare i margini di profitto attraverso una strategia di pricing più mirata.

Segmentazione dei prezzi e personalizzazione

La segmentazione dei prezzi si basa sull'idea che diversi gruppi di clienti possano attribuire diversi livelli di valore agli stessi prodotti o servizi. Implementando prezzi diversificati in base al segmento di mercato, le aziende possono catturare una quota maggiore di surplus del consumatore. Questo può essere realizzato attraverso varie tecniche, come la differenziazione dei prezzi per regione geografica, per canale di vendita (online vs offline), o per versioni del prodotto con diverse caratteristiche o livelli di servizio.

La personalizzazione delle offerte rappresenta un'ulteriore evoluzione della segmentazione dei prezzi, dove il pricing e l'offerta sono adattati alle caratteristiche o al comportamento di acquisto individuale. Grazie all'avanzamento delle tecnologie di data analytics e intelligenza artificiale, le aziende ora possono analizzare vasti set di dati sui clienti per identificare modelli e preferenze specifiche, consentendo loro di proporre offerte altamente personalizzate a prezzi ottimizzati per ogni consumatore.

Pricing psicologico

Il pricing psicologico rappresenta un'altra dimensione importante delle strategie di prezzo, sfruttando la psicologia del consumatore per influenzare la percezione del valore e stimolare l'acquisto. Tecniche comuni includono la fissazione dei prezzi appena al di sotto di una soglia numerica (per esempio, 9,99€ invece di 10€) per far percepire il prezzo come significativamente più basso, o l'uso del contrasto di prezzo, dove la presentazione di un'opzione più costosa rende l'opzione desiderata più attraente in termini di valore per denaro.

Analisi competitiva e pricing

Un'altra area cruciale è l'analisi competitiva nel contesto delle strategie di prezzo. Le aziende devono costantemente monitorare i prezzi e le tattiche dei concorrenti per garantire che le proprie offerte rimangano competitive sul mercato. Questo non implica necessariamente eguagliare o battere i prezzi dei concorrenti ma piuttosto posizionare strategicamente i propri prezzi in un modo che rifletta il valore unico e i punti di differenziazione del prodotto o servizio offerto. L'equilibrio tra competitività e mantenimento dei margini di profitto richiede un'analisi attenta e continua del paesaggio competitivo e del comportamento dei consumatori.

Prezzi e sostenibilità

Infine, in un'epoca in cui la sostenibilità e la responsabilità sociale d'impresa assumono un'importanza crescente, le strategie di prezzo devono anche riflettere questi valori. I consumatori sono sempre più disposti a pagare un premio per prodotti e servizi che sono eticamente prodotti, sostenibili, o che contribuiscono a cause sociali. Le aziende possono quindi considerare strategie di prezzo che non solo riflettono il costo e il valore del loro offerta ma anche l'impegno verso pratiche sostenibili e responsabili.

Questo approccio non solo aiuta a costruire un marchio forte e a fidelizzare i clienti ma anche a contribuire positivamente alla società e all'ambiente.

Nel contesto delle strategie di prezzo, un altro aspetto fondamentale è l'adozione di modelli di prezzo dinamico. Il prezzo dinamico, o pricing dinamico, è una strategia che consente alle aziende di aggiustare i prezzi in tempo reale o quasi reale in risposta a cambiamenti del mercato, della domanda e dell'offerta. Questo tipo di pricing è particolarmente prevalente in settori come il turismo, l'ospitalità e il commercio al dettaglio online, dove la domanda può variare significativamente in brevi periodi.

Prezzo Dinamico e Tecnologia

Il prezzo dinamico sfrutta avanzate tecnologie di analisi dati e algoritmi per monitorare una vasta gamma di fattori in tempo reale, inclusi comportamenti di acquisto dei consumatori, prezzi dei concorrenti, disponibilità di inventario, e condizioni di mercato. Questo approccio permette di ottimizzare i prezzi per massimizzare sia le vendite che i profitti, adattandosi dinamicamente alle condizioni di mercato in continuo cambiamento.

Strategie di Sconto e Promozioni

Parallelamente alla flessibilità offerta dal prezzo dinamico, le strategie di sconto e promozioni giocano un ruolo critico nell'attirare e mantenere i clienti, incentivando acquisti ripetuti e aumentando il volume delle vendite. Le promozioni possono assumere varie forme, dall'offerta di sconti temporanei a programmi fedeltà che ricompensano i clienti per la loro continuità d'acquisto. Importante in questo contesto è l'equilibrio tra l'offerta di valore aggiunto al cliente e la preservazione dei margini di profitto dell'azienda.

Value-Based Pricing

Un approccio complementare nelle strategie di prezzo è il value-based pricing, o prezzo basato sul valore, che determina i prezzi principalmente sulla base del valore percepito dal cliente piuttosto che sui costi di produzione. Questo approccio richiede una profonda comprensione del valore che i consumatori attribuiscono al prodotto o servizio, considerando fattori come qualità, brand, esperienza d'uso, e vantaggi unici. Attraverso il value-based pricing, le aziende mirano a stabilire prezzi che i clienti sono disposti a pagare in base al valore percepito, massimizzando così il profitto e rafforzando la posizione del marchio.

Prezzi Ecosostenibili

Con una crescente enfasi sull'ecosostenibilità, alcune aziende stanno esplorando strategie di prezzo che incoraggiano pratiche di consumo responsabile. Questo può includere la strutturazione di sistemi di prezzi che favoriscono l'acquisto di prodotti sostenibili o l'adozione di abitudini di consumo più ecologiche. Per esempio, offrire sconti per prodotti riciclati o ricondizionati o per clienti che partecipano a programmi di riciclo può non solo incentivare comportamenti sostenibili ma anche migliorare l'immagine del marchio come responsabile e impegnato nella salvaguardia dell'ambiente.

Personalizzazione e Pricing Predittivo

Infine, l'evoluzione verso una maggiore personalizzazione e l'uso del pricing predittivo segnano ulteriori frontiere per le strategie di prezzo. Attraverso l'analisi predittiva, le aziende possono anticipare le tendenze di consumo e adattare i prezzi in modo proattivo per cogliere opportunità di mercato o mitigare rischi. La personalizzazione, d'altra parte, va oltre la semplice segmentazione per offrire prezzi su misura basati sul profilo individuale del cliente, massimizzando il valore percepito e ottimizzando l'esperienza d'acquisto.

Queste tendenze sottolineano l'importanza di una strategia di pricing dinamica e multifacettata, che sia in grado di adattarsi alle mutevoli esigenze del mercato e delle preferenze dei consumatori, garantendo al contempo la sostenibilità e la crescita a lungo termine dell'azienda.

Nell'ambito delle strategie di prezzo, un concetto sempre più rilevante è l'elasticità della domanda, che misura come la quantità richiesta di un bene o servizio reagisce a un cambiamento nel suo prezzo. La comprensione dell'elasticità aiuta le aziende a prevedere come variazioni di prezzo possano influenzare le vendite e i ricavi, permettendo di ottimizzare i prezzi per massimizzare sia il volume delle vendite che i margini di profitto. Per esempio, prodotti con alta elasticità (dove piccole variazioni di prezzo portano a grandi cambiamenti nella quantità domandata) richiedono strategie di prezzo particolarmente attente per evitare di ridurre significativamente i ricavi totali.

Cross-Selling e Up-Selling

Le strategie di prezzo possono anche essere integrate con tecniche di cross-selling e up-selling per aumentare il valore medio dell'ordine e migliorare la redditività. Il cross-selling incoraggia l'acquisto di prodotti complementari, mentre l'up-selling invita i clienti ad acquistare versioni premium o aggiornate di un prodotto. Entrambe le tecniche si avvalgono di una comprensione approfondita delle preferenze dei clienti e di un'efficace comunicazione del valore aggiunto offerto dai prodotti o servizi supplementari o superiori.

Pricing Psicologico

Il pricing psicologico rappresenta un'altra dimensione fondamentale, sfruttando la psicologia del consumatore per influenzare la percezione del prezzo e incentivare l'acquisto. Tecniche come il prezzo terminante in .99, il confronto tra prezzi ancorati (mostrare un prezzo più alto accanto a quello di vendita per sottolinearne il valore), e il bundle pricing (offrire un insieme di prodotti o servizi a un prezzo inferiore rispetto all'acquisto singolo di ciascuno) sono esempi di come le percezioni possono essere guidate per migliorare le performance di vendita.

Modello di Sottoscrizione

L'avvento dell'economia della sottoscrizione ha introdotto nuove dinamiche nelle strategie di prezzo. Modelli di business basati su abbonamenti o sottoscrizioni richiedono un approccio diverso al pricing, incentrato sulla creazione di valore a lungo termine per il cliente e sulla generazione di flussi di ricavi ricorrenti per l'azienda. Questi modelli si concentrano sull'offerta di un valore continuo anziché su una transazione una tantum, richiedendo un'attenta considerazione della strutturazione dei prezzi per massimizzare la ritenzione dei clienti e minimizzare il churn.

Prezzi Competitivi

Un'altra strategia cruciale è il pricing competitivo, che implica il posizionamento dei prezzi dei propri prodotti o servizi in relazione ai concorrenti. Le aziende devono costantemente monitorare i prezzi dei concorrenti e le dinamiche di mercato per garantire che i propri prezzi rimangano competitivi, attraenti per i consumatori, e sostenibili per l'azienda. Ciò può comportare l'adozione di una strategia di prezzo di penetrazione per entrare in nuovi mercati o una strategia di skimming per massimizzare i profitti su innovazioni di prodotto.

Ogni una di queste strategie di prezzo si inserisce in un contesto aziendale più ampio, dove la comprensione del comportamento del consumatore, la posizione di mercato, e l'ambiente competitivo sono essenziali per il successo. Le aziende devono quindi rimanere agili, disposte a sperimentare e adattare le proprie strategie di prezzo in risposta all'evoluzione delle condizioni di mercato e alle esigenze dei consumatori, assicurando così la loro crescita e sostenibilità nel lungo termine.

Nel contesto delle strategie di prezzo, un'altra dimensione importante è la segmentazione dei prezzi, che permette alle aziende di massimizzare i profitti adattando i prezzi ai diversi segmenti di mercato in base alla loro disponibilità a pagare. Questa strategia implica la definizione di prezzi diversi per lo stesso prodotto o servizio, in funzione di vari fattori come la geografia, il segmento di clientela, il canale di vendita, o il momento dell'acquisto. Ad esempio, i prezzi dei biglietti aerei variano significativamente in base alla classe di viaggio, alla flessibilità della tariffa, alla stagione, e persino al momento della prenotazione, riflettendo una sofisticata strategia di segmentazione dei prezzi che mira a catturare il massimo valore da ciascun cliente.

Prezzi Dinamici

L'avanzamento tecnologico ha reso possibile l'adozione di prezzi dinamici, che permettono alle aziende di variare i prezzi in tempo reale in risposta a cambiamenti della domanda, dell'offerta, o delle condizioni di mercato. Questo approccio è particolarmente evidente nel settore dell'e-commerce, dove algoritmi sofisticati analizzano grandi quantità di dati per aggiustare i prezzi di prodotti e servizi in modo da massimizzare i ricavi e la quota di mercato. Il pricing dinamico richiede una profonda comprensione dei modelli di comportamento dei consumatori e della sensibilità ai prezzi, nonché la capacità di reagire rapidamente alle tendenze di mercato.

Value-Based Pricing

Il value-based pricing rappresenta un approccio orientato al valore, dove il prezzo di un prodotto o servizio è determinato principalmente dal valore percepito dal cliente piuttosto che dai costi di produzione o da altri fattori. Questa strategia enfatizza la comunicazione del valore unico e dei benefici offerti al cliente, giustificando prezzi potenzialmente più elevati rispetto ai concorrenti. Il successo del value-based pricing dipende dalla capacità dell'azienda di comprendere e comunicare efficacemente il valore offerto ai clienti, nonché dalla sua capacità di differenziare i propri prodotti o servizi nel mercato.

Prezzi Basati sui Costi

Al contrario, il pricing basato sui costi si focalizza sulla copertura dei costi di produzione e sulla realizzazione di un margine di profitto desiderato. Questo approccio tradizionale al pricing richiede un'accurata analisi dei costi fissi e variabili associati alla produzione e alla distribuzione dei prodotti o servizi. Sebbene il pricing basato sui costi possa garantire la copertura dei costi e una certa redditività, può limitare la capacità dell'azienda di catturare il valore percepito dai clienti e di rispondere in modo flessibile alle dinamiche di mercato.

Strategie di Prezzo e Sostenibilità

Infine, un'area emergente nelle strategie di prezzo riguarda l'integrazione della sostenibilità e della responsabilità sociale d'impresa. I consumatori sono sempre più consapevoli dell'impatto ambientale e sociale delle loro scelte di acquisto, e molte aziende stanno rispondendo attraverso prezzi che riflettono pratiche sostenibili, etiche, o che contribuiscono a cause sociali. Questo può includere la premium pricing per prodotti eco-compatibili o il supporto a progetti sociali tramite una porzione del prezzo di vendita. Questi approcci non solo rispondono alla crescente domanda di prodotti e servizi sostenibili ma rafforzano anche l'immagine e la reputazione dell'azienda, contribuendo a costruire un legame più forte con i clienti.

L'approccio psicologico al pricing rappresenta un'altra dimensione cruciale nelle strategie di prezzo, sottolineando l'importanza della percezione del prezzo da parte dei consumatori oltre alla sua relazione diretta con il valore o i costi. Questo include tecniche come il pricing che termina in .99, noto come "charm pricing", che può rendere il prezzo sembrare significativamente inferiore agli occhi dei consumatori, anche se la differenza è minima. Tale strategia si basa sulla psicologia cognitiva che suggerisce che i consumatori tendono a percepire il primo numero in un prezzo come indicativo del costo complessivo, rendendo un articolo con prezzo di $199 percepito come sostanzialmente meno costoso di uno a $200.

Prezzi dei Pacchetti

Un'altra strategia efficace è il "bundle pricing", dove più prodotti o servizi sono venduti insieme a un prezzo inferiore rispetto al costo totale che avrebbero se acquistati separatamente. Questo non solo incrementa il valore percepito offrendo ai consumatori un "affare", ma può anche ridurre i costi logistici e di vendita per l'azienda, aumentando nel contempo la vendita incrociata di prodotti complementari. Il bundle pricing è particolarmente popolare nel software, nei servizi di telecomunicazioni e nell'industria dell'intrattenimento, dove pacchetti di prodotti possono attrarre diversi segmenti di clientela con diverse esigenze e disponibilità a pagare.

Prezzi di Penetrazione vs. Prezzi di Scrematura

Le strategie di prezzo possono anche variare significativamente a seconda degli obiettivi di mercato dell'azienda. Ad esempio, il "penetration pricing" mira a entrare rapidamente in un nuovo mercato stabilendo un prezzo basso per i prodotti o servizi, con l'intento di costruire rapidamente una base di clienti e sostenere la crescita del mercato. Questo approccio può essere particolarmente efficace in mercati ad alta elasticità di prezzo, dove i consumatori sono sensibili ai cambiamenti di prezzo, ma richiede la capacità di gestire margini di profitto più bassi all'inizio.

In contrasto, la strategia di "price skimming" mira a massimizzare i profitti a breve termine attraverso l'imposizione di prezzi elevati all'introduzione di prodotti innovativi o altamente desiderabili, con l'idea di "scremare" i segmenti di mercato disposti a pagare di più per l'innovazione o l'esclusività. Questo approccio è spesso adottato nel lancio di nuove tecnologie o prodotti di moda, dove il prezzo elevato può anche rafforzare la percezione di valore e status associati al prodotto.

Prezzi Competitivi

Infine, la strategia di pricing può essere fortemente influenzata dalla dinamica competitiva del mercato. Le aziende possono adottare un "prezzo di parità", impostando i prezzi in linea con quelli dei concorrenti, o un "prezzo competitivo", cercando di offrire un valore superiore (sia in termini di prezzo inferiore per un prodotto equivalente sia di valore aggiunto a un prezzo comparabile). In mercati altamente competitivi, la guerra dei prezzi può emergere come una strategia rischiosa ma talvolta necessaria per mantenere o aumentare la quota di mercato, anche se spesso a scapito dei margini di profitto.

Ogni strategia di prezzo ha le sue sfide e opportunità, e la scelta tra esse dipende da una moltitudine di fattori, inclusi obiettivi aziendali, caratteristiche del prodotto, comportamento dei consumatori, e condizioni di mercato. Una comprensione profonda di questi elementi è cruciale per sviluppare una strategia di prezzo efficace che non solo ottimizzi i ricavi e i profitti, ma anche rafforzi la posizione di mercato e la reputazione del brand.

Approfondendo ulteriormente l'argomento delle strategie di prezzo, è fondamentale considerare il ruolo della trasparenza dei prezzi e dell'onestà nella costruzione di relazioni di fiducia a lungo termine con i clienti. In un'era in cui l'accesso alle informazioni è immediato e i consumatori sono sempre più informati, le aziende che adottano pratiche di prezzo oscure o ingannevoli rischiano di danneggiare la loro reputazione e di perdere la fiducia dei consumatori. La trasparenza nel pricing aiuta a costruire un rapporto di fiducia, dimostrando ai clienti che l'azienda agisce con integrità e che il valore offerto giustifica il prezzo richiesto.

Personalizzazione dei Prezzi e Privacy

Mentre la personalizzazione dei prezzi offre opportunità per massimizzare il valore per ogni cliente, solleva anche questioni significative riguardanti la privacy e l'equità. I consumatori sono sempre più consapevoli e preoccupati per come i loro dati vengono raccolti e utilizzati per pratiche di pricing dinamico o personalizzato. Le aziende devono quindi bilanciare attentamente l'uso dei dati per la personalizzazione con la necessità di mantenere la fiducia del cliente, assicurando trasparenza sulle pratiche di raccolta dei dati e offrendo ai clienti un controllo significativo sulle loro informazioni personali.

Pricing basato sulla Prestazione

Un'altra tendenza emergente nel contesto delle strategie di prezzo è il pricing basato sulla prestazione, in cui il costo di un prodotto o servizio è direttamente legato ai risultati o ai benefici che fornisce. Questo modello è particolarmente rilevante in settori come i software aziendali, i servizi professionali e i dispositivi medici, dove i clienti pagano in base al valore effettivo o al risparmio generato dall'uso del prodotto o servizio. Questo approccio enfatizza il valore e l'efficacia, spostando il focus dalla semplice transazione di acquisto alla realizzazione di risultati misurabili.

Strategie di Prezzo Internazionali

Nel contesto della globalizzazione, le strategie di prezzo devono anche considerare le dinamiche dei mercati internazionali, inclusi fattori come il potere d'acquisto locale, le normative fiscali, le fluttuazioni valutarie e le differenze culturali nella percezione del valore. L'adattamento delle strategie di prezzo per soddisfare le esigenze specifiche di diversi mercati internazionali può essere una sfida complessa ma essenziale per le aziende che cercano di espandersi globalmente. Ciò richiede una comprensione dettagliata dei mercati locali e la flessibilità per adattare i prezzi e le offerte in modo che risuonino con i consumatori in diverse regioni.

Sostenibilità e Impatto Sociale nel Pricing

Infine, la crescente enfasi sulla sostenibilità e sull'impatto sociale influisce anche sulle strategie di prezzo. I consumatori sono sempre più disposti a pagare un premio per prodotti che non solo soddisfano i loro bisogni ma che sono anche prodotti in modo etico, sostenibile e responsabile. Le aziende possono quindi considerare come integrare questi elementi nei loro modelli di prezzo, comunicando chiaramente il valore aggiunto da pratiche sostenibili e dall'impegno sociale. Questo non solo contribuisce a un impatto positivo sul mondo ma può anche rafforzare il posizionamento del marchio e creare una differenziazione significativa nel mercato.

In conclusione, lo sviluppo di strategie di prezzo efficaci in un ambiente di mercato in rapida evoluzione richiede un equilibrio tra innovazione, etica, comprensione del consumatore e adattabilità. Le aziende che riescono a navigare con successo queste complessità possono non solo ottimizzare i loro ricavi e margini ma anche costruire relazioni più forti e sostenibili con i loro clienti, posizionandosi per il successo a lungo termine.

Nel panorama attuale delle strategie di prezzo, un aspetto fondamentale da considerare è l'integrazione della tecnologia e dei dati per ottimizzare i modelli di pricing. L'avanzamento delle tecnologie di analisi dei dati e dell'intelligenza artificiale (AI) ha aperto nuove frontiere per la personalizzazione del pricing e la gestione dinamica dei prezzi. L'uso di algoritmi avanzati permette alle aziende di analizzare enormi quantità di dati in tempo reale, comprendendo meglio le tendenze di mercato, i comportamenti d'acquisto dei consumatori e la sensibilità ai prezzi. Questo approccio basato sui dati consente di adattare i prezzi in modo più preciso e reattivo alle condizioni di mercato in continua evoluzione, massimizzando i ricavi e mantenendo la competitività.

Integrazione del Customer Journey nel Pricing

Un altro concetto chiave è l'integrazione del pricing nel customer journey. In un mondo in cui l'esperienza del cliente è al centro, comprendere come i prezzi influenzano la percezione e le decisioni del consumatore lungo tutto il percorso d'acquisto diventa cruciale. Questo significa non solo ottimizzare il prezzo di un prodotto o servizio in sé ma anche considerare come le strategie di prezzo influenzano l'engagement del cliente, la fedeltà e la percezione del valore complessivo. Ad esempio, le promozioni mirate o gli sconti personalizzati in momenti specifici del customer journey possono aumentare significativamente la conversione e il valore a vita del cliente.

Considerazioni Etiche nel Dynamic Pricing

Il dynamic pricing, sebbene efficace dal punto di vista strategico, solleva questioni etiche importanti. Le fluttuazioni di prezzo basate sulla domanda e sull'offerta in tempo reale devono essere gestite con attenzione per evitare la percezione di sfruttamento o ingiustizia da parte dei consumatori. La trasparenza e la coerenza nelle strategie di prezzo aiutano a mitigare questi rischi, assicurando che i clienti si sentano trattati equamente. Inoltre, stabilire limiti etici intorno al dynamic pricing, come evitare aumenti eccessivi di prezzo durante emergenze o crisi, rafforza la fiducia e la lealtà del cliente a lungo termine.

Sfide del Pricing in Ambienti Competitivi

In ambienti altamente competitivi, le aziende devono navigare con cautela la tensione tra aggressività nei prezzi e sostenibilità del business. Una guerra dei prezzi può erodere rapidamente i margini di profitto e portare a una "corsa verso il basso" che danneggia l'intero settore. Le strategie di prezzo devono quindi essere concepite con una visione a lungo termine, considerando come posizionarsi in modo vantaggioso rispetto ai concorrenti senza compromettere la qualità o la percezione del valore. L'identificazione di differenziatori chiave al di là del prezzo, come l'innovazione del prodotto, la qualità superiore o un'eccezionale esperienza del cliente, può fornire una base più solida per la competitività.

Prezzo e Sviluppo Sostenibile

Infine, le considerazioni sul prezzo si intrecciano sempre più con gli obiettivi di sviluppo sostenibile e responsabilità sociale d'impresa (CSR). I consumatori valutano le aziende non solo per la qualità e il prezzo dei loro prodotti ma anche per il loro impatto ambientale e sociale. Le strategie di prezzo che riflettono un impegno verso pratiche sostenibili e etiche possono attrarre una base di clienti più ampia e fedele. Ad esempio, offrire prezzi preferenziali per prodotti ecologici o servizi che contribuiscono a obiettivi sociali positivi può rafforzare la reputazione dell'azienda e il suo appeal nel mercato.

Questi aspetti illustrano la complessità e la multidimensionalità delle strategie di prezzo nell'era moderna, sottolineando l'importanza di un approccio olistico che tenga conto delle tendenze di mercato, delle esigenze dei consumatori, delle innovazioni tecnologiche e dei principi etici. Le aziende che riescono a navigare con successo queste dinamiche sono meglio posizionate per realizzare successi sostenibili e costruire relazioni durature con i loro clienti.

Nell'ambito delle strategie di prezzo, un aspetto critico è l'analisi del valore percepito dal consumatore. Questa prospettiva si concentra sull'importanza di allineare il prezzo di un prodotto o servizio con il valore che il cliente attribuisce all'esperienza o al beneficio ricevuto. Un approccio efficace in questo senso richiede una comprensione approfondita dei bisogni, delle aspettative e delle percezioni dei clienti. Attraverso ricerche di mercato e feedback diretti, le aziende possono identificare quali caratteristiche o benefici sono più valorizzati dai consumatori e quindi strutturare il loro modello di pricing di conseguenza. Implementando una strategia di prezzo basata sul valore, le aziende possono posizionarsi in modo da riflettere il valore unico che offrono, giustificando prezzi potenzialmente superiori in base alla qualità superiore o all'esclusività dell'offerta.

Differenziazione Basata sul Valore

Un'estensione naturale dell'analisi del valore percepito è la differenziazione basata sul valore. Questa strategia si concentra sul distinguere l'offerta di un'azienda dalle alternative disponibili sul mercato enfatizzando elementi unici che giustificano un premio di prezzo. La differenziazione può avvenire attraverso vari aspetti, come l'innovazione del prodotto, la personalizzazione, il servizio clienti eccezionale, o un forte impegno nella sostenibilità. Creando un'offerta chiaramente distintiva, le aziende possono evitare la trappola di competere esclusivamente sul prezzo, proteggendo i margini di profitto e costruendo una base di clienti leali.

Pricing Psicologico

Il pricing psicologico rappresenta un'altra dimensione strategica, esplorando come il comportamento e la percezione dei consumatori rispetto ai prezzi influenzino le decisioni di acquisto. Tecniche come il pricing che termina in ".99", i prezzi di fascia, o la creazione di un senso di urgenza attraverso offerte limitate nel tempo, sfruttano i bias cognitivi e le risposte emotive dei consumatori per stimolare l'acquisto. Queste tattiche possono essere particolarmente efficaci in certi contesti di mercato, aumentando l'attrattiva dell'offerta senza necessariamente alterare il valore intrinseco del prodotto o servizio.

Strategie di Penetrazione e Skimming

Nell'introduzione di nuovi prodotti o servizi, le aziende devono scegliere tra strategie di penetrazione del mercato, che implicano impostare inizialmente prezzi bassi per acquisire rapidamente quota di mercato, e strategie di skimming, che prevedono prezzi elevati per massimizzare i ricavi da clienti meno sensibili al prezzo. Ogni approccio ha i suoi vantaggi e richiede un'attenta valutazione del contesto di mercato, della struttura dei costi, della sensibilità al prezzo dei consumatori e della presenza di concorrenti. La scelta tra penetrazione e skimming influenzerà significativamente la traiettoria di crescita del prodotto e la percezione del marchio a lungo termine.

Personalizzazione e Pricing Dinamico

Infine, la personalizzazione del pricing e il pricing dinamico rappresentano tendenze emergenti, potenziate dall'avanzamento delle tecnologie digitali e dei big data. Questi approcci permettono di offrire prezzi su misura per singoli clienti o segmenti di mercato, basandosi su fattori come il comportamento di acquisto precedente, la domanda in tempo reale, e le condizioni di mercato. Sebbene queste strategie possano aumentare l'efficacia del pricing, richiedono sofisticate capacità analitiche e possono presentare sfide in termini di percezione della giustizia e della trasparenza tra i consumatori.

Queste dimensioni illustrano la complessità e la varietà di approcci disponibili nella definizione delle strategie di prezzo. L'efficacia di queste strategie dipende dalla loro corretta implementazione e dal continuo adattamento alle dinamiche di mercato, alle preferenze dei consumatori, e ai cambiamenti nel contesto competitivo. Le aziende che riescono a navigare con successo queste sfide possono ottimizzare i loro ricavi e costruire relazioni solide e durature con i loro clienti, posizionandosi strategicamente per il successo a lungo termine.

Nel contesto delle strategie di prezzo, un altro aspetto fondamentale è l'adattamento ai diversi mercati geografici e culturali. Questo approccio riconosce che il potere d'acquisto, le preferenze dei consumatori e la sensibilità al prezzo possono variare notevolmente tra diverse regioni e culture. Pertanto, le aziende che operano a livello globale devono considerare attentamente come adattare i loro prezzi per riflettere queste differenze. Ciò può comportare l'adozione di strategie di prezzo localizzate che tengono conto dei fattori economici locali, delle normative, delle pratiche competitive e delle aspettative dei consumatori in ciascun mercato. Ad esempio, un prodotto o servizio che viene posizionato come un articolo di lusso in un paese potrebbe essere considerato un bene più accessibile in un altro, richiedendo un adeguamento di prezzo per massimizzare sia l'attrattiva che la redditività.

Strategie di Bundle Pricing

Il bundle pricing, o la vendita combinata, è un'altra strategia di prezzo che le aziende impiegano per aumentare il valore percepito dai clienti e stimolare le vendite. Questa tattica implica l'offerta di più prodotti o servizi come un unico pacchetto a un prezzo inferiore rispetto alla somma dei prezzi di ciascun articolo venduto separatamente. Il bundle pricing può essere particolarmente efficace nel promuovere l'acquisto di prodotti complementari o nell'introdurre i clienti a nuovi articoli. Per i consumatori, l'acquisto di bundle può sembrare un'affare conveniente che offre un maggiore valore. Per le aziende, questa strategia può aiutare a ridurre i costi di inventario, aumentare la fedeltà dei clienti e migliorare il cross-selling.

Prezzi Basati sulla Concorrenza

Un'altra considerazione critica nella definizione delle strategie di prezzo è l'analisi competitiva. Le aziende devono costantemente monitorare i prezzi e le offerte dei loro concorrenti per assicurarsi che i propri prezzi siano posizionati in modo competitivo nel mercato. Questo non significa necessariamente eguagliare o battere i prezzi dei concorrenti, ma piuttosto assicurarsi che il valore offerto giustifichi il livello di prezzo rispetto alle alternative disponibili. In alcuni casi, una strategia di premium pricing può essere giustificata dalla superiorità del prodotto, dall'innovazione o da un marchio particolarmente forte. In altri, una strategia di prezzo aggressiva può essere necessaria per guadagnare quota di mercato o per rispondere a una concorrenza basata sui prezzi.

Approcci al Pricing Flessibile

Il pricing flessibile offre alle aziende la possibilità di adattare i prezzi in risposta a variazioni della domanda, stagionalità, cambiamenti nelle condizioni di mercato o azioni dei concorrenti. Questo può includere sconti temporanei, promozioni, prezzi dinamici o prezzi differenziati a seconda del canale di vendita. Un tale approccio richiede sistemi robusti per il monitoraggio del mercato e la gestione dei prezzi, nonché una comunicazione efficace con i clienti per evitare confusione o percezioni negative. La capacità di modulare i prezzi in maniera flessibile permette alle aziende di rimanere agili, massimizzando le opportunità di vendita in vari contesti di mercato e rispondendo proattivamente alle sfide competitive.

Sviluppo di Pacchetti di Servizi

Per i fornitori di servizi, sviluppare pacchetti di servizi che combinano diverse offerte a diversi livelli di prezzo può essere una strategia efficace per incontrare le diverse esigenze e preferenze dei clienti. Questi pacchetti possono variare da opzioni base, accessibili, a pacchetti premium che offrono livelli più elevati di servizio o vantaggi aggiuntivi. Questo approccio non solo facilita la personalizzazione dell'offerta per i clienti ma consente anche alle aziende di segmentare il mercato in modo più efficace e massimizzare il valore estratto da diversi segmenti di clientela.

Questi elementi sottolineano la multidimensionalità e la complessità delle strategie di prezzo nel marketing moderno. Ogni azienda deve considerare attentamente come i suoi approcci al pricing si integrano con altre aree della strategia di marketing, inclusi il posizionamento del prodotto, la promozione, la distribuzione e il servizio clienti, per costruire un'offerta coerente e competitiva che soddisfi le esigenze dei suoi target di mercato.

Concludendo, le strategie di prezzo rappresentano un aspetto cruciale e complesso del marketing che richiede un'analisi approfondita e un'applicazione attenta per garantire il successo a lungo termine di un'azienda. Determinare il prezzo giusto per i prodotti o servizi non è solo una questione di copertura dei costi e generazione di profitto; è anche un elemento chiave per comunicare il valore ai consumatori, posizionarsi efficacemente rispetto alla concorrenza e gestire la percezione del marchio. Le strategie di prezzo devono essere flessibili e adattabili alle mutevoli condizioni di mercato, ai comportamenti dei consumatori e alle strategie competitive. Questo richiede una comprensione profonda del proprio mercato di riferimento, una continua ricerca e analisi competitiva, e l'abilità di innovare in termini di offerte e modalità di pricing.

Le decisioni in merito al pricing influenzano direttamente la domanda dei prodotti o servizi, l'immagine del marchio, la fedeltà dei clienti e la quota di mercato. Di conseguenza, è essenziale che queste decisioni siano prese con una visione olistica della strategia di business, considerando non solo l'aspetto economico ma anche il posizionamento del prodotto, gli obiettivi aziendali a lungo termine e la sostenibilità operativa. Le aziende devono essere capaci di equilibrare tra l'ottimizzazione dei profitti a breve termine e la costruzione di relazioni durature con i clienti, promuovendo al contempo l'innovazione e l'adattabilità in un ambiente di mercato sempre più dinamico e competitivo.

In questo contesto, la trasparenza, la coerenza e la comunicazione efficace diventano elementi chiave per rafforzare la fiducia e il rapporto con i consumatori, facilitando la comprensione del valore offerto dai prodotti o servizi proposti. Implementare strategie di prezzo che riflettano il valore percepito dal consumatore, che rispettino la propria posizione di mercato e che siano sensibili alle dinamiche competitive richiede un impegno costante nella ricerca, nell'innovazione e nell'ottimizzazione.

Le strategie di prezzo, quindi, non sono statiche ma evolvono continuamente in risposta all'evoluzione del mercato, alle tendenze di consumo e alle innovazioni tecnologiche. Aziende che riescono a navigare con successo in queste acque complesse, adattando le loro strategie di prezzo in modo proattivo e strategico, sono quelle che si posizionano per il successo a lungo termine, massimizzando la soddisfazione del cliente e ottimizzando i rendimenti finanziari. In sintesi, la definizione di una strategia di prezzo efficace è un processo dinamico che richiede una comprensione profonda del proprio mercato, una chiara definizione degli obiettivi aziendali e una costante attenzione alle esigenze e percezioni dei clienti, tutto ciò mentre si naviga nel contesto competitivo e si risponde in modo agile alle sue evoluzioni.

9. Canali di Distribuzione: Scegliere il miglior canale per raggiungere il cliente.

La scelta dei canali di distribuzione è un elemento fondamentale nella strategia di marketing di un'azienda, poiché determina come i prodotti o servizi vengono consegnati ai clienti finali. La decisione su quali canali utilizzare influisce significativamente sulla riuscita del prodotto sul mercato, sull'efficienza operativa e sulla soddisfazione del cliente. Scegliere il canale giusto richiede un'analisi approfondita del proprio mercato di riferimento, del comportamento dei consumatori, dei costi associati e degli obiettivi aziendali.

Tipologie di Canali di Distribuzione

- **Diretti**: I canali diretti permettono all'azienda di vendere i propri prodotti o servizi direttamente ai consumatori senza intermediari. Esempi includono vendite online tramite il proprio sito web, negozi fisici proprietari e vendita diretta. Questo approccio offre il massimo controllo sulla presentazione del prodotto, sulla customer experience e sui prezzi, ma richiede un investimento significativo in termini di infrastruttura e gestione.

- **Indiretti**: I canali indiretti implicano l'utilizzo di intermediari per raggiungere i consumatori, come rivenditori, grossisti, distributori e agenti. Questi canali possono ampliare notevolmente la portata del mercato e ridurre i costi di distribuzione e marketing per l'azienda. Tuttavia, comportano minor controllo su come il prodotto è venduto e presentato al cliente finale.

- **Ibridi**: Molti modelli di business utilizzano una combinazione di canali diretti e indiretti, cercando di bilanciare il controllo sull'esperienza del cliente con l'efficienza e la portata del canale indireto. Questo approccio ibrido può offrire flessibilità e l'opportunità di ottimizzare le strategie di distribuzione in base ai cambiamenti nel comportamento dei consumatori e nel mercato.

Fattori da Considerare nella Scelta dei Canali

- **Conoscenza del Cliente**: Comprendere dove i clienti preferiscono cercare e acquistare i prodotti è essenziale. Questo include l'analisi delle preferenze di acquisto online rispetto a quelle in negozio, l'utilizzo di dispositivi mobili e le aspettative di servizio.

- **Compatibilità con il Prodotto**: Alcuni prodotti possono essere meglio adatti a determinati canali. Ad esempio, articoli di alta gamma potrebbero beneficiare di una vendita diretta che offre un'esperienza cliente personalizzata, mentre prodotti di consumo potrebbero avere maggiore successo attraverso canali di vendita al dettaglio di massa.

- **Costi e Margine**: Ogni canale di distribuzione ha strutture di costo diverse. Mentre i canali diretti possono richiedere maggiori investimenti iniziali, i canali indiretti possono comportare commissioni o riduzioni del margine di profitto pagate agli intermediari.

- **Concorrenza e Posizionamento sul Mercato**: È importante valutare come i concorrenti distribuiscono i loro prodotti e se esistono opportunità o minacce specifiche del canale da considerare.

- **Capacità e Risorse**: Le risorse disponibili, inclusa l'infrastruttura logistica e la capacità operativa, possono limitare o indirizzare la scelta dei canali di distribuzione.

Strategie Efficaci di Distribuzione

Per implementare con successo una strategia di distribuzione, le aziende devono non solo selezionare i canali appropriati ma anche gestirli attivamente per assicurare che i prodotti siano disponibili dove e quando i clienti desiderano acquistarli. Questo può includere l'ottimizzazione della supply chain, la gestione delle relazioni con i partner di distribuzione e l'adattamento continuo della strategia ai cambiamenti del mercato.

In sintesi, la scelta dei canali di distribuzione è una decisione strategica che richiede un attento equilibrio tra controllo, costo, copertura e convenienza per il cliente. Un approccio ben ponderato alla distribuzione può aumentare significativamente le possibilità di successo di un prodotto sul mercato, migliorare l'efficienza operativa e contribuire a costruire una forte relazione con i clienti.

Approfondendo ulteriormente la scelta dei canali di distribuzione, è essenziale considerare l'impatto della digitalizzazione e dell'e-commerce sulle strategie di distribuzione tradizionali. L'ascesa del commercio online ha trasformato le aspettative dei consumatori riguardo alla convenienza, alla velocità di consegna e all'accessibilità, costringendo le aziende a rivedere e adattare i loro modelli di distribuzione per rimanere competitive.

Digitalizzazione e E-commerce

- **Omnicanalità**: Per rispondere alle crescenti aspettative dei consumatori, le aziende stanno adottando approcci omnicanali che integrano canali di vendita online e offline in un'esperienza cliente fluida e coerente. Questo approccio richiede un'attenta gestione del stock, sistemi IT avanzati per il tracciamento delle vendite e delle preferenze dei clienti, e strategie logistiche flessibili per garantire consegne tempestive.

- **Piattaforme di Marketplace**: La presenza su marketplace online come Amazon, eBay o Alibaba offre alle aziende l'opportunità di raggiungere un pubblico globale con investimenti relativamente limitati in infrastruttura e-commerce propria. Tuttavia, operare attraverso questi canali può anche comportare sfide legate alla visibilità del prodotto, alla concorrenza sui prezzi e al controllo del brand.

Innovazioni nella Logistica

- **Fulfillment e Distribuzione**: L'efficienza logistica è diventata un fattore critico nel successo dell'e-commerce. Le soluzioni innovative di fulfillment, come i centri di distribuzione automatizzati o la collaborazione con logistici terzi, possono aiutare le aziende a ridurre i tempi di consegna e a migliorare la soddisfazione del cliente. L'integrazione di tecnologie avanzate, come l'Intelligenza Artificiale e l'analisi predittiva, può ulteriormente ottimizzare la gestione dell'inventario e la pianificazione delle consegne.

Personalizzazione e Esperienza Cliente

- **Esperienze di Acquisto Personalizzate**: La capacità di offrire esperienze di acquisto personalizzate attraverso canali digitali può essere un forte differenziatore. Questo include la personalizzazione delle comunicazioni di marketing, l'offerta di raccomandazioni di prodotto basate sul comportamento di acquisto precedente e la personalizzazione dell'esperienza di navigazione sul sito web o sull'app.

Sfide e Opportunità dei Canali Diretti

- **Vendita Diretta al Consumatore (D2C)**: Molti brand stanno esplorando modelli D2C per stabilire una connessione diretta con i consumatori, raccogliere dati preziosi sul comportamento d'acquisto e aumentare i margini di profitto eliminando gli intermediari. Sebbene questo approccio offra numerosi vantaggi, come un maggiore controllo sull'esperienza del cliente e sulla narrazione del brand, richiede anche investimenti significativi in marketing, tecnologia e logistica.

Considerazioni Strategiche Globali

- **Adattamento Globale e Locale**: Nell'espandere la distribuzione a livello internazionale, le aziende devono bilanciare la necessità di un approccio globale coerente con l'adattamento alle specificità locali. Questo può includere l'adattamento dei prodotti, la personalizzazione delle strategie di marketing e la navigazione nel complesso panorama normativo e fiscale dei diversi paesi.

In conclusione, la scelta e la gestione dei canali di distribuzione nel contesto attuale richiedono una strategia dinamica che consideri l'evoluzione tecnologica, le aspettative in cambiamento dei consumatori e la crescente complessità del panorama competitivo. Le aziende che riescono a integrare con successo canali di distribuzione tradizionali e digitali, ottimizzando al contempo la loro logistica e personalizzando l'esperienza di acquisto, sono quelle meglio posizionate per costruire un vantaggio competitivo sostenibile e realizzare una crescita a lungo termine.

Nell'ulteriore esplorazione delle strategie di distribuzione, è cruciale considerare l'impatto dell'innovazione tecnologica non solo sulle operazioni e-commerce ma anche su come essa sta trasformando i canali di distribuzione fisici. La digitalizzazione sta offrendo modalità innovative per migliorare l'efficienza dei canali tradizionali e per creare nuove opportunità di interazione con i clienti.

Tecnologie Emergenti nei Canali Fisici

- **Punti Vendita Connessi**: L'integrazione delle tecnologie digitali nei punti vendita fisici, come i sistemi POS (Point of Sale) intelligenti, i beacon per il marketing di prossimità e gli schermi interattivi, arricchisce l'esperienza di acquisto in negozio. Queste tecnologie permettono una personalizzazione dell'esperienza cliente similmente a quanto avviene online, offrendo suggerimenti personalizzati e migliorando il servizio al cliente.

- **Automazione e Robotica**: L'adozione dell'automazione e della robotica nei centri di distribuzione e nei negozi al dettaglio sta rivoluzionando la catena di approvvigionamento, dalla gestione dell'inventario al rifornimento dei prodotti sugli scaffali. Queste innovazioni promettono di ridurre i costi operativi, migliorare l'accuratezza dell'inventario e accelerare i tempi di consegna ai consumatori.

Integrazione Verticale e Controllo della Catena di Approvvigionamento

- **Controllo End-to-End**: Alcune aziende stanno optando per un controllo maggiore o totale sulla loro catena di approvvigionamento attraverso l'integrazione verticale. Questo approccio permette un controllo qualitativo più elevato, tempi di reazione più rapidi alle variazioni della domanda e una maggiore flessibilità nell'adattamento dei prodotti e dei servizi. Sebbene richieda investimenti significativi, l'integrazione verticale può offrire vantaggi competitivi distintivi.

Sostenibilità nei Canali di Distribuzione

- **Logistica Verde**: L'attenzione crescente verso la sostenibilità sta spingendo le aziende a considerare l'impatto ambientale dei loro canali di distribuzione. L'adozione di pratiche di logistica verde, come l'uso di veicoli elettrici per le consegne, l'ottimizzazione delle rotte per ridurre le emissioni di CO_2 e l'imballaggio sostenibile, non solo riduce l'impatto ambientale ma risponde anche alle crescenti aspettative dei consumatori per pratiche aziendali responsabili.

Strategie Data-Driven per la Distribuzione

- **Analisi Predittiva e Big Data**: L'utilizzo di analisi predittiva e big data sta diventando sempre più importante nella gestione dei canali di distribuzione. Queste tecnologie consentono alle aziende di prevedere meglio la domanda, ottimizzare le scorte in base alle previsioni di vendita e personalizzare le offerte per i clienti in base ai dati storici di acquisto. L'approccio data-driven non solo migliora l'efficienza operativa ma consente anche di costruire relazioni più profonde e personalizzate con i clienti.

Nuovi Modelli di Distribuzione

- **Modelli Direct-to-Consumer (D2C)**: Il modello D2C continua a guadagnare popolarità, consentendo ai produttori di bypassare gli intermediari e di vendere direttamente ai consumatori. Questo modello offre maggiori margini di profitto e un controllo diretto sull'esperienza del cliente. Allo stesso tempo, sfida le aziende a costruire competenze in aree precedentemente gestite dai partner di distribuzione, come il marketing digitale e la logistica del e-commerce.

In sintesi, le strategie di distribuzione di oggi richiedono un equilibrio tra innovazione tecnologica, comprensione profonda delle preferenze dei consumatori e un impegno costante verso la sostenibilità e la responsabilità sociale. Le aziende che riescono a integrare efficacemente canali di distribuzione tradizionali e digitali, adottando al contempo un approccio olistico e innovativo alla gestione della supply chain, sono meglio posizionate per soddisfare le esigenze dei consumatori moderni e per navigare con successo nel complesso panorama del mercato globale.

Approfondendo ulteriormente il tema dei canali di distribuzione, si evidenzia l'importanza di adattare le strategie di distribuzione alle specificità di ciascun segmento di prodotto e di mercato. La segmentazione del mercato gioca un ruolo cruciale nella definizione dei canali di distribuzione più efficaci, poiché consente alle aziende di allineare le loro strategie di distribuzione con le esigenze e le preferenze dei diversi gruppi di consumatori. Ad esempio, mentre alcuni segmenti di consumatori possono preferire l'immediatezza e la comodità dell'acquisto online, altri potrebbero valorizzare l'esperienza di acquisto in negozio, con la possibilità di vedere e toccare fisicamente il prodotto prima dell'acquisto.

Canali di Distribuzione Personalizzati

- **Personalizzazione dei Canali**: La personalizzazione non si limita ai prodotti o ai messaggi di marketing, ma si estende anche ai canali di distribuzione. Offrire opzioni di acquisto personalizzate, basate su dati demografici, comportamentali e di acquisto, può migliorare significativamente l'esperienza del cliente e aumentare la fedeltà. Ad esempio, un'azienda potrebbe utilizzare i dati raccolti tramite il proprio sito web per offrire ai clienti frequenti opzioni di consegna rapide o ritiri in negozio che rispondono alle loro preferenze storiche.

Strategie Multicanale e Omnicanale

- **Integrazione Omnicanale**: Oltre alla selezione di canali di distribuzione multipli, l'integrazione omnicanale assicura che tutti i canali siano interconnessi, fornendo una customer experience coesa e senza soluzione di continuità. Questo approccio richiede un'attenta coordinazione tra i canali online e offline, un'efficiente gestione della logistica e sistemi IT avanzati per tracciare le interazioni dei clienti e sincronizzare l'inventario in tempo reale. Le aziende che riescono a implementare con successo una strategia omnicanale possono offrire ai consumatori la flessibilità di acquistare, ritirare e restituire prodotti attraverso il canale più conveniente per loro.

Sfide Logistiche e di Gestione dell'Inventario

- **Ottimizzazione della Logistica**: Man mano che le aziende espandono i loro canali di distribuzione, le sfide logistiche diventano più complesse. La gestione efficiente dell'inventario, la riduzione dei tempi di consegna e la minimizzazione dei costi di spedizione richiedono soluzioni logistiche avanzate, come l'adozione di software di gestione della supply chain, l'automazione dei magazzini e l'ottimizzazione delle reti di distribuzione. L'integrazione di sistemi predittivi per la gestione dell'inventario può aiutare le aziende a prevedere con maggiore precisione la domanda e a ridurre gli stock in eccesso o le carenze di prodotto.

Sostenibilità nei Canali di Distribuzione

- **Pratiche di Distribuzione Sostenibili**: In un'epoca in cui la sostenibilità è diventata una priorità per consumatori e aziende, le pratiche di distribuzione sostenibile possono offrire un vantaggio competitivo. Questo include la scelta di materiali di imballaggio ecocompatibili, l'ottimizzazione delle rotte di consegna per ridurre le emissioni di carbonio e l'implementazione di programmi di ritorno e riciclo. Le aziende che comunicano attivamente il loro impegno per pratiche di distribuzione sostenibili possono rafforzare la propria immagine di marca e costruire una relazione più profonda con i clienti consapevoli dell'ambiente.

Innovazione Continua nei Canali di Distribuzione

- **Adattabilità e Innovazione**: Infine, l'adattabilità e l'innovazione continua sono essenziali per rimanere competitivi nei canali di distribuzione. Le aziende devono rimanere vigili sulle tendenze emergenti, come l'uso crescente della tecnologia blockchain per la tracciabilità dei prodotti, o l'adozione di veicoli autonomi e droni per le consegne. Esplorare nuovi modelli di distribuzione e tecnologie può aiutare le aziende a migliorare l'efficienza, a ridurre i costi e a offrire esperienze di acquisto uniche che soddisfano e superano le aspettative dei clienti.

In conclusione, la scelta e la gestione efficace dei canali di distribuzione richiedono una comprensione profonda del proprio mercato, una costante attenzione alle esigenze e ai desideri dei consumatori, e la capacità di innovare e adattarsi alle sfide logistiche e alle opportunità tecnologiche. Le aziende che adottano un approccio proattivo, centrato sul cliente e sostenibile alla distribuzione sono quelle che costruiranno relazioni durature con i clienti e garantiranno il successo nel dinamico panorama del mercato globale.

L'evoluzione dei canali di distribuzione si sta muovendo rapidamente verso l'integrazione di soluzioni tecnologiche avanzate e modelli di business innovativi per migliorare l'efficienza, l'accessibilità e l'esperienza del cliente. Nel contesto di questa trasformazione, un fattore chiave è la digitalizzazione dei canali di distribuzione che apre nuove vie per raggiungere e servire i clienti in modi precedentemente inimmaginabili.

Intelligenza Artificiale e Personalizzazione

- **Applicazione dell'Intelligenza Artificiale (AI)**: L'uso dell'AI nei canali di distribuzione sta diventando sempre più prevalente, consentendo alle aziende di personalizzare l'esperienza di acquisto per i singoli clienti. Attraverso l'analisi dei dati di acquisto e delle preferenze dei consumatori, l'AI può aiutare a prevedere i comportamenti di acquisto, ottimizzare le scorte in base alla domanda anticipata e fornire raccomandazioni personalizzate, migliorando così la soddisfazione del cliente e aumentando le vendite.

Blockchain per la Trasparenza della Supply Chain

- **Blockchain nella Supply Chain**: L'integrazione della tecnologia blockchain nei sistemi di distribuzione offre un livello senza precedenti di trasparenza e tracciabilità per prodotti e servizi. Questo non solo rafforza la fiducia dei consumatori mostrando l'origine e il percorso dei prodotti ma può anche migliorare l'efficienza operativa riducendo le frodi, le contraffazioni e gli errori nella supply chain.

Canali di Distribuzione Diretti e D2C

- **Crescita del Modello Direct-to-Consumer (D2C)**: I modelli D2C stanno guadagnando terreno, permettendo alle aziende di bypassare i tradizionali intermediari e di interagire direttamente con i consumatori. Questo modello consente un maggiore controllo sull'esperienza del brand, una raccolta dati più diretta e spesso una maggiore rapidità nel rispondere alle esigenze del mercato. Le aziende possono utilizzare i social media, le piattaforme e-commerce e le app mobili per costruire e mantenere queste relazioni dirette.

Sostenibilità e Responsabilità Sociale

- **Focus sulla Sostenibilità**: Man mano che i consumatori diventano sempre più consapevoli dell'impatto ambientale dei loro acquisti, la sostenibilità diventa un elemento cruciale nei canali di distribuzione. Le aziende stanno esplorando modi per rendere i loro canali di distribuzione più verdi, come l'adozione di imballaggi sostenibili, l'ottimizzazione delle rotte logistiche per ridurre le emissioni di carbonio e l'implementazione di programmi di ritorno per il riciclo. Queste pratiche non solo beneficiano l'ambiente ma rafforzano anche l'immagine del brand e la fedeltà del cliente.

Collaborazioni Strategiche e Partnership

- **Partnership e Collaborazioni**: La formazione di partnership strategiche può ampliare significativamente la portata e l'efficacia dei canali di distribuzione. Collaborando con altre aziende, piattaforme online o influencer, le organizzazioni possono accedere a nuovi mercati, sfruttare competenze complementari e creare offerte congiunte che aumentano il valore per i consumatori. Queste collaborazioni possono variare dalla distribuzione congiunta alla co-creazione di prodotti esclusivi.

Analisi Predittiva per la Gestione delle Scorte

- **Ottimizzazione delle Scorte con l'Analisi Predittiva**: L'adozione dell'analisi predittiva permette alle aziende di ottimizzare i livelli di inventario, prevedendo accuratamente la domanda futura e riducendo il rischio di eccessi di scorte o esaurimenti. Questo approccio migliora non solo l'efficienza operativa ma anche la soddisfazione del cliente, garantendo che i prodotti desiderati siano disponibili quando e dove sono necessari.

In conclusione, il panorama dei canali di distribuzione è in continua evoluzione, spinto dall'innovazione tecnologica, dai cambiamenti nelle preferenze dei consumatori e dall'importanza crescente della sostenibilità. Per rimanere competitivi e soddisfare efficacemente le esigenze del mercato, le aziende devono adottare un approccio flessibile e innovativo alla gestione dei canali di distribuzione, sfruttando le nuove tecnologie per migliorare l'efficienza, personalizzare l'esperienza del cliente e costruire una supply chain più sostenibile e responsabile. Le strategie di distribuzione di successo del futuro saranno quelle che riescono a integrare questi elementi in un approccio olistico, centrato sul cliente e orientato verso l'innovazione continua.

Proseguendo nell'esplorazione delle strategie di distribuzione, emerge chiaramente che la resilienza della catena di approvvigionamento si sta affermando come un fattore critico per garantire la continuità del business e mantenere elevati livelli di soddisfazione del cliente in un mercato globale sempre più interconnesso e soggetto a interruzioni. La pandemia di COVID-19 ha messo in evidenza la vulnerabilità delle catene di approvvigionamento globali, spingendo le aziende a ripensare e rafforzare le loro strategie di distribuzione per mitigare i rischi futuri.

Resilienza della Catena di Approvvigionamento

- **Diversificazione dei Fornitori e dei Partner di Distribuzione**: Per costruire catene di approvvigionamento più resilienti, le aziende stanno esplorando la diversificazione dei fornitori e dei partner di distribuzione. Ciò riduce la dipendenza da un unico fornitore o mercato, mitigando i rischi associati a interruzioni impreviste, come disastri naturali, crisi politiche o pandemie. La diversificazione può anche offrire flessibilità in termini di costi e capacità di risposta alle fluttuazioni della domanda.

- **Investimenti in Tecnologie Avanzate**: L'adozione di tecnologie avanzate come l'intelligenza artificiale, l'Internet delle Cose (IoT) e la blockchain migliora la visibilità e il monitoraggio in tempo reale lungo tutta la catena di approvvigionamento. Queste tecnologie consentono alle aziende di prevedere e rispondere rapidamente a potenziali interruzioni, ottimizzare le scorte e migliorare l'efficienza operativa.

Personalizzazione e Flessibilità

- **Adattamento ai Cambiamenti del Mercato e del Consumatore**: Le strategie di distribuzione devono essere sufficientemente flessibili da adattarsi ai rapidi cambiamenti nei comportamenti dei consumatori e nelle condizioni di mercato. Questo include la capacità di scalare rapidamente su e giù le operazioni, personalizzare le offerte per segmenti di mercato specifici e utilizzare i dati dei clienti per prevedere e soddisfare le esigenze emergenti.

Sostenibilità e Impatto Ambientale

- **Implementazione di Pratiche di Distribuzione Ecocompatibili**: L'integrazione della sostenibilità nelle strategie di distribuzione non solo risponde alla crescente domanda dei consumatori per pratiche aziendali responsabili ma contribuisce anche a ridurre l'impatto ambientale delle operazioni. Ciò può includere iniziative come l'ottimizzazione delle rotte logistiche per minimizzare le emissioni di

CO2, l'utilizzo di materiali di imballaggio
sostenibili e la promozione del riciclo e del
riutilizzo dei prodotti.

Collaborazione e Co-creazione di Valore

- **Partnership Strategiche per
  l'Innovazione**: La collaborazione tra aziende,
  fornitori, partner logistici e altre parti interessate
  può aprire nuove opportunità per l'innovazione
  nei canali di distribuzione. Attraverso la
  condivisione delle conoscenze e delle risorse, le
  aziende possono co-creare soluzioni di
  distribuzione che offrono un valore aggiunto ai
  clienti, migliorano la resilienza della catena di
  approvvigionamento e promuovono la
  sostenibilità.

Adattamento Culturale e Geografico

- **Sensibilità Culturale e Comprensione
  Locale**: Per le aziende che operano in mercati
  globali, la sensibilità culturale e una profonda
  comprensione delle specificità locali sono
  essenziali per la scelta dei canali di distribuzione
  appropriati. Adattare le strategie di distribuzione
  per rispettare le preferenze culturali, le norme
  legali e le pratiche commerciali locali può
  migliorare l'accettazione del mercato e rafforzare
  le relazioni con i clienti in diverse regioni
  geografiche.

In conclusione, la gestione efficace dei canali di distribuzione nel contesto attuale richiede un approccio olistico che integri resilienza, flessibilità, innovazione tecnologica e sostenibilità. Le aziende che riescono a navigare con successo in questo panorama complesso e in rapida evoluzione sono quelle che non solo soddisfano le aspettative dei clienti ma si posizionano anche per una crescita sostenibile e per un impatto positivo a lungo termine sul mercato e sulla società. La capacità di adattarsi rapidamente ai cambiamenti, di implementare pratiche sostenibili e di collaborare efficacemente con una vasta rete di partner sarà fondamentale per costruire canali di distribuzione resilienti e capaci di generare valore duraturo.

Mentre esploriamo ulteriormente le dinamiche dei canali di distribuzione, diventa evidente che l'integrazione di approcci orientati ai dati sta diventando sempre più centrale per ottimizzare le strategie di distribuzione. L'analisi dei dati e l'intelligenza artificiale non solo permettono una migliore previsione della domanda e una gestione più efficiente delle scorte ma offrono anche opportunità uniche per personalizzare l'esperienza di acquisto e rafforzare il legame con i clienti.

Data-Driven Decision Making

- **Decisioni Basate sui Dati**: L'adozione di un approccio basato sui dati permette alle aziende di prendere decisioni informate riguardo ai canali di distribuzione. Attraverso l'analisi dei dati di vendita, del comportamento dei consumatori e delle tendenze di mercato, le aziende possono identificare quali canali generano il maggior valore, dove concentrare gli investimenti e come personalizzare le offerte per diversi segmenti di clientela.

Esperienza Cliente Personalizzata

- **Personalizzazione Basata sui Dati**: Utilizzando i dati raccolti dai vari punti di contatto con i clienti, le aziende possono offrire esperienze altamente personalizzate. Questo può variare dalla personalizzazione delle comunicazioni di marketing alla creazione di offerte e promozioni su misura per il singolo cliente, aumentando così l'efficacia dei canali di distribuzione e migliorando la soddisfazione e la fedeltà del cliente.

Integrazione Ecosistemica

- **Ecosistemi di Distribuzione Connessi**: La costruzione di ecosistemi di distribuzione integrati, che collegano produttori, fornitori, distributori e clienti attraverso piattaforme tecnologiche, facilita una collaborazione più stretta e una maggiore efficienza lungo tutta la catena di valore. Questi ecosistemi permettono una condivisione dei dati in tempo reale, migliorando la reattività ai cambiamenti del mercato e ottimizzando le operazioni di distribuzione.

Sfide della Globalizzazione

- **Navigazione nelle Complessità Globali**: Man mano che le aziende si espandono nei mercati internazionali, devono navigare in una complessità crescente nei canali di distribuzione. Ciò include la gestione della logistica transfrontaliera, l'adattamento ai regolamenti locali e l'ottimizzazione delle strategie per i diversi comportamenti di consumo e aspettative di servizio. L'utilizzo di analisi avanzate può aiutare le aziende a comprendere meglio questi mercati e a personalizzare i loro approcci di distribuzione.

Innovazione e Sperimentazione

- **Testare Nuovi Modelli di Distribuzione**: In un ambiente di mercato in rapida evoluzione, le aziende devono essere disposte a sperimentare e innovare nei loro canali di distribuzione. Ciò può includere il test di nuovi formati di negozio, l'esplorazione di piattaforme di vendita alternative o l'implementazione di nuove tecnologie per migliorare l'efficienza logistica. L'approccio sperimentale, supportato da un'analisi dettagliata dei risultati, permette alle aziende di adattarsi rapidamente e di rimanere competitive.

Sostenibilità e Etica

- **Priorità alla Sostenibilità ed Etica**: Infine, una considerazione sempre più importante nella scelta e gestione dei canali di distribuzione è l'impegno verso la sostenibilità e la responsabilità etica. I consumatori richiedono trasparenza e pratiche sostenibili lungo tutta la catena di approvvigionamento, spingendo le aziende a esaminare l'impatto ambientale dei loro canali di distribuzione e a cercare soluzioni che minimizzino l'impronta ecologica, dal sourcing dei materiali alla consegna del prodotto finale.

In conclusione, la gestione avanzata dei canali di distribuzione nel contesto attuale richiede una combinazione di approcci strategici basati sui dati, un impegno verso l'innovazione e la sostenibilità, e la capacità di adattarsi rapidamente alle esigenze in evoluzione dei consumatori e alle dinamiche di mercato. Le aziende che riescono a integrare queste dimensioni nella loro strategia di distribuzione non solo ottimizzeranno la loro portata di mercato e l'efficienza operativa ma costruiranno anche relazioni più forti e durature con i loro clienti, posizionandosi per il successo nel lungo termine.

Mentre continuiamo a esplorare le complessità dei canali di distribuzione, è essenziale riconoscere l'importanza della flessibilità e dell'adattabilità in risposta alle mutevoli aspettative dei consumatori e ai progressi tecnologici. L'ambiente di mercato di oggi richiede che le aziende non solo comprendano le preferenze attuali dei consumatori ma siano anche in grado di anticipare i cambiamenti futuri e di adattare rapidamente i loro canali di distribuzione per rimanere rilevanti e competitivi.

Capacità di Risposta ai Cambiamenti del Mercato

- **Risposta Agile ai Trend di Consumo**: L'abilità di monitorare continuamente e rispondere ai trend emergenti di consumo è vitale. Ciò richiede sistemi di raccolta dati e analisi in tempo reale per rilevare cambiamenti nelle preferenze dei consumatori, consentendo alle aziende di adattare rapidamente i loro canali di distribuzione, sia attraverso l'introduzione di nuovi canali sia modificando quelli esistenti.

Integrazione Tecnologica Avanzata

- **Sfruttare le Piattaforme Tecnologiche**: La tecnologia gioca un ruolo chiave nell'abilitare

canali di distribuzione flessibili e scalabili.
Soluzioni cloud, intelligenza artificiale, machine
learning e Internet delle Cose (IoT) possono
automatizzare e ottimizzare i processi di
distribuzione, dalla gestione dell'inventario alla
logistica, migliorando al contempo l'esperienza di
acquisto per i clienti.

Costruire Relazioni di Valore

- **Partnership Strategiche per la
  Distribuzione**: Stabilire partnership
  strategiche con altri attori del mercato, come
  fornitori di servizi logistici, piattaforme e-
  commerce e rivenditori, può ampliare
  significativamente la portata e l'efficacia dei
  canali di distribuzione. Queste collaborazioni
  possono offrire nuovi punti di accesso al mercato,
  condividere risorse e competenze e creare
  sinergie che beneficiano di tutte le parti
  coinvolte.

Sostenibilità Come Elemento Differenziante

- **Incorporare la Sostenibilità nei Canali di
  Distribuzione**: I consumatori sono sempre più
  alla ricerca di prodotti che non solo soddisfano le
  loro esigenze ma sono anche prodotti in modo
  sostenibile. Integrare considerazioni ambientali
  nei canali di distribuzione, come la riduzione
  delle emissioni di trasporto, imballaggi ecologici

e pratiche di reverse logistics per il riciclo, può diventare un importante elemento differenziante e migliorare l'impegno del cliente.

Esperienze d'Acquisto Omnicompatibili

- **Offrire Esperienze Omnicompatibili**: Un approccio omnicanale ben eseguito che offre esperienze di acquisto senza soluzione di continuità attraverso canali online e offline è fondamentale per soddisfare le aspettative dei consumatori moderni. Ciò include la capacità per i clienti di acquistare, ritirare, restituire o scambiare prodotti attraverso il canale più conveniente, migliorando la soddisfazione del cliente e la fedeltà al brand.

Analisi Continua e Apprendimento

- **Apprendimento Continuo da Dati e Feedback**: L'adozione di un approccio iterativo di apprendimento e adattamento basato su dati raccolti e feedback dei clienti è essenziale. Analizzare costantemente le prestazioni dei vari canali di distribuzione permette di identificare aree di miglioramento, ottimizzare le strategie esistenti e innovare in modo proattivo per anticipare le esigenze future del mercato.

In conclusione, navigare con successo nel panorama dei canali di distribuzione richiede una combinazione di comprensione profonda del cliente, flessibilità strategica, integrazione tecnologica e un impegno costante verso l'innovazione e la sostenibilità. Le aziende che riescono a equilibrare questi elementi, adattandosi dinamicamente alle sfide e alle opportunità emergenti, saranno quelle che costruiscono canali di distribuzione resilienti, efficaci e capaci di sostenere la crescita e il successo a lungo termine nel mercato globale in continua evoluzione.

Concludendo, la scelta e la gestione dei canali di distribuzione costituiscono una componente strategica cruciale per il successo di un'azienda nel contesto di mercato attuale, caratterizzato da rapidi cambiamenti tecnologici, evoluzione delle aspettative dei consumatori e crescente enfasi sulla sostenibilità. Le aziende devono adottare un approccio olistico e dinamico nella selezione dei canali di distribuzione, considerando non solo i tradizionali fattori economici e logistici ma anche l'impatto della digitalizzazione, le esigenze di personalizzazione del cliente e le questioni ambientali.

Elementi Chiave per una Strategia di Distribuzione Efficace

- **Integrazione Tecnologica**: L'adozione e l'integrazione di tecnologie avanzate come l'intelligenza artificiale, il machine learning, l'Internet delle Cose (IoT) e la blockchain possono notevolmente migliorare l'efficienza, la trasparenza e la resilienza dei canali di distribuzione. Queste tecnologie abilitano l'analisi dei dati in tempo reale, la personalizzazione delle esperienze di acquisto e l'ottimizzazione della logistica e della gestione dell'inventario.

- **Approccio Omnicanale**: Implementare un approccio omnicanale che offra una customer experience coerente e senza soluzione di continuità attraverso tutti i canali di distribuzione, sia online che offline, è fondamentale per soddisfare le aspettative dei consumatori moderni. Questo richiede una stretta integrazione tra i diversi canali, sistemi IT flessibili e una strategia logistica capace di supportare un modello di distribuzione fluido e interconnesso.

- **Sostenibilità ed Etica**: Integrare considerazioni di sostenibilità ed etica nei canali di distribuzione, dalla scelta di imballaggi ecologici alla riduzione delle emissioni di trasporto, non solo risponde alla crescente domanda di pratiche aziendali responsabili ma può anche fornire un vantaggio competitivo distintivo. La trasparenza riguardo alle pratiche sostenibili e la comunicazione attiva di queste iniziative rafforzano ulteriormente la fiducia e la lealtà dei clienti.

- **Flessibilità e Adattabilità**: La capacità di adattare rapidamente i canali di distribuzione in risposta ai cambiamenti del mercato, alle nuove tendenze di consumo e alle interruzioni della supply chain è più critica che mai. Le aziende devono mantenere una costante vigilanza sulle dinamiche di mercato e sui comportamenti dei consumatori, sfruttando i dati e il feedback dei clienti per informare decisioni di distribuzione agili e basate sull'evidenza.

- **Collaborazione e Partnership**: Formare partnership strategiche con fornitori, distributori, piattaforme di e-commerce e altri attori del mercato può ampliare significativamente la portata e l'efficacia dei canali di distribuzione. Collaborare permette di condividere risorse, accedere a nuovi mercati e co-creare soluzioni innovative che migliorano l'efficienza e il valore offerto ai clienti.

In sintesi, la gestione efficace dei canali di distribuzione nel mondo aziendale contemporaneo richiede un equilibrio tra innovazione, flessibilità, comprensione profonda dei bisogni dei consumatori e impegno verso pratiche sostenibili e responsabili. Le aziende che riescono a navigare con successo in questo complesso panorama, implementando strategie di distribuzione che sono sia efficienti che allineate con i valori dei loro clienti, sono quelle che costruiranno un vantaggio competitivo sostenibile, promuovendo al contempo una crescita a lungo termine e un impatto positivo sulla società e sull'ambiente.

10. Comunicazione di Marketing: Pubblicità, PR, vendite personali e promozione delle vendite.

La comunicazione di marketing comprende una vasta gamma di attività volte a costruire e mantenere la conoscenza e l'interesse per un'azienda, i suoi prodotti o servizi. Attraverso strumenti come la pubblicità, le relazioni pubbliche (PR), le vendite personali e la promozione delle vendite, le aziende cercano di influenzare la percezione del pubblico e stimolare la domanda. Ogni strumento ha un ruolo unico e contribuisce al successo complessivo della strategia di marketing.

Pubblicità

La pubblicità è forse l'elemento più visibile della comunicazione di marketing, impiegato per informare, persuadere e ricordare al pubblico target i prodotti o servizi offerti. Utilizza vari media, inclusi stampa, televisione, radio, online e social media, per trasmettere messaggi progettati per raggiungere ampie fasce di pubblico. L'obiettivo è creare una forte presenza di marca e stimolare l'interesse o il desiderio per ciò che l'azienda ha da offrire.

Relazioni Pubbliche (PR)

Le PR si concentrano sulla costruzione e la gestione della reputazione di un'azienda o marca. Attraverso comunicati stampa, eventi, sponsorizzazioni e il coinvolgimento con i media, le PR mirano a creare una percezione positiva e a costruire relazioni di fiducia con il pubblico, compresi clienti, partner e stakeholder. Le attività di PR possono anche essere dirette alla gestione delle crisi, assicurando che l'azienda mantenga una buona reputazione anche in momenti difficili.

Vendite Personali

Le vendite personali implicano interazioni dirette e personalizzate tra il personale di vendita e i potenziali clienti. Questa forma di comunicazione è particolarmente efficace per prodotti o servizi complessi che richiedono una spiegazione dettagliata o una personalizzazione. Le vendite personali permettono di costruire relazioni dirette con i clienti, di comprendere meglio le loro esigenze e di adattare l'offerta di conseguenza, risultando in una maggiore probabilità di chiusura della vendita.

Promozione delle Vendite

La promozione delle vendite include una varietà di tattiche a breve termine progettate per stimolare l'interesse o aumentare la domanda di un prodotto o servizio. Queste possono includere sconti, coupon, campagne "acquista uno e ottieni uno gratis", concorsi e premi. L'obiettivo è incentivare l'acquisto immediato, spesso per introdurre un nuovo prodotto, liberarsi delle scorte in eccesso o aumentare il traffico in un punto vendita o su un sito web.

Integrazione e Coerenza

Per ottenere il massimo impatto, è cruciale che tutte queste forme di comunicazione di marketing siano integrate e coerenti. Questo significa che messaggi, tono e immagine del brand devono essere allineati attraverso tutti i canali e le tattiche di comunicazione. Un approccio integrato assicura che il pubblico riceva un messaggio unificato che rinforza la conoscenza e la percezione del brand, massimizzando l'efficacia della strategia di marketing complessiva.

Adattamento e Evoluzione

Con l'evoluzione del panorama digitale e dei media, le strategie di comunicazione di marketing continuano ad adattarsi. L'ascesa dei social media, il marketing degli influencer, il content marketing e altre forme digitali di comunicazione offrono nuove opportunità per raggiungere e coinvolgere il pubblico. Le aziende devono rimanere aggiornate su queste tendenze e incorporarle nelle loro strategie di marketing per rimanere rilevanti e competitive.

In sintesi, la comunicazione di marketing è un pilastro fondamentale per il successo di un'azienda, richiedendo una pianificazione strategica e un'esecuzione attenta. Integrando efficacemente pubblicità, PR, vendite personali e promozioni in una strategia coesa, le aziende possono costruire una forte presenza di marca, mantenere relazioni positive con il loro pubblico e stimolare la crescita delle vendite.

Proseguendo nell'analisi delle strategie di comunicazione di marketing, è fondamentale sottolineare l'importanza dell'analisi del ritorno sull'investimento (ROI) e del monitoraggio delle performance per ciascuno degli strumenti utilizzati. In un ambiente di marketing sempre più orientato ai dati, valutare l'efficacia delle diverse tattiche di comunicazione permette alle aziende di ottimizzare le loro strategie, allocare in modo più efficiente il budget e raggiungere gli obiettivi di marketing con maggiore precisione.

Misurazione e Analisi del ROI

- **Valutazione dell'Efficienza**: L'analisi del ROI fornisce insight cruciali sull'efficienza delle diverse attività di comunicazione di marketing, permettendo alle aziende di identificare quali tattiche generano il maggior valore. Strumenti di analisi digitale, sondaggi di customer satisfaction e metriche di engagement sui social media sono esempi di come le aziende possono raccogliere dati per valutare l'impatto delle loro campagne.

Personalizzazione e Segmentazione

- **Approcci Targetizzati**: Con l'avanzamento delle tecnologie di data analytics, le aziende hanno la possibilità di personalizzare e segmentare le loro comunicazioni di marketing con precisione senza precedenti. Ciò significa poter inviare messaggi specificamente progettati per risuonare con particolari segmenti del pubblico, aumentando significativamente l'efficacia della comunicazione e migliorando l'esperienza del cliente.

Marketing dei Contenuti

- **Evoluzione del Content Marketing**: Il marketing dei contenuti si è rivelato uno strumento potente per costruire relazioni a lungo termine con il pubblico, offrendo valore attraverso informazioni rilevanti e coinvolgenti anziché tramite la promozione diretta di prodotti o servizi. Questo approccio aiuta a stabilire l'azienda come leader di pensiero nel suo settore e a costruire fiducia con il pubblico.

Integrazione dei Canali Digitali

- **Sfruttare i Canali Digitali**: L'integrazione efficace dei canali digitali, compresi i social media, il marketing via email, il SEO e il marketing degli influencer, nella strategia complessiva di comunicazione di marketing è diventata indispensabile. Questi canali offrono opportunità uniche di interazione diretta con il pubblico, raccolta di feedback in tempo reale e personalizzazione delle comunicazioni su larga scala.

Sostenibilità e Responsabilità Sociale

- **Comunicare Impegno Sociale**: Le iniziative di sostenibilità e responsabilità sociale d'impresa (CSR) sono diventate elementi sempre più importanti nelle strategie di comunicazione di marketing. I consumatori moderni tendono a favorire le aziende che dimostrano un autentico impegno verso la sostenibilità ambientale e l'etica aziendale, rendendo essenziale per le aziende comunicare efficacemente queste iniziative.

Adattabilità e Innovazione Continua

- **Rimane Agile e Innovativo**: In un mercato che cambia rapidamente, la capacità di adattarsi e innovare continuamente nelle strategie di comunicazione di marketing è fondamentale. Ciò richiede un impegno costante nel monitoraggio delle tendenze emergenti, nella sperimentazione di nuove tattiche e tecnologie e nell'apprendimento continuo dai risultati per affinare e migliorare le strategie di comunicazione.

In conclusione, la comunicazione di marketing richiede un approccio dinamico e multifacettato che integra vari strumenti e tattiche, dalla pubblicità tradizionale alle innovazioni digitali, tenendo sempre al centro le esigenze e le preferenze del pubblico. Misurare l'efficacia di queste strategie attraverso l'analisi del ROI, personalizzare la comunicazione basandosi su analisi dati dettagliate e rimanere impegnati nella sostenibilità e nell'innovazione continua sono passi cruciali per costruire campagne di marketing di successo che non solo raggiungano ma anche superino gli obiettivi aziendali. Le aziende che navigano con successo in questo complesso panorama comunicativo sono quelle che riescono a stabilire un legame duraturo con il loro pubblico, rafforzando la loro posizione sul mercato e guidando la crescita sostenibile a lungo termine.

Mentre ci addentriamo ulteriormente nelle dinamiche complesse della comunicazione di marketing, è cruciale sottolineare l'importanza dell'evoluzione dei canali di comunicazione e della necessità per le aziende di rimanere all'avanguardia nell'adozione di nuove piattaforme e tecnologie. Questa costante evoluzione offre opportunità uniche per raggiungere il pubblico in modi innovativi e più efficaci, ma richiede anche una vigilanza costante e la capacità di adattarsi rapidamente ai cambiamenti.

Multicanalità e Coerenza del Messaggio

- **Strategie Multicanale e Coerenza**: Nell'era digitale, i consumatori interagiscono con i marchi su più piattaforme e canali, dall'email ai social media, dai blog ai video online. Implementare una strategia multicanale che assicuri coerenza e uniformità del messaggio attraverso tutti questi touchpoint è fondamentale per costruire un'immagine di marca forte e riconoscibile. La sfida risiede nel mantenere una narrazione coesa che risuoni con il pubblico su ogni piattaforma, pur sfruttando le caratteristiche uniche di ciascun canale.

Personalizzazione su Scala

- **Tecnologie per la Personalizzazione**: Le tecnologie avanzate, come l'intelligenza artificiale e il machine learning, stanno rendendo possibile la personalizzazione su scala delle comunicazioni di marketing. Questo approccio permette di andare oltre le campagne generiche, offrendo messaggi personalizzati che riflettono le preferenze individuali dei consumatori, i loro comportamenti di acquisto precedenti e i loro interessi. Tale grado di personalizzazione può significativamente aumentare l'engagement dei consumatori e migliorare i tassi di conversione.

Storytelling e Contenuti di Valore

- **Potere dello Storytelling**: In un mercato saturo, lo storytelling diventa uno strumento ancora più potente per distinguersi. Creare storie coinvolgenti che narrano i valori del brand, la sua missione e la sua visione può creare una connessione emotiva con il pubblico. Il contenuto di valore che educa, intrattiene o ispira, piuttosto che vendere in modo aggressivo, può aiutare a costruire fiducia e lealtà a lungo termine.

Misurazione Avanzata e Feedback in Tempo Reale

- **Analitica e Feedback**: L'accesso a dati dettagliati e feedback in tempo reale offre alle aziende la possibilità di monitorare l'efficacia delle loro campagne di comunicazione di marketing in tempo reale. Ciò consente di apportare rapidamente aggiustamenti basati su ciò che funziona o non funziona, ottimizzando così le risorse e massimizzando l'impatto delle campagne.

-

Responsabilità Sociale e Marketing Etico

- **Enfasi sull'Etica e sulla Responsabilità Sociale**: I consumatori moderni si aspettano che i marchi non solo forniscano prodotti e servizi di qualità ma agiscano anche in modo etico e responsabile. Le campagne di comunicazione che evidenziano l'impegno di un'azienda verso la sostenibilità, la responsabilità sociale e l'etica possono rafforzare l'immagine del brand e approfondire il suo legame con i consumatori.

Adattamento ai Cambiamenti Culturali e Sociali

- **Sensibilità Culturale**: Le aziende devono essere sensibili ai cambiamenti culturali e sociali in corso, adattando le loro strategie di comunicazione per rispecchiare e rispettare la diversità e l'evoluzione delle norme sociali. Questo non solo previene potenziali contraccolpi ma può anche aprire nuove opportunità di mercato e rafforzare la relazione con segmenti di pubblico diversificati.

In conclusione, la comunicazione di marketing richiede un equilibrio tra creatività, strategia, etica e analisi. Le aziende che riescono a sfruttare efficacemente una vasta gamma di strumenti e tattiche, mantenendo al contempo un dialogo aperto e autentico con il loro pubblico, possono aspettarsi di costruire marchi forti e di successo. Rimane essenziale l'abilità di adattarsi rapidamente ai cambiamenti tecnologici, culturali e di mercato, utilizzando dati e feedback per guidare le decisioni e personalizzare l'approccio per soddisfare le aspettative in continua evoluzione dei consumatori.

Proseguendo nell'analisi della comunicazione di marketing, diventa chiaro che l'evoluzione dei media e delle piattaforme digitali sta spingendo le aziende a riconsiderare e innovare costantemente le loro strategie per mantenere l'efficacia della comunicazione. Questo ambiente in rapida evoluzione richiede un approccio agile e sperimentale, dove l'apprendimento continuo e l'adattamento diventano chiave per il successo.

L'Importanza del Marketing Esperienziale

- **Marketing Esperienziale**: In un'era dove l'attenzione dei consumatori è sempre più frammentata, il marketing esperienziale emerge come un potente strumento per creare connessioni significative. Le esperienze di marca immersive, che sfruttano eventi dal vivo, realtà virtuale (VR) o realtà aumentata (AR), possono creare impatti emotivi duraturi, trasformando i consumatori in ambasciatori del brand. L'obiettivo è spostare il focus dalla semplice transazione all'instaurazione di una relazione emotiva con il marchio.

Il Ruolo dei Dati nella Personalizzazione

- **Data-Driven Marketing**: L'uso strategico dei dati per personalizzare la comunicazione non si limita a segmentare il pubblico in categorie ampie. Ora, grazie all'avanzamento delle tecnologie di data analytics, le aziende possono praticamente personalizzare le comunicazioni a livello individuale, anticipando le esigenze dei consumatori e offrendo soluzioni su misura che aumentano l'engagement e la conversione.

La Crescita del Social Listening

- **Social Listening per Insight Azionabili**: Il monitoraggio delle conversazioni online e dei sentimenti attraverso il social listening offre alle aziende insight preziosi sui comportamenti dei consumatori, le percezioni del brand e le opportunità di mercato emergenti. Questi dati possono informare non solo le strategie di comunicazione ma anche lo sviluppo del prodotto, il servizio clienti e la gestione della reputazione.

Sfide e Opportunità del Marketing Globale

- **Comunicazione Globale e Locale**: Navigare nella complessità del marketing globale richiede un delicato equilibrio tra l'elaborazione di messaggi che risuonano su scala mondiale e l'adattamento di tali messaggi alle specificità culturali e linguistiche locali. Le aziende devono essere capaci di pensare globalmente pur agendo localmente, garantendo che la loro comunicazione sia rilevante e rispettosa per ogni mercato specifico.

Etica e Trasparenza

- **Priorità all'Etica e alla Trasparenza**: In un mondo sempre più sensibile alle questioni etiche, la trasparenza diventa un imperativo. Le aziende devono assicurarsi che le loro comunicazioni siano sincere, accurate e non ingannevoli. Inoltre, c'è una crescente aspettativa che le aziende si assumano la responsabilità sociale, comunicando non solo ciò che vendono ma anche ciò in cui credono e come contribuiscono a un mondo migliore.

L'Impatto della Tecnologia Emergente

- **Sfruttare le Nuove Tecnologie**: Dalla blockchain al 5G, dall'intelligenza artificiale alle chatbot, le nuove tecnologie offrono opportunità inedite per migliorare la comunicazione di marketing. Queste tecnologie possono aiutare a ottimizzare l'efficienza, migliorare la personalizzazione, aumentare l'interattività e aprire nuovi canali di comunicazione. Tuttavia, richiedono anche un investimento in competenze e risorse per essere sfruttate efficacemente.

In conclusione, la comunicazione di marketing nell'era digitale richiede un mix di creatività, agilità strategica, integrità e innovazione tecnologica. Le aziende che riescono a navigare con successo in questo paesaggio complesso, sfruttando dati e tecnologie per creare comunicazioni significative e personalizzate, non solo costruiranno relazioni più forti con i loro clienti ma si posizioneranno anche per una crescita sostenibile nel futuro. L'impegno costante verso l'apprendimento, l'adattamento e l'innovazione è fondamentale per mantenere la rilevanza e l'efficacia in un mondo in rapida evoluzione.

Nel continuare a esplorare le sfaccettature della comunicazione di marketing, diventa essenziale riconoscere l'importanza dell'integrazione tra le varie discipline del marketing e la necessità di un approccio coerente e sinergico. L'evoluzione digitale e le mutevoli aspettative dei consumatori richiedono che le aziende adottino strategie di comunicazione che non solo raggiungano il pubblico attraverso diversi canali ma che anche risuonino autenticamente con i loro valori e le loro esigenze.

Creazione di Ecosistemi di Marca Integrati

- **Ecosistemi di Marca**: Per costruire una comunicazione di marketing efficace, le aziende devono sviluppare ecosistemi di marca integrati che uniscono pubblicità, PR, vendite personali, promozione delle vendite e marketing digitale in un'unica narrazione coesa. Questo approccio olistico assicura che ogni punto di contatto con il cliente, dal sito web aziendale ai social media, dagli eventi alle campagne pubblicitarie, contribuisca a costruire un'immagine di marca coerente e riconoscibile.

Uso Strategico dei Dati per l'Engagement

- **Strategie Basate sui Dati**: L'analisi avanzata dei dati consente alle aziende di comprendere profondamente i comportamenti, le preferenze e le aspettative dei loro clienti. Utilizzando questi insight, è possibile sviluppare messaggi e campagne altamente mirati che non solo attirano l'attenzione ma anche stimolano l'engagement e la fedeltà. L'uso strategico dei dati supporta la personalizzazione di massa, permettendo alle aziende di comunicare con i clienti in modo più significativo e personale.

Innovazione nel Customer Journey

- **Ottimizzazione del Customer Journey**: La mappatura e l'ottimizzazione del percorso del cliente diventano cruciali nell'era digitale.

Comprendere ogni fase del customer journey, dall'awareness all'acquisto fino alla fedeltà, permette alle aziende di identificare opportunità per migliorare l'esperienza del cliente e integrare efficacemente le comunicazioni di marketing per guidare il cliente attraverso il funnel di vendita in modo fluido e naturale.

Sostenibilità e Marketing di Causa

- **Focus sulla Sostenibilità**: Integrare principi di sostenibilità e cause sociali nelle strategie di comunicazione non è solo una questione etica ma diventa un fattore chiave per connettersi con i consumatori moderni, in particolare con le generazioni più giovani che valutano le aziende in base al loro impatto sociale e ambientale. Le campagne che mettono in evidenza l'impegno di un'azienda verso la sostenibilità o che supportano cause significative possono rafforzare la relazione con il pubblico e costruire una comunità di clienti fedeli e impegnati.

Risposta ai Cambiamenti Culturali

- **Adattabilità Culturale**: Le aziende devono essere sensibili ai cambiamenti culturali e sociali, adattando le loro comunicazioni per rispettare e riflettere la diversità e l'inclusività. Questo non solo dimostra rispetto e comprensione verso varie culture e comunità ma aiuta anche a costruire un marchio globale che è rilevante e accogliente per un pubblico ampio e diversificato.

Misurazione e Iterazione

- **Ciclo di Misurazione e Ottimizzazione**: La capacità di misurare l'efficacia delle strategie di comunicazione e di iterare rapidamente basandosi su feedback e risultati è fondamentale per il successo a lungo termine. L'implementazione di cicli di feedback continuo, dove i dati raccolti sono utilizzati per rifinire e migliorare le campagne, assicura che le strategie di comunicazione rimangano efficaci e rilevanti nel tempo.

In sintesi, la comunicazione di marketing nell'era contemporanea richiede un impegno costante verso l'integrazione strategica, l'innovazione e la responsabilità sociale. Le aziende che riescono a navigare con successo in questo paesaggio complesso, utilizzando dati per guidare decisioni informate, rispondendo in modo agile ai cambiamenti culturali e sociali, e costruendo relazioni autentiche con i loro clienti, sono quelle che emergono come leader nel loro settore, capaci di costruire marchi forti, sostenibili e profondamente connessi con il loro pubblico.

Proseguendo ulteriormente nell'analisi della comunicazione di marketing, è evidente che l'evoluzione continua dei mezzi di comunicazione richiede un adattamento costante delle strategie per mantenere l'efficacia nel raggiungimento e nell'engagement del pubblico target. Questo dinamismo nel panorama della comunicazione sottolinea l'importanza di sperimentare con nuovi formati e piattaforme, mantenendo al contempo un nucleo di messaggi coerenti che risuonino con i valori e le aspettative dei consumatori.

L'Esperienza Utente al Centro

- **Priorità all'Esperienza Utente (UX)**: Nel progettare campagne di comunicazione, l'esperienza dell'utente con il messaggio e il mezzo diventa centrale. Ciò significa creare contenuti che non solo catturino l'attenzione ma siano anche facilmente fruibili, accessibili e pertinenti su vari dispositivi e piattaforme. L'obiettivo è ridurre gli attriti nel processo di comunicazione per facilitare un engagement profondo e significativo.

L'Impatto dei Social Media

- **Sfruttare il Potere dei Social Media**: I social media continuano a evolversi come strumenti potentissimi per la comunicazione di marketing, offrendo opportunità uniche di dialogo bidirezionale con il pubblico. L'utilizzo efficace dei social media richiede una strategia che vada oltre la semplice pubblicazione di contenuti, impegnandosi attivamente con la community attraverso commenti, messaggi e contenuti generati dagli utenti, per costruire una relazione autentica e di fiducia.

L'Importanza del Contenuto Video

- **Predominanza del Video**: Con la crescente preferenza dei consumatori per i contenuti video, sfruttare questo formato diventa essenziale per catturare l'attenzione e trasmettere messaggi complessi in modo chiaro e coinvolgente. I video offrono una ricchezza di espressione senza pari, da testimonianze autentiche e storytelling emotivo a dimostrazioni di prodotto e tutorial, rendendoli strumenti versatili nella cassetta degli attrezzi della comunicazione di marketing.

Integrazione con Tecnologie Emergenti

- **Esplorazione di Realtà Aumentata e Virtuale**: Tecnologie come la realtà aumentata (AR) e la realtà virtuale (VR) stanno aprendo nuove frontiere nella comunicazione di marketing, permettendo esperienze immersive che possono trasformare il modo in cui i consumatori percepiscono e interagiscono con i marchi. Queste tecnologie offrono possibilità entusiasmanti per l'innovazione nelle demo dei prodotti, nelle esperienze di marca e nell'educazione dei consumatori.

Focus sulla Misurabilità e l'Analitica

- **Importanza della Misurabilità**: In un ambiente di marketing sempre più guidato dai dati, la capacità di misurare l'efficacia delle diverse tattiche di comunicazione diventa cruciale. L'investimento in strumenti analitici avanzati per tracciare le prestazioni, comprendere il comportamento dei consumatori e calcolare il ritorno sull'investimento consente alle aziende di ottimizzare continuamente le loro strategie per massimizzare l'efficacia.

Adattarsi alle Evoluzioni Culturali

- **Sensibilità Culturale e Inclusività**: In un mondo globalizzato, la comunicazione di marketing deve essere culturalmente sensibile e inclusiva. Ciò significa riconoscere e rispettare la diversità del pubblico, adattando i messaggi per essere rilevanti e risuonanti in diversi contesti culturali, promuovendo al contempo valori di inclusività e rappresentazione.

In conclusione, la chiave per una comunicazione di marketing efficace nel panorama attuale risiede nella capacità di un'azienda di rimanere agile, sperimentare con nuove piattaforme e formati, e adattarsi rapidamente ai cambiamenti tecnologici, culturali e sociali. Mantenere un dialogo aperto e autentico con il pubblico, sfruttando i dati per informare le decisioni e mettendo sempre al primo posto l'esperienza dell'utente, permette di costruire campagne di comunicazione che non solo raggiungono ma coinvolgono profondamente i consumatori, guidando l'engagement, la fedeltà e, in ultima analisi, il successo commerciale.

Approfondendo ulteriormente le strategie di comunicazione di marketing, è cruciale considerare il ruolo dell'innovazione continua e del coinvolgimento proattivo con le ultime tendenze e tecnologie. In un'epoca segnata da rapidi avanzamenti tecnologici e da un flusso costante di nuovi canali di comunicazione, le aziende devono essere pronte a esplorare territori inesplorati per mantenere la rilevanza e l'efficacia del loro messaggio.

Esplorazione di Nuovi Canali e Piattaforme

- **Adattabilità ai Nuovi Media**: Con l'emergere di nuove piattaforme social e digitali, le aziende devono valutare costantemente e testare questi nuovi spazi per la comunicazione di marketing. L'adozione precoce di piattaforme emergenti può offrire opportunità uniche per raggiungere il pubblico in modi innovativi e meno saturi, differenziandosi dalla concorrenza e stabilendo una presenza di marca pionieristica.

L'importanza dell'Ascolto Attivo

- **Ascolto Attivo del Pubblico**: L'ascolto attivo attraverso il monitoraggio dei social media, le recensioni online e i forum può fornire insight preziosi sui bisogni, desideri e punti di dolore del pubblico target. Questa comprensione profonda permette di affinare i messaggi di marketing, sviluppare prodotti che rispondano meglio alle esigenze dei consumatori e prevenire potenziali crisi di reputazione prima che si intensifichino.

Personalizzazione Avanzata

- **Tecnologie per una Personalizzazione Avanzata**: L'evoluzione delle tecnologie di intelligenza artificiale e machine learning sta portando la personalizzazione a nuovi livelli. Oltre alla segmentazione basata su dati demografici o comportamentali, queste tecnologie permettono di anticipare le esigenze dei consumatori e di personalizzare l'esperienza di marketing in tempo reale, offrendo contenuti, offerte e messaggi che sono estremamente rilevanti per l'individuo.

L'Utilizzo Creativo dei Dati

- **Creatività nella Presentazione dei Dati:** Mentre i dati guidano le decisioni di marketing, c'è anche un crescente riconoscimento del valore della creatività nella presentazione di questi dati. Le visualizzazioni di dati interattive, le narrazioni guidate dai dati e i contenuti personalizzati basati su analisi approfondite possono rendere la comunicazione di marketing non solo informativa ma anche coinvolgente e memorabile.

Sostenibilità e Valori Condivisi

- **Comunicare la Sostenibilità e i Valori**: I consumatori moderni cercano marchi che riflettano i loro valori, in particolare in termini di sostenibilità e responsabilità sociale. Comunicare gli sforzi di un'azienda per operare in modo etico, sostenibile e socialmente responsabile non è più un'opzione ma una necessità per costruire una connessione emotiva e guadagnare la fiducia del pubblico.

Integrazione del Feedback in Tempo Reale

- **Feedback e Iterazione Continua**: La capacità di integrare il feedback dei consumatori in tempo reale e di iterare rapidamente le strategie di marketing è fondamentale in un ambiente in rapido cambiamento. Ciò richiede flessibilità nelle operazioni di marketing, una cultura aziendale aperta al cambiamento e sistemi che permettono una rapida implementazione di modifiche basate sul feedback del pubblico.

In conclusione, la complessità della comunicazione di marketing nell'era digitale richiede un mix equilibrato di innovazione, ascolto attivo, personalizzazione avanzata, creatività, adesione ai valori e agilità operativa. Le aziende che riescono a incorporare questi elementi nelle loro strategie di comunicazione non solo saranno in grado di navigare efficacemente nel panorama in continua evoluzione dei media e delle aspettative dei consumatori ma anche di costruire relazioni durature e significative con il loro pubblico, posizionandosi per il successo a lungo termine in un mercato globale sempre più competitivo e saturato.

Concludendo, la comunicazione di marketing nel contesto attuale richiede un approccio olistico, agile e profondamente radicato nella comprensione dei bisogni e delle aspettative in continua evoluzione dei consumatori. La sfida per le aziende è di rimanere rilevanti e coinvolgenti in un panorama mediatico che cambia rapidamente, caratterizzato da una concorrenza intensa e da consumatori sempre più informati e esigenti.

Strategie Olistiche e Integrate

Per avere successo, è fondamentale adottare strategie di comunicazione integrate che armonizzino pubblicità, PR, vendite personali e promozioni in un unico framework coeso. Questo approccio assicura che tutti i messaggi, indipendentemente dal canale o dalla piattaforma, siano allineati con l'identità del brand e gli obiettivi strategici complessivi, fornendo al pubblico un'esperienza di marca uniforme e coerente.

Agilità e Innovazione

L'agilità nell'adattamento alle nuove tendenze e l'innovazione nell'uso di tecnologie emergenti sono indispensabili. L'evoluzione digitale offre opportunità uniche per il coinvolgimento del pubblico tramite realtà aumentata, intelligenza artificiale, personalizzazione avanzata e piattaforme social in continua evoluzione. Sperimentare con questi nuovi strumenti può aprire vie inesplorate per la connessione con il pubblico e l'offerta di esperienze di marketing memorabili ed efficaci.

Ascolto Attivo e Personalizzazione

Ascoltare attivamente e rispondere alle esigenze e ai desideri del pubblico è più cruciale che mai. Utilizzare i dati per guidare la personalizzazione e l'adattamento delle comunicazioni di marketing permette di parlare direttamente ai bisogni e agli interessi individuali dei consumatori, aumentando l'engagement e rafforzando la lealtà del cliente.

Sostenibilità e Responsabilità Sociale

Incorporare valori di sostenibilità e responsabilità sociale nelle comunicazioni di marketing non solo dimostra l'impegno di un'azienda verso pratiche etiche ma risponde anche a una crescente domanda del mercato per marchi che agiscono con integrità. Questi sforzi devono essere genuini e ben comunicati, poiché possono significativamente influenzare la percezione del brand e la decisione di acquisto dei consumatori.

Misurazione e Ottimizzazione Continua

Infine, la misurazione dell'efficacia delle campagne e l'ottimizzazione continua delle strategie sono essenziali per garantire che gli investimenti in comunicazione di marketing generino il massimo ritorno. L'analisi dei dati di performance consente di identificare ciò che funziona e ciò che non funziona, offrendo la possibilità di rifinire le tattiche e di sfruttare al meglio le risorse.

In sintesi, la comunicazione di marketing richiede una combinazione di creatività strategica, sensibilità culturale, impegno etico e competenza tecnologica. Le aziende che riescono a integrare questi elementi, mantenendosi agili e reattive ai cambiamenti del mercato e alle aspettative dei consumatori, saranno quelle che costruiranno relazioni durature con il loro pubblico e assicureranno la loro crescita e successo nel panorama competitivo globale.

11. Marketing Digitale: SEO, social media, email marketing, content marketing.

Il marketing digitale rappresenta una componente cruciale della strategia complessiva di marketing di un'azienda, essenziale per raggiungere e coinvolgere il pubblico nell'era digitale. Strumenti come la Search Engine Optimization (SEO), i social media, l'email marketing e il content marketing lavorano in sinergia per creare una presenza online efficace e dinamica. Ognuno di questi strumenti ha un ruolo unico e contribuisce in modo significativo al raggiungimento degli obiettivi di marketing.

Search Engine Optimization (SEO)

La SEO è il processo di ottimizzazione del contenuto online in modo che un motore di ricerca preferisca mostrarlo come risultato top per le ricerche di determinate parole chiave. Questo strumento è fondamentale per aumentare la visibilità di un sito web e attirare traffico organico, migliorando la probabilità che il pubblico target scopra i prodotti o i servizi di un'azienda. La SEO richiede un'analisi approfondita delle parole chiave, l'ottimizzazione dei contenuti, l'usabilità del sito web e la costruzione di link di qualità.

Social Media Marketing

Il marketing sui social media sfrutta piattaforme come Facebook, Instagram, Twitter e LinkedIn per costruire relazioni e interagire con il pubblico. Questo strumento permette alle aziende di aumentare la consapevolezza del brand, promuovere prodotti o servizi, raccogliere feedback dei clienti e coinvolgere direttamente con una community online. Una strategia di social media efficace richiede la creazione di contenuti interessanti e rilevanti, una pianificazione regolare dei post e l'interazione attiva con i follower.

Email Marketing

L'email marketing consiste nell'invio di messaggi diretti a una lista di contatti email per promuovere prodotti, servizi o eventi. Questo strumento può essere estremamente efficace per personalizzare la comunicazione e mantenere un dialogo continuo con il pubblico. Una strategia di email marketing di successo include la segmentazione del pubblico, la personalizzazione dei messaggi, la progettazione di email responsive e l'analisi delle performance delle campagne.

Content Marketing

Il content marketing si concentra sulla creazione e distribuzione di contenuti di valore, rilevanti e consistenti per attrarre e trattenere un pubblico chiaramente definito, con l'obiettivo finale di guidare l'azione del cliente. Questo approccio può includere blog, video, podcast, infografiche e altro ancora. Il content marketing è fondamentale per stabilire l'autorità e la fiducia del brand, migliorare la SEO e fornire valore al pubblico senza un approccio di vendita diretta.

Integrazione e Misurazione

L'integrazione efficace di questi strumenti di marketing digitale richiede una comprensione chiara degli obiettivi di marketing, una conoscenza profonda del pubblico target e la capacità di misurare e analizzare i dati per ottimizzare le strategie. La misurazione del ritorno sull'investimento (ROI) attraverso analytics avanzate permette di identificare quali tattiche generano i migliori risultati e di allocare le risorse in modo più efficiente.

Sfide e Opportunità

Il marketing digitale presenta sfide uniche, tra cui la rapida evoluzione delle tecnologie, l'adattamento alle mutevoli aspettative dei consumatori e la gestione della concorrenza online. Tuttavia, offre anche opportunità senza precedenti per raggiungere il pubblico globale con precisione, personalizzare la comunicazione su larga scala e costruire relazioni profonde con i clienti.

In conclusione, il marketing digitale è un elemento indispensabile della strategia di marketing moderna, che offre diversi strumenti potenti per connettersi con il pubblico, costruire la marca e guidare la crescita. Le aziende che adottano un approccio olistico, sfruttano le tecnologie emergenti e si impegnano in un'analisi continua per affinare le loro strategie saranno quelle che si posizionano al meglio per il successo in un mercato digitale sempre più affollato e competitivo.

Proseguendo nell'analisi del marketing digitale, è essenziale esplorare l'importanza dell'adattabilità e dell'innovazione nella creazione di strategie che rispondano efficacemente alle tendenze emergenti e ai cambiamenti comportamentali dei consumatori online. L'ambiente digitale è caratterizzato da un'evoluzione costante, che richiede alle aziende di essere proattive, reattive e innovative nel loro approccio al marketing digitale.

L'Adattamento ai Cambiamenti Tecnologici

- **Adozione delle Nuove Tecnologie**: Per mantenere un vantaggio competitivo, le aziende devono essere pronte ad adottare rapidamente nuove tecnologie. Ciò include strumenti per l'automazione del marketing, piattaforme di intelligenza artificiale per la personalizzazione su larga scala, e soluzioni di realtà aumentata e virtuale per creare esperienze di marca immersive. L'adozione tempestiva di queste tecnologie può trasformare il modo in cui le aziende interagiscono con il loro pubblico e offrono valore.

L'Importanza della Mobile Optimization

- **Priorità al Mobile**: Con l'aumentare del consumo di contenuti su dispositivi mobili, ottimizzare per il mobile diventa non solo una raccomandazione ma una necessità. Ciò implica la progettazione di siti web responsive, la creazione di contenuti facilmente consumabili su schermi più piccoli e l'ottimizzazione delle campagne email per la visualizzazione su dispositivi mobili. Un'esperienza utente mobile positiva è cruciale per coinvolgere efficacemente il pubblico digitale moderno.

Strategie Basate sui Dati

- **Decisioni Guidate dai Dati**: L'utilizzo dei dati per informare le decisioni di marketing digitale permette alle aziende di essere più mirate nelle loro strategie. L'analisi dei dati può rivelare insight sul comportamento dei consumatori, sulle preferenze del pubblico e sulle prestazioni delle campagne, guidando l'ottimizzazione continua delle tattiche di marketing per massimizzare l'efficacia e il ROI.

Coinvolgimento del Pubblico attraverso il Content Marketing

- **Valorizzazione del Contenuto di Qualità**: Il content marketing continua a essere un pilastro fondamentale del marketing digitale, con un focus crescente sulla creazione di contenuti di alta qualità che informano, educano e intrattengono. Il contenuto deve essere rilevante e offrire valore reale al pubblico, stabilendo l'azienda come una fonte affidabile di informazioni e soluzioni nel suo settore.

Sviluppo di Comunità e Engagement

- **Costruzione di Comunità Online**: Le piattaforme social offrono opportunità uniche per costruire comunità attorno ai marchi. L'engagement attivo con queste comunità, attraverso la condivisione di contenuti pertinenti, la partecipazione a conversazioni e l'ascolto del feedback dei clienti, può rafforzare la lealtà del marchio e creare ambasciatori del brand.

Rispetto della Privacy e Sicurezza dei Dati

- **Enfasi sulla Privacy e Sicurezza**: Con l'aumento delle preoccupazioni relative alla privacy dei dati, è fondamentale che le aziende adottino pratiche trasparenti e sicure nella raccolta e nell'utilizzo dei dati dei consumatori. Il rispetto delle normative sulla privacy e la comunicazione chiara delle politiche di privacy possono aiutare a costruire fiducia e rassicurare il pubblico sulla sicurezza dei loro dati personali.

In conclusione, il marketing digitale richiede un equilibrio tra sfruttamento delle ultime tecnologie, creazione di contenuti di qualità, coinvolgimento significativo con il pubblico e un impegno costante verso la privacy e la sicurezza. Le aziende che riescono a navigare con successo in questo ambiente complesso e in rapida evoluzione, adattando le loro strategie per soddisfare le mutevoli aspettative dei consumatori, non solo raggiungeranno il loro pubblico in modi più efficaci ma costruiranno anche relazioni durature e significative con i loro clienti.

Mentre continuiamo ad approfondire il campo del marketing digitale, diventa evidente che la capacità di innovare e di adattarsi rapidamente alle nuove tendenze è fondamentale per mantenere un vantaggio competitivo. In questo contesto, esplorare nuovi orizzonti e sperimentare con approcci emergenti può aprire strade inesplorate per l'engagement del cliente e la crescita del brand.

L'ascesa dell'Influencer Marketing

- **Influencer Marketing Strategico**: L'evoluzione dell'influencer marketing mostra che non si tratta più solo di celebrity endorsement ma di una collaborazione strategica con influencer che possiedono un pubblico dedicato e impegnato. Queste collaborazioni, quando sono autentiche e ben allineate con i valori del brand, possono generare una fiducia e un engagement significativi. La chiave è scegliere influencer che rispecchino genuinamente il brand e il suo pubblico, trasformando le promozioni in raccomandazioni fidate.

Intelligenza Artificiale e Personalizzazione

- **Potenziamento tramite IA**: L'intelligenza artificiale sta trasformando il marketing digitale, dalla personalizzazione delle esperienze utente all'ottimizzazione delle campagne pubblicitarie. Gli strumenti basati su IA possono analizzare grandi volumi di dati per prevedere i comportamenti degli utenti, personalizzare i contenuti in tempo reale e automatizzare le interazioni con i clienti, come attraverso chatbot intelligenti, migliorando l'efficienza e l'efficacia delle comunicazioni di marketing.

Marketing Omnicanale

- **Approfondimento del Marketing Omnicanale**: Andando oltre la semplice presenza multicanale, il marketing omnicanale mira a creare un'esperienza cliente coesa e integrata attraverso tutti i canali e i touchpoint.

Questo approccio richiede una comprensione profonda del percorso del cliente e l'uso di tecnologie avanzate per coordinare e ottimizzare le comunicazioni e le interazioni attraverso i canali digitali e fisici.

L'importanza del Voice Search

- **Ottimizzazione per la Voice Search**: Con l'aumento dell'uso di assistenti vocali, l'ottimizzazione per la voice search diventa un aspetto cruciale del SEO. Ciò implica adattare i contenuti e le parole chiave per riflettere il linguaggio naturale e le query conversazionali che gli utenti tendono ad usare quando parlano piuttosto che digitare, garantendo che i contenuti siano facilmente scopribili attraverso la ricerca vocale.

Sicurezza dei Dati e Conformità Normativa

- **Focalizzazione sulla Sicurezza dei Dati**: Mentre le aziende raccolgono e utilizzano quantità sempre maggiori di dati personali, la sicurezza dei dati e la conformità alle normative sulla privacy, come il GDPR in Europa, diventano prioritarie. Assicurare la sicurezza dei dati dei clienti e comunicare apertamente le pratiche di raccolta e utilizzo dei dati sono essenziali per mantenere la fiducia del cliente.

Analisi Predittiva e Big Data

- **Utilizzo di Analisi Predittiva**: L'analisi predittiva e il big data offrono alle aziende la possibilità di anticipare tendenze, comportamenti dei consumatori e risultati delle campagne, permettendo una pianificazione strategica e una presa di decisioni più informata. L'impiego di queste analisi per guidare le strategie di marketing digitale può portare a campagne più mirate, efficienti e di successo.

In sintesi, il marketing digitale è un campo dinamico che richiede un impegno costante verso l'apprendimento, l'innovazione e l'adattabilità. Le aziende che sperimentano con nuove tecnologie, rimangono sensibili ai cambiamenti nelle preferenze dei consumatori e adottano un approccio integrato e olistico alla loro strategia digitale sono meglio posizionate per costruire relazioni significative con il loro pubblico e navigare con successo nel paesaggio digitale in costante evoluzione.

Proseguendo nell'approfondimento delle strategie di marketing digitale, è essenziale sottolineare come l'evoluzione continua del digitale influenzi la necessità di adottare approcci innovativi e flessibili. Questo ambiente in rapido cambiamento presenta nuove sfide, ma anche nuove opportunità per le aziende di connettersi con i loro pubblici in modi sempre più efficaci e significativi.

L'espansione del Video Marketing

- **Innovazioni nel Video Marketing**: Oltre ai tradizionali video pubblicitari, le aziende stanno esplorando formati innovativi come i video live, i webinar e i video 360 gradi per coinvolgere il pubblico. Questi formati offrono esperienze immersive e possono aumentare significativamente l'engagement, fornendo al contempo preziose opportunità di storytelling per il brand. Incorporare strategie di video marketing che sfruttano le piattaforme preferite dal pubblico target diventa essenziale per massimizzare la visibilità e l'impatto.

L'importanza del Micro-Moment Marketing

- **Capire i Micro-Momenti**: I micro-momenti si riferiscono a quella fase in cui gli utenti si rivolgono agli dispositivi per soddisfare un bisogno immediato, come apprendere qualcosa, fare un acquisto o trovare un luogo. Ottimizzare i contenuti per questi micro-momenti, garantendo che siano facilmente accessibili e pertinenti, può migliorare notevolmente l'efficacia della comunicazione digitale. Ciò richiede una comprensione approfondita del percorso del cliente e dei vari punti di contatto digitale.

L'uso Strategico dei Dati per la Segmentazione

- **Segmentazione Avanzata Basata sui Dati**:
  L'accumulo e l'analisi di dati comportamentali e
  demografici permettono alle aziende di
  segmentare il loro pubblico in gruppi sempre più
  specifici. Questo livello di segmentazione
  permette di personalizzare le campagne di
  marketing digitale in modo da risuonare
  profondamente con i singoli segmenti,
  migliorando l'efficacia delle comunicazioni e
  aumentando le conversioni.

L'evoluzione del SEO per la Ricerca Vocale e Locale

- **Ottimizzazione per la Ricerca Vocale e
  Locale**: Con l'aumento dell'uso di assistenti
  vocali e la prevalenza dei dispositivi mobili,
  ottimizzare per la ricerca vocale e la ricerca locale
  è diventato fondamentale. Ciò include
  l'adattamento dei contenuti per rispondere a
  domande specifiche che gli utenti potrebbero
  porre e l'ottimizzazione delle schede aziendali
  locali per apparire in risposte pertinenti a
  ricerche geolocalizzate.

Responsabilità Sociale e Marketing di Causa

- **Marketing di Causa e Responsabilità
  Sociale**: Le campagne che mettono in luce

l'impegno di un'azienda verso cause sociali o ambientali non solo dimostrano responsabilità sociale ma possono anche creare un legame emotivo più forte con i consumatori che condividono simili valori. Integrare questi elementi nella strategia di marketing digitale, attraverso storytelling efficace e campagne dedicate, può aumentare il coinvolgimento e rafforzare l'immagine del brand.

La Crescente Importanza della Sicurezza e della Privacy

- **Priorità alla Sicurezza Online e alla Privacy dei Dati**: Nel contesto di crescenti preoccupazioni per la sicurezza online e la privacy dei dati, le aziende devono dimostrare un impegno chiaro verso la protezione delle informazioni personali dei clienti. Comunicare apertamente le misure adottate per garantire la sicurezza dei dati e rispettare le preferenze di privacy può aiutare a costruire fiducia e rafforzare le relazioni con i consumatori.

In conclusione, il marketing digitale richiede un approccio dinamico che tenga conto delle tendenze emergenti, delle aspettative dei consumatori e delle nuove tecnologie. Le aziende che adottano strategie flessibili, basate su dati solidi e impegnate in una comunicazione significativa hanno maggiori probabilità di costruire connessioni durature con il loro pubblico, navigando con successo nel paesaggio digitale in continua evoluzione.

Nell'approfondire ulteriormente le strategie di marketing digitale, è cruciale riconoscere l'importanza dell'adattabilità e della resilienza in un ambiente digitale che cambia rapidamente. Questo ambiente richiede una continua evoluzione delle tecniche di marketing per rimanere al passo con le innovazioni tecnologiche, le mutevoli preferenze dei consumatori e l'emergere di nuovi canali di comunicazione.

Integrazione del Marketing Digitale con Tecnologie Emergenti

- **Blockchain nel Marketing**: La tecnologia blockchain offre nuove possibilità per trasparenza, sicurezza e fiducia nel marketing digitale, specialmente in campagne pubblicitarie online e nella gestione della privacy dei dati. L'adozione della blockchain può rivoluzionare il modo in cui vengono tracciati e verificati gli annunci, riducendo frodi e migliorando l'efficienza delle spese pubblicitarie.

- **Realtà Aumentata (AR) e Realtà Virtuale (VR)**: L'AR e la VR stanno iniziando a giocare ruoli più significativi nel marketing digitale, offrendo esperienze immersive che possono trasformare il coinvolgimento del cliente e la presentazione del prodotto. Queste tecnologie consentono di creare esperienze di prova del prodotto virtuali, tour immersivi del brand e campagne pubblicitarie interattive che possono intensificare l'engagement e migliorare la comprensione del valore del prodotto.

Utilizzo Avanzato dei Dati e dell'Analitica

- **Intelligenza Artificiale (AI) e Machine Learning nel Marketing**: L'uso dell'AI e del machine learning per analizzare i comportamenti dei consumatori, personalizzare le esperienze e ottimizzare le campagne di marketing sta diventando sempre più sofisticato. Queste tecnologie consentono di prevedere le tendenze di acquisto, personalizzare le raccomandazioni di prodotti in tempo reale e automatizzare le interazioni con i clienti attraverso chatbot intelligenti, migliorando l'efficacia delle strategie di marketing digitale.

Sviluppo Sostenibile e Marketing Etico

- **Focus su Sostenibilità ed Etica**: Nel crescente clima di consapevolezza ambientale e sociale, le aziende sono chiamate a dimostrare il loro impegno per pratiche sostenibili ed etiche non solo nei loro processi operativi ma anche nelle loro strategie di marketing. Campagne che evidenziano l'impegno di un'azienda verso la sostenibilità, il fair trade, e la responsabilità sociale possono rafforzare l'immagine del brand e risonare profondamente con consumatori sempre più consapevoli.

Engagement attraverso Contenuti Interattivi

- **Marketing di Contenuti Interattivi**: I contenuti interattivi, come quiz, sondaggi, calculatori e giochi, possono aumentare significativamente l'engagement del consumatore con il brand. Questi strumenti non solo forniscono valore aggiunto ai consumatori ma anche raccolgono dati preziosi sulle preferenze e comportamenti dei consumatori, che possono essere utilizzati per ulteriori personalizzazioni e miglioramenti nelle strategie di marketing.

Rispetto per la Privacy e la Sicurezza dei Dati

- **Priorità alla Privacy e Sicurezza dei Dati**: In un'era in cui la privacy dei dati è una preoccupazione crescente, le aziende devono assicurarsi che le loro strategie di marketing digitale rispettino rigorosamente le leggi sulla protezione dei dati e comunichino chiaramente con i consumatori su come vengono raccolti, utilizzati e protetti i loro dati. La trasparenza e il rispetto per la privacy dei dati non solo sono obblighi legali ma anche elementi chiave per costruire fiducia e credibilità con il pubblico.

In conclusione, le strategie di marketing digitale richiedono un approccio olistico che abbracci le innovazioni tecnologiche, risponda dinamicamente ai cambiamenti del mercato e mantenga un impegno costante verso la sostenibilità, l'etica e la protezione della privacy. Le aziende che navigano con successo in questo paesaggio complesso, utilizzando i dati per informare le loro decisioni, impegnandosi in un dialogo significativo con i consumatori e innovando costantemente nelle loro offerte, possono aspettarsi di costruire relazioni durature con il loro pubblico e di garantire una crescita sostenibile nel contesto digitale in evoluzione.

Proseguendo nell'esplorazione del marketing digitale, è fondamentale considerare l'evoluzione costante delle piattaforme digitali e dei comportamenti dei consumatori, che richiede alle aziende di rimanere all'avanguardia mediante l'adozione di strategie innovative e flessibili. Questo ambiente in continua evoluzione presenta sfide uniche, ma anche opportunità per le aziende di distinguersi e creare un legame duraturo con i loro pubblici.

Personalizzazione e Customer Experience

- **Esperienze Utente Ultra-Personalizzate:** La personalizzazione non è più un'opzione ma una necessità nel marketing digitale. I consumatori si aspettano esperienze su misura che riflettano i loro interessi, comportamenti e preferenze passate. Utilizzare le tecnologie di intelligenza artificiale per analizzare i dati comportamentali e personalizzare ogni punto di contatto nel customer journey può significativamente aumentare la soddisfazione e la fedeltà del cliente.

Integrazione del Comportamento Omnicanale

- **Strategie Omnicanale Avanzate**: I consumatori navigano tra dispositivi e canali in modi sempre più fluidi. Le aziende devono quindi adottare strategie omnicanale avanzate che offrano un'esperienza coerente e senza soluzione di continuità, indipendentemente dal canale o dal dispositivo utilizzato. Questo richiede un'integrazione profonda dei sistemi e una comprensione olistica del percorso del cliente.

Uso Creativo dei Dati per il Storytelling

- **Storytelling Basato sui Dati**: Mentre i dati guidano le decisioni nel marketing digitale, c'è anche un crescente riconoscimento del potere dello storytelling. Combinare dati e narrativa per raccontare storie di marca che risuonino emotivamente con il pubblico può trasformare il modo in cui i consumatori percepiscono e interagiscono con un brand. Questo approccio può aiutare a costruire una connessione più profonda e significativa con il pubblico.

Innovazioni nel Programmatic Advertising

- **Pubblicità Programmatica e Targeting Predittivo**: L'avanzamento nelle tecnologie di pubblicità programmatica permette alle aziende di automatizzare l'acquisto di annunci e di mirare più efficacemente il loro pubblico con targeting predittivo. Questi strumenti possono ottimizzare le campagne pubblicitarie in tempo reale, assicurando che i messaggi raggiungano le persone giuste al momento giusto, migliorando così il ROI delle campagne.

Sostenibilità Digitale

- **Focus sulla Sostenibilità Digitale**: Mentre la sostenibilità diventa un tema centrale in tutte le aree del business, il marketing digitale non fa eccezione. Le aziende stanno iniziando a considerare l'impatto ambientale delle loro campagne digitali, esplorando modi per ridurre il consumo energetico e l'impronta di carbonio associata alle attività digitali, dalla riduzione della dimensione dei file di immagine e video all'ottimizzazione dei server.

Sicurezza dei Dati e Fiducia del Consumatore

- **Rafforzamento della Sicurezza dei Dati**: In un'epoca caratterizzata da frequenti violazioni dei dati, rafforzare la sicurezza e proteggere la privacy dei consumatori è fondamentale. Le aziende devono non solo aderire alle normative sulla protezione dei dati ma anche andare oltre, adottando le migliori pratiche di sicurezza e comunicando apertamente le loro politiche ai consumatori per costruire fiducia e trasparenza.

In conclusione, il marketing digitale si trova in uno stato di continua evoluzione, spinto da cambiamenti tecnologici, aspettative dei consumatori in evoluzione e l'emergere di nuove piattaforme e canali. Per navigare con successo in questo paesaggio complesso, le aziende devono adottare un approccio proattivo all'innovazione, sfruttare i dati per personalizzare le esperienze, integrare le strategie omnicanale, e mantenere un impegno intransigente verso la sicurezza dei dati e la sostenibilità. Le aziende che riescono a fare ciò non solo si distinguono nel mercato digitale ma sono anche in grado di costruire relazioni durature e significative con i loro clienti, guidando la crescita e il successo a lungo termine.

Concludendo, il marketing digitale rappresenta una delle aree più dinamiche e in rapida evoluzione nel panorama del marketing moderno. La sua efficacia deriva dalla capacità di sfruttare tecnologie avanzate, analisi dei dati approfondite e un'intima comprensione dei comportamenti e delle preferenze dei consumatori. Per le aziende che cercano di navigare con successo in questo ambiente complesso, è fondamentale adottare un approccio multifaccettato che integri vari elementi chiave.

Adattabilità e Innovazione

Un impegno costante verso l'adattabilità e l'innovazione è cruciale. Le aziende devono rimanere vigili sulle ultime tendenze tecnologiche e sui cambiamenti nelle abitudini dei consumatori, pronte a sperimentare con nuovi strumenti e strategie. Questo può includere l'esplorazione di tecnologie emergenti come l'intelligenza artificiale, la realtà aumentata e la blockchain per creare campagne di marketing più personalizzate, sicure e coinvolgenti.

Personalizzazione e Customer Experience

La personalizzazione avanzata e la focalizzazione sulla customer experience sono al centro del successo nel marketing digitale. Utilizzando i dati per informare la creazione di esperienze utente su misura, le aziende possono aumentare significativamente l'engagement e la fidelizzazione dei clienti. Ciò richiede un utilizzo sofisticato dell'analisi dei dati e delle tecnologie di intelligenza artificiale per prevedere le esigenze dei consumatori e personalizzare l'interazione in ogni punto di contatto.

Integrazione Omnicanale

L'adozione di un approccio omnicanale garantisce che i messaggi di marketing siano coerenti e fluidi attraverso tutti i canali digitali e fisici. Questo assicura una customer experience senza soluzione di continuità, indipendentemente da come o dove i consumatori scelgono di interagire con il brand. Un'efficace strategia omnicanale richiede l'integrazione dei sistemi di back-end, l'analisi del percorso del cliente e un coordinamento strategico tra i team di marketing.

Sostenibilità ed Etica

La sostenibilità e l'etica giocano un ruolo sempre più importante nel marketing digitale. I consumatori cercano marchi che non solo soddisfino le loro esigenze ma che riflettano anche i loro valori personali riguardo alla responsabilità sociale e ambientale. Le aziende devono quindi comunicare in modo trasparente i loro sforzi di sostenibilità e adottare pratiche etiche in tutte le loro operazioni di marketing digitale.

Sicurezza dei Dati e Privacy

Con l'aumento delle preoccupazioni per la privacy e la sicurezza dei dati, garantire la protezione delle informazioni personali dei consumatori è diventato un aspetto cruciale del marketing digitale. Le aziende devono aderire alle normative sulla privacy, come il GDPR, e implementare le migliori pratiche di sicurezza dei dati per costruire la fiducia dei consumatori e mantenere una reputazione positiva del brand.

Misurazione e Ottimizzazione Continua

Infine, la misurazione accurata delle performance e l'ottimizzazione continua delle strategie sono essenziali per il successo del marketing digitale. Attraverso l'uso di strumenti analitici avanzati, le aziende possono monitorare l'efficacia delle loro campagne, identificare aree di miglioramento e adattare rapidamente le loro strategie per massimizzare il ritorno sull'investimento.

In sintesi, il marketing digitale richiede un equilibrio strategico tra innovazione tecnologica, personalizzazione profonda, coerenza omnicanale, impegno etico, sicurezza dei dati e un impegno costante verso l'ottimizzazione basata sui dati. Le aziende che abbracciano questi principi sono meglio equipaggiate per costruire relazioni significative con i loro clienti, distinguersi in un mercato affollato e navigare con successo nel paesaggio digitale in continua evoluzione.

12. E-commerce e Marketing Mobile: Strategie per il commercio elettronico e il mobile marketing.

L'e-commerce e il marketing mobile sono diventati elementi fondamentali nel panorama del marketing digitale, guidando le aziende a riconsiderare le loro strategie per coinvolgere e convertire i consumatori nell'era digitale. Con l'aumento dell'uso di dispositivi mobili per la navigazione internet e l'acquisto online, le strategie specifiche per l'e-commerce e il mobile marketing sono essenziali per il successo commerciale.

Ottimizzazione per il Mobile

- **Mobile-First Design**: Considerando che una porzione significativa del traffico web proviene da dispositivi mobili, è cruciale che i siti di e-commerce siano progettati con un approccio "mobile-first". Ciò significa che il design e le funzionalità devono essere ottimizzati per le esperienze su smartphone e tablet, garantendo caricamenti rapidi, navigazione intuitiva e processi di checkout semplificati.

- **Applicazioni Mobili**: Per alcuni brand, sviluppare un'applicazione mobile dedicata può offrire un'esperienza utente ancora più personalizzata e coinvolgente. Le app possono fornire funzionalità avanzate, come notifiche push personalizzate, programmi di fedeltà e realtà aumentata, per migliorare l'engagement e guidare le vendite.

Strategie di Marketing Mobile

- **SMS e Messaging Marketing**: L'utilizzo di SMS o piattaforme di messaggistica come WhatsApp per comunicazioni di marketing può offrire tassi di apertura e di conversione eccezionalmente alti. Questi canali permettono di inviare offerte personalizzate, aggiornamenti sugli ordini e promemoria, creando un canale diretto e personale con i consumatori.

- **Geolocalizzazione e Marketing Prossimale**: Le tecnologie di geolocalizzazione permettono di inviare offerte e promozioni personalizzate ai consumatori quando si trovano in prossimità di un punto vendita fisico. Questo approccio può aumentare il traffico nei negozi e migliorare l'esperienza d'acquisto omnicanale.

Ottimizzazione dell'E-commerce

- **SEO per E-commerce**: Ottimizzare i siti di e-commerce per i motori di ricerca è fondamentale per aumentare la visibilità e attirare traffico qualificato. Ciò include la ricerca e l'integrazione di parole chiave rilevanti, l'ottimizzazione delle pagine dei prodotti e la creazione di contenuti di

qualità che rispondano alle domande dei
consumatori.

- **Strategie di Content Marketing**: Creare
  contenuti che aggiungano valore — come guide
  all'acquisto, recensioni di prodotti e video
  tutorial — può non solo migliorare la SEO, ma
  anche aiutare i consumatori nel processo
  decisionale di acquisto, aumentando la fiducia
  nel brand.

Utilizzo dei Social Media

- **Social Commerce**: Integrare funzionalità di e-
  commerce direttamente nelle piattaforme social
  permette ai consumatori di effettuare acquisti
  senza mai lasciare l'app. Questo approccio,
  supportato da campagne pubblicitarie mirate sui
  social media, può significativamente aumentare
  le conversioni e migliorare l'esperienza
  d'acquisto.

- **Influencer Marketing**: Collaborare con
  influencer nei social media per promuovere
  prodotti o servizi può aumentare la
  consapevolezza del brand e la credibilità,
  sfruttando le relazioni di fiducia che gli
  influencer hanno costruito con i loro follower.

Analisi e Personalizzazione

- **Big Data e Analisi Predittiva**: Utilizzare i big data e l'analisi predittiva per comprendere i comportamenti e le preferenze dei consumatori permette di personalizzare l'esperienza di shopping online. Offrire raccomandazioni di prodotti personalizzate, promozioni su misura e contenuti rilevanti può migliorare notevolmente l'engagement del cliente e incrementare le vendite.

In conclusione, le strategie efficaci di e-commerce e marketing mobile richiedono un approccio integrato che combini tecnologie avanzate, dati approfonditi e una profonda comprensione delle esigenze e delle aspettative dei consumatori. Ottimizzando per il mobile, sfruttando i social media, personalizzando l'esperienza di shopping e utilizzando dati per guidare le decisioni, le aziende possono creare esperienze d'acquisto coinvolgenti e gratificanti che guidano la fedeltà del cliente e il successo commerciale nel lungo termine.

13 . Analisi delle Performance di Marketing: Misurare il successo delle strategie di marketing.

L'analisi delle performance di marketing è fondamentale per valutare l'efficacia delle strategie di marketing implementate da un'azienda. Misurare il successo di queste strategie consente di comprendere quali tattiche stanno generando valore, quali aree necessitano di miglioramenti e come allocare al meglio le risorse per ottimizzare il ritorno sull'investimento (ROI). Di seguito, sono esplorate diverse dimensioni e strumenti per l'analisi delle performance di marketing.

KPI (Key Performance Indicators)

- **Definizione dei KPI**: La scelta dei KPI corretti è cruciale per l'analisi delle performance. Questi dovrebbero essere specifici, misurabili, raggiungibili, rilevanti e temporizzati (SMART). Esempi comuni includono il tasso di conversione, il costo per acquisizione (CPA), il valore medio dell'ordine (AOV) e il tasso di fidelizzazione dei clienti.

Analisi del Traffico Web

- **Google Analytics e Altri Strumenti di Analisi Web**: Strumenti come Google Analytics forniscono insight preziosi sul traffico web, compresi i dati demografici degli utenti, il comportamento di navigazione, le fonti di traffico e le pagine più performanti. Analizzare questi dati aiuta a comprendere come gli utenti interagiscono con il sito web e dove possono essere apportate ottimizzazioni.

Monitoraggio dei Social Media

- **Analisi delle Prestazioni sui Social Media**: Piattaforme di analisi specifiche per i social media possono tracciare metriche quali engagement, portata, condivisioni e menzioni. Questi dati forniscono una visione della performance dei contenuti sui social, dell'efficacia delle campagne e dell'atteggiamento del pubblico verso il brand.

Analisi delle Campagne Email

- **Valutazione delle Campagne Email**: Strumenti di email marketing offrono analisi dettagliate su apertura, clic, conversioni e bounce rate delle email inviate. Queste metriche sono essenziali per valutare l'efficacia delle strategie di email marketing e per identificare aree di miglioramento nella comunicazione con il pubblico.

Misurazione del ROI

- **Calcolo del Ritorno sull'Investimento**: Il ROI fornisce una misura diretta dell'efficacia delle iniziative di marketing in termini di profitto generato rispetto al costo sostenuto. Calcolare accuratamente il ROI aiuta le aziende a determinare quale parte del loro budget di marketing sta producendo i maggiori ritorni e a ripartire le risorse di conseguenza.

Test A/B e Ottimizzazione

- **Sperimentazione e Ottimizzazione**: I test A/B permettono di confrontare due versioni di una pagina web, un'email o un annuncio pubblicitario per determinare quale versione performa meglio. Questo approccio basato sui dati consente di ottimizzare continuamente le strategie di marketing basandosi su risultati empirici.

Analisi Predittiva

- **Uso dell'Analisi Predittiva**: L'analisi predittiva utilizza i dati storici e gli algoritmi per prevedere comportamenti futuri dei consumatori. Questa può guidare decisioni strategiche in tempo reale, aiutando a personalizzare le offerte per i clienti e a ottimizzare le campagne per massimizzare l'efficacia.

Feedback dei Clienti

- **Valutazione tramite Feedback**: Oltre ai dati quantitativi, il feedback diretto dei clienti attraverso sondaggi, recensioni e interazioni sui social media offre insight preziosi sulle percezioni del marchio e sulla soddisfazione del cliente. Questi feedback possono evidenziare aree di forza e opportunità di miglioramento non rilevabili attraverso l'analisi dei soli dati.

In conclusione, l'analisi delle performance di marketing è un processo complesso che richiede un approccio olistico e multidimensionale. Utilizzando una combinazione di strumenti analitici, dati quantitativi e qualitativi, e tecniche di ottimizzazione continua, le aziende possono ottenere una comprensione approfondita dell'efficacia delle loro strategie di marketing. Questo permette di prendere decisioni informate, ottimizzare le iniziative di marketing e, in definitiva, guidare una crescita sostenibile e un miglioramento continuo nelle loro attività di marketing.

Proseguendo nella discussione sull'analisi delle performance di marketing, è fondamentale esplorare ulteriormente come l'evoluzione tecnologica e l'analisi avanzata dei dati stiano trasformando il modo in cui le aziende misurano e interpretano il successo delle loro strategie di marketing. Questo ambiente in continua evoluzione richiede non solo una solida comprensione degli strumenti e delle metriche esistenti ma anche una capacità di anticipare e adattarsi alle tendenze future.

Intelligenza Artificiale e Machine Learning

- **Applicazioni di IA e Machine Learning**: L'adozione di tecnologie di intelligenza artificiale e machine learning per l'analisi delle performance di marketing sta diventando sempre più prevalente. Queste tecnologie possono analizzare grandi volumi di dati complessi a velocità e con precisione superiori rispetto all'analisi umana, identificando pattern e insight che possono guidare decisioni di marketing più informate. L'IA può anche prevedere tendenze future del mercato e comportamenti dei consumatori, permettendo alle aziende di anticipare le esigenze dei clienti e di adattare rapidamente le loro strategie.

Customer Journey Analytics

- **Analisi Approfondita del Customer Journey**: Comprendere ogni fase del percorso del cliente, dall'awareness all'acquisto e oltre, è cruciale per ottimizzare l'efficacia del marketing. L'analisi del customer journey aiuta a identificare i punti di contatto critici, le opportunità di engagement e i momenti in cui i clienti possono essere più ricettivi ai messaggi di marketing. Questo tipo di analisi permette di personalizzare le comunicazioni e migliorare l'esperienza complessiva del cliente, aumentando le conversioni e la fedeltà del cliente.

Visualizzazione dei Dati e Dashboard Interattivi

- **Strumenti di Visualizzazione Dati**: La capacità di visualizzare i dati attraverso dashboard interattivi e report personalizzati consente ai team di marketing di interpretare facilmente grandi volumi di informazioni e di prendere decisioni basate sui dati in tempo reale. Gli strumenti di visualizzazione avanzati possono rivelare insight nascosti e tendenze chiave, rendendo i dati accessibili e comprensibili a tutti i livelli dell'organizzazione.

Voice of the Customer (VoC)

- **Programmi Voice of the Customer**: Integrare i programmi VoC per raccogliere e analizzare feedback e opinioni dirette dei clienti offre una dimensione aggiuntiva all'analisi delle performance di marketing. Questi programmi possono aiutare a identificare gap nelle aspettative dei clienti, migliorare i prodotti e i servizi e affinare le strategie di comunicazione per rispondere meglio alle esigenze del mercato.

Performance Marketing e Attribuzione

- **Modelli di Attribuzione Avanzati**: Con la complessità crescente dei percorsi di acquisto multicanale, l'adozione di modelli di attribuzione avanzati è essenziale per comprendere l'impatto specifico di ogni tattica di marketing sulle conversioni finali. I modelli di attribuzione multi-touch consentono di valutare il contributo di ogni punto di contatto nel percorso del cliente, ottimizzando l'allocazione del budget di marketing e aumentando il ROI.

Analisi Competitiva e Benchmarking

- **Benchmarking e Analisi Competitiva**: Monitorare e analizzare le performance dei concorrenti può offrire insight preziosi e aiutare a identificare opportunità di differenziazione. Gli strumenti di analisi competitiva consentono di benchmarkare le proprie performance di marketing rispetto a quelle dei concorrenti, identificando punti di forza e aree di miglioramento.

In conclusione, l'analisi delle performance di marketing richiede un approccio multidisciplinare che integri tecnologie avanzate, analisi dei dati, feedback dei clienti e comprensione del mercato. Mantenendo un focus costante sull'innovazione e sull'adattabilità, e sfruttando strumenti e tecniche all'avanguardia, le aziende possono non solo misurare efficacemente il successo delle loro strategie di marketing ma anche anticipare le tendenze future, soddisfare meglio le esigenze dei clienti e ottenere un vantaggio competitivo nel panorama digitale in rapida evoluzione.

Mentre approfondiamo ulteriormente le strategie di analisi delle performance di marketing, diventa chiaro che l'adattamento continuo e l'approccio proattivo all'innovazione sono elementi chiave per navigare con successo nel dinamico panorama del marketing moderno. Esploriamo altre dimensioni critiche che le aziende devono considerare per ottimizzare le loro strategie di marketing e misurare efficacemente il loro impatto.

Sfruttare l'Automazione per il Monitoraggio delle Performance

- **Automazione nel Monitoraggio e nell'Analisi**: L'automazione gioca un ruolo fondamentale nell'efficienza dell'analisi delle performance di marketing. Gli strumenti automatizzati possono tracciare continuamente le metriche chiave, generare report in tempo reale e persino allertare i team di marketing su variazioni significative nelle performance. Questo non solo riduce il carico di lavoro manuale ma permette anche di reagire rapidamente ai cambiamenti, ottimizzando le campagne per mantenere o migliorare i risultati.

Integrazione dei Dati tra Piattaforme Diverse

- **Unificazione dei Dati di Marketing**: Con la moltiplicazione dei canali di marketing e delle piattaforme di analisi, diventa essenziale integrare i dati provenienti da fonti disparate in un'unica vista olistica. L'unificazione dei dati consente di ottenere una comprensione completa dell'efficacia delle strategie di marketing, identificando le sinergie tra canali diversi e migliorando l'attribuzione delle conversioni ai giusti touchpoint.

Focus sulla Customer Lifetime Value (CLV)

- **Orientamento verso la Customer Lifetime Value**: Oltre a misurare le performance immediate delle campagne, è cruciale valutare l'impatto delle strategie di marketing sulla Customer Lifetime Value. Analizzare come le diverse tattiche di marketing influenzano la fedeltà del cliente e il valore a lungo termine può aiutare le aziende a ottimizzare le loro strategie per massimizzare il valore complessivo dei clienti, piuttosto che concentrarsi solo sulle conversioni a breve termine.

Sperimentazione e Test Continui

- **Cultura della Sperimentazione**: Incoraggiare una cultura della sperimentazione all'interno dell'organizzazione è vitale per l'innovazione continua nel marketing. I test A/B, i test multivariati e l'esplorazione di nuovi canali o formati pubblicitari consentono di scoprire cosa funziona meglio, guidando le decisioni basate sui dati e promuovendo un miglioramento continuo delle strategie di marketing.

Ascolto Sociale e Analisi del Sentiment

- **Approfondimenti dall'Ascolto Sociale**: L'ascolto sociale e l'analisi del sentiment offrono una dimensione aggiuntiva all'analisi delle performance di marketing. Monitorando le conversazioni sui social media e analizzando il sentiment nei confronti del brand, dei prodotti o delle campagne, le aziende possono ottenere preziosi insight sulle percezioni del pubblico, identificare opportunità di engagement e prevenire potenziali crisi di reputazione.

Impatto Ecologico del Marketing Digitale

- **Considerazioni sull'Impatto Ambientale**:
  Con una crescente consapevolezza dell'impatto
  ambientale delle attività digitali, le aziende
  iniziano a considerare anche l'efficienza
  energetica e la sostenibilità nelle loro strategie di
  marketing digitale. Ridurre l'impronta di
  carbonio delle campagne digitali, ottimizzando
  l'uso delle risorse e adottando pratiche più
  sostenibili, può non solo contribuire agli obiettivi
  ambientali ma anche rafforzare l'immagine del
  brand tra i consumatori consapevoli della
  sostenibilità.

In sintesi, l'analisi avanzata delle performance di
marketing richiede un approccio olistico che abbraccia
tecnologie di automazione, integrazione dei dati,
valutazione della CLV, sperimentazione continua,
ascolto sociale e considerazioni etiche e ambientali.
Adottando queste pratiche, le aziende possono non
solo misurare in modo più accurato il successo delle
loro iniziative di marketing ma anche guidare
l'innovazione, ottimizzare il coinvolgimento del cliente
e assicurare una crescita sostenibile nel contesto
competitivo e in rapida evoluzione del marketing
moderno.

Proseguendo nell'esplorazione dell'analisi delle
performance di marketing, è fondamentale considerare

come l'approccio basato sui dati e la capacità di adattarsi alle nuove tendenze possano fornire alle aziende un vantaggio competitivo significativo. L'ambiente di marketing attuale richiede una comprensione profonda non solo dei dati storici ma anche delle previsioni future, utilizzando analisi predittive e modellazione per anticipare le tendenze del mercato e le preferenze dei consumatori.

Predictive Analytics nel Marketing

- **Previsione del Comportamento dei Consumatori**: Le tecniche di predictive analytics consentono alle aziende di andare oltre l'analisi delle performance passate, fornendo previsioni affidabili sul comportamento futuro dei consumatori. Questo può includere la previsione di tendenze di acquisto, l'identificazione di potenziali nuovi segmenti di mercato o la previsione dell'efficacia di future campagne di marketing. Adottando un approccio proattivo, le aziende possono ottimizzare le loro strategie di marketing per capitalizzare sulle opportunità future prima che si manifestino.

Integrazione Cross-Funzionale dei Dati

- **Collaborazione e Condivisione dei Dati tra Dipartimenti**: Un aspetto critico dell'analisi delle performance di marketing è la capacità di integrare e condividere dati tra diversi dipartimenti all'interno di un'organizzazione. Ciò include non solo il marketing ma anche le vendite, il servizio clienti, il prodotto e l'IT. Promuovendo una cultura della condivisione dei dati e della collaborazione cross-funzionale, le aziende possono ottenere una vista olistica del cliente e migliorare significativamente l'efficacia delle loro iniziative di marketing.

Analisi del Sentiment e del Comportamento

- **Approfondimenti Emotivi e Comportamentali**: Oltre ai dati tradizionali, l'analisi del sentiment e del comportamento offre insight unici sulle reazioni emotive e le motivazioni dei consumatori. Utilizzando tecniche di analisi del linguaggio naturale e di machine learning per analizzare i feedback dei clienti, le recensioni dei prodotti e le interazioni sui social media, le aziende possono adattare le loro comunicazioni e offerte per risuonare meglio con il loro pubblico.

Sostenibilità delle Campagne di Marketing

- **Marketing Responsabile e Sostenibile**: Nel contesto attuale, dove i consumatori sono sempre più attenti all'impatto ambientale e sociale delle aziende con cui scelgono di fare affari, incorporare principi di sostenibilità nelle campagne di marketing non è solo una questione etica ma anche strategica. Le aziende che comunicano in modo trasparente i loro sforzi per ridurre l'impatto ambientale e contribuire positivamente alla società possono rafforzare la lealtà dei clienti e attrarre nuovi segmenti di consumatori consapevoli.

Continuous Learning e Agilità

- **Apprendimento Continuo e Agilità Organizzativa**: L'analisi delle performance di marketing non è un processo statico ma richiede un impegno continuo verso l'apprendimento e l'adattamento. Le aziende di successo adottano un approccio agile al marketing, sperimentando costantemente con nuove tattiche, valutando rapidamente i risultati e adattandosi alle feedback e ai cambiamenti del mercato. Questo approccio permette di rimanere rilevanti e di reagire dinamicamente alle sfide e alle opportunità emergenti.

In conclusione, l'analisi avanzata delle performance di marketing richiede un mix sofisticato di tecnologie analitiche, collaborazione interna, intuizioni comportamentali ed emotive, responsabilità sociale e un impegno costante verso l'innovazione e l'apprendimento. Le aziende che riescono a integrare questi elementi nella loro strategia di marketing non solo saranno in grado di misurare e ottimizzare efficacemente le loro performance ma saranno anche meglio posizionate per anticipare le esigenze dei consumatori, innovare nelle loro offerte e costruire relazioni durature e significative con il loro pubblico.

Approfondendo ulteriormente l'analisi delle performance di marketing, è imperativo riconoscere l'importanza di un ambiente tecnologico in costante evoluzione e la necessità di adattarsi rapidamente alle nuove piattaforme e ai cambiamenti nel comportamento dei consumatori. Questo richiede una continua esplorazione di nuovi strumenti analitici, tecniche di engagement del cliente e modelli di business, mantenendo sempre un occhio critico sulle metriche chiave che guidano le decisioni strategiche.

Utilizzo di Dati Non Tradizionali

- **Esplorazione di Nuove Fonti di Dati**: Oltre ai canali tradizionali, l'analisi di fonti di dati non convenzionali, come i dati generati dagli utenti nei forum online, i post sui social media, o i pattern di navigazione web anonimi, può offrire insight preziosi sulle tendenze emergenti e le preferenze dei consumatori. L'incorporazione di questi dati nell'analisi delle performance aiuta le aziende a identificare nuove opportunità di mercato e a comprendere meglio il sentiment del loro pubblico.

Personalizzazione Dinamica

- **Adattamento in Tempo Reale**: La capacità di personalizzare le esperienze di marketing in tempo reale, basandosi sull'analisi comportamentale e sui dati di engagement, rappresenta un enorme vantaggio competitivo. Utilizzando strumenti di automazione e piattaforme di dati del cliente (CDP), le aziende possono offrire messaggi e offerte altamente personalizzati che aumentano la rilevanza e l'efficacia delle loro comunicazioni di marketing.

Misurazione Oltre il Click

- **Valutazione dell'Impatto Olistico**: Mentre le metriche di engagement come click-through rate (CTR) e conversioni rimangono importanti, è fondamentale valutare anche l'impatto a lungo termine delle strategie di marketing sull'awareness del brand, sulla percezione e sulla fedeltà dei clienti. Ciò richiede un approccio più olistico alla misurazione delle performance, che consideri sia i risultati quantitativi immediati sia gli effetti qualitativi a lungo termine sul brand.

Integrazione con l'Intelligenza Artificiale

- **Predizione e Ottimizzazione Basate sull'IA**: Integrare sistemi di intelligenza artificiale per analizzare i dati e prevedere i comportamenti dei consumatori può notevolmente migliorare l'efficacia delle campagne di marketing. L'IA può aiutare a identificare i modelli nascosti nei dati, prevedere i trend di mercato, ottimizzare automaticamente le campagne in corso e personalizzare le esperienze dei clienti su larga scala.

Rispetto delle Normative sulla Privacy

- **Navigare nelle Normative sulla Privacy**: Con l'introduzione di leggi più rigorose sulla protezione dei dati, come il GDPR in Europa e il CCPA in California, è essenziale che le strategie di marketing e le pratiche analitiche siano conformi alle normative vigenti. Questo non solo protegge l'azienda da potenziali sanzioni ma rafforza anche la fiducia dei consumatori nel brand.

Continuo Apprendimento e Adattamento

- **Cultura dell'Apprendimento Continuo**: Infine, mantenere una cultura organizzativa che valorizzi l'apprendimento continuo, l'esperimentazione e l'adattamento è vitale per sfruttare appieno l'analisi delle performance di marketing. Ciò implica rimanere aggiornati sulle ultime tecnologie, sulle tendenze di mercato e sulle best practice del settore, oltre a incoraggiare la sperimentazione e l'innovazione all'interno dei team di marketing.

In sintesi, un'efficace analisi delle performance di marketing richiede un mix equilibrato di tecnologia avanzata, insight strategico, adattabilità e un impegno costante verso l'innovazione e l'apprendimento. Le aziende che abbracciano questi principi non solo saranno in grado di misurare con precisione l'efficacia delle loro iniziative di marketing, ma saranno anche meglio equipaggiate per anticipare le esigenze dei consumatori, personalizzare le esperienze di marketing e guidare una crescita sostenibile nel panorama digitale in continua evoluzione.

Mentre proseguiamo nell'esplorazione delle sfaccettature dell'analisi delle performance di marketing, è cruciale considerare l'evoluzione dell'ecosistema digitale e il suo impatto sulle metriche e strategie di successo. La capacità di una marca di adattarsi e rispondere ai cambiamenti continui nel comportamento dei consumatori e nelle tecnologie sottolinea l'importanza di adottare un approccio agile e informato ai dati nel marketing.

Valorizzazione dell'Esperienza Utente (UX)

- **Ottimizzazione UX Basata sui Dati**: L'esperienza utente (UX) sulle piattaforme digitali diventa un fattore sempre più determinante nel successo delle strategie di marketing. L'analisi dettagliata del comportamento degli utenti sul sito web, compresi i percorsi di navigazione, i tassi di rimbalzo e i tempi di interazione, può fornire insight critici per ottimizzare l'UX. Migliorare l'UX basandosi su dati analitici non solo aumenta la soddisfazione dei clienti ma può anche migliorare significativamente i tassi di conversione e la fidelizzazione.

Integrazione del Sentiment dei Consumatori

- **Analisi del Sentiment per Guidare le Decisioni**: L'incorporazione dell'analisi del sentiment dei consumatori, ottenuta da recensioni online, feedback sui social media e sondaggi, nell'analisi delle performance di marketing offre una dimensione più ricca della risposta emotiva e della percezione del brand da parte del pubblico. Questi dati qualitativi, combinati con metriche quantitative, possono guidare le aziende a perfezionare i messaggi di marketing e migliorare i prodotti o servizi in linea con le aspettative dei clienti.

Monitoraggio in Tempo Reale e Reattività

- **Capacità di Reazione in Tempo Reale**: Gli strumenti di monitoraggio e analisi in tempo reale consentono alle aziende di osservare l'efficacia delle campagne di marketing man mano che si svolgono, permettendo di apportare modifiche rapide per ottimizzare i risultati. La capacità di adattare le strategie basandosi su feedback e dati in tempo reale è fondamentale in un ambiente digitale in rapido cambiamento.

Sviluppo di Competenze Analitiche

- **Formazione e Sviluppo delle Competenze nel Team**: Investire nella formazione e nello sviluppo delle competenze analitiche dei team di marketing è essenziale per sfruttare appieno il potenziale dei dati. Avere membri del team che possano interpretare complessi set di dati, estrarre insight significativi e applicarli strategicamente può trasformare l'approccio di un'azienda all'analisi delle performance di marketing.

Approcci Predittivi e Prescrittivi

- **Utilizzo di Modelli Predittivi e Prescrittivi**: Andando oltre l'analisi descrittiva, l'adozione di modelli predittivi e prescrittivi basati su algoritmi avanzati di machine learning può fornire alle aziende previsioni accurate su future tendenze di mercato e comportamenti dei consumatori. Questi modelli possono anche suggerire azioni ottimali da intraprendere per sfruttare al meglio le opportunità emergenti o mitigare i rischi potenziali.

Etica dei Dati e Trasparenza

- **Focus sull'Etica dei Dati e sulla Trasparenza**: Man mano che le aziende diventano sempre più dipendenti dai dati per le loro strategie di marketing, l'importanza dell'etica dei dati e della trasparenza nelle pratiche di raccolta e utilizzo dei dati diventa sempre più critica. Assicurare che i dati siano raccolti e utilizzati in modo etico non solo è fondamentale per rispettare le normative sulla privacy ma è anche cruciale per mantenere e costruire la fiducia dei clienti.

In sintesi, un'analisi efficace delle performance di marketing nel contesto digitale attuale richiede un mix equilibrato di approcci analitici avanzati, sensibilità alle esperienze e ai sentimenti dei consumatori, agilità operativa, sviluppo continuo delle competenze e un impegno costante verso l'etica dei dati e la trasparenza. Questi elementi sono cruciali per navigare con successo nel paesaggio dinamico del marketing digitale, dove le aziende devono non solo interpretare i dati esistenti ma anche anticipare le tendenze future e adattarsi rapidamente ai cambiamenti del mercato.

Valorizzazione dei Dati di Seconda e Terza Parte

- **Integrazione dei Dati Esterni**: Mentre i dati di prima parte raccolti direttamente dai consumatori rimangono fondamentali, l'integrazione dei dati di seconda e terza parte può ampliare significativamente la comprensione di un'azienda sul comportamento dei consumatori e sulle tendenze di mercato. Questi dati esterni, che possono includere informazioni demografiche, interessi e comportamenti di acquisto aggregati da piattaforme di terze parti, possono arricchire l'analisi delle performance, offrendo una visione più completa del panorama competitivo e delle opportunità di targeting.

Ottimizzazione Multicanale

- **Strategie Multicanale Coerenti**: L'efficacia di una strategia di marketing non dipende solo dalla performance di un singolo canale ma dall'integrazione e coerenza tra tutti i canali utilizzati. Analizzare e ottimizzare le performance attraverso un approccio multicanale consente alle aziende di creare esperienze utente fluide e personalizzate, indipendentemente da come e dove i consumatori scelgono di interagire con il brand.

Impiego di Tecnologie Blockchain

- **Blockchain per la Trasparenza e la Sicurezza**: L'adozione di tecnologie blockchain nell'analisi delle performance di marketing offre nuove possibilità per la trasparenza e la sicurezza dei dati. Con la capacità di tracciare in modo immutabile e trasparente le interazioni dei consumatori e le transazioni pubblicitarie, la blockchain può aiutare a combattere la frode pubblicitaria, garantire la protezione dei dati dei consumatori e stabilire un livello di fiducia senza precedenti tra aziende e clienti.

Analisi in Tempo Reale e Decisioni Istantanee

- **Tecnologie per l'Analisi in Tempo Reale**: Le piattaforme che offrono analisi delle performance in tempo reale abilitano le aziende a prendere decisioni basate sui dati in maniera quasi istantanea. Questa capacità di rispondere dinamicamente ai dati emergenti consente una maggiore agilità nelle strategie di marketing, permettendo alle aziende di sfruttare le opportunità in tempo reale e di adattarsi rapidamente alle sfide emergenti.

Sviluppo di Competenze Data-Driven nel Team

- **Cultura Data-Driven e Formazione Continua**: Fomentare una cultura aziendale orientata ai dati e investire nella formazione continua dei team di marketing sulle ultime tecnologie e tecniche analitiche sono passi cruciali per mantenere un vantaggio competitivo. La capacità di interpretare complessi set di dati, di integrare insight qualitativi e quantitativi e di applicare questi apprendimenti per guidare le strategie di marketing può trasformare radicalmente l'efficacia delle campagne.

Responsabilità Sociale e Impegno Ambientale

- **Marketing Responsabile**: Nel contesto attuale, le considerazioni etiche, sociali e ambientali giocano un ruolo sempre più importante nelle decisioni dei consumatori. Le aziende che dimostrano un autentico impegno verso la responsabilità sociale e l'impatto ambientale nelle loro strategie di marketing non solo migliorano la loro immagine di marca ma possono anche costruire un legame più profondo e significativo con i loro clienti.

In conclusione, l'analisi avanzata delle performance di marketing richiede un approccio olistico che abbraccia le tecnologie emergenti, valorizza l'integrazione dei dati e promuove una cultura aziendale incentrata sull'apprendimento e l'innovazione. Le aziende che riescono a navigare con successo in questo ambiente complesso, sfruttando le opportunità offerte dall'analisi dei dati, dall'ottimizzazione multicanale e dall'impegno etico, non solo ottimizzeranno le loro performance di marketing ma saranno anche meglio posizionate per rispondere dinamicamente ai cambiamenti del mercato e alle aspettative dei consumatori, guidando la crescita sostenibile e costruendo relazioni durature con il pubblico.

Mentre continuiamo a esplorare le profondità dell'analisi delle performance di marketing, diventa evidente che l'adattamento a un panorama digitale in costante mutamento richiede non solo flessibilità e innovazione ma anche un impegno verso pratiche di marketing etiche e sostenibili. Questo approccio multifaccettato sottolinea l'importanza di tecniche di analisi avanzate, di un'attenzione costante alle esigenze in evoluzione dei consumatori e di un equilibrio tra obiettivi a breve termine e sostenibilità a lungo termine.

Valorizzazione dell'Analisi Qualitativa

- **Profondità dell'Analisi Qualitativa**: Oltre ai dati quantitativi, l'analisi qualitativa gioca un ruolo cruciale nell'interpretazione del contesto dietro i numeri. Interviste con i clienti, focus group e analisi dei commenti sui social media possono fornire insight preziosi sulle motivazioni, sulle percezioni e sulle esperienze dei consumatori che non emergono da sole attraverso l'analisi dei dati. Integrare queste percezioni qualitative nell'analisi delle performance consente di sviluppare strategie di marketing più empatiche e orientate al cliente.

Sfruttamento delle Tecnologie Emergenti

- **Applicazioni di Nuove Tecnologie**:
  L'esplorazione di tecnologie emergenti come
  l'internet delle cose (IoT), i big data e la realtà
  mista (MR) può offrire nuovi modi per
  raccogliere dati sui consumatori e interagire con
  loro. Queste tecnologie possono trasformare
  l'esperienza del cliente, fornendo al contempo
  dati preziosi per l'analisi delle performance. Ad
  esempio, dispositivi IoT possono tracciare l'uso
  del prodotto e i pattern comportamentali, mentre
  le esperienze di realtà mista possono offrire
  nuove piattaforme per il coinvolgimento del
  cliente e la raccolta di feedback.

Integrazione dell'Intelligenza Competitiva

- **Analisi dell'Intelligenza Competitiva**:
  Comprendere le strategie e le performance dei
  concorrenti è fondamentale per mantenere un
  vantaggio competitivo. Utilizzare strumenti di
  intelligence competitiva per monitorare le attività
  di marketing dei concorrenti, le innovazioni di
  prodotto e le comunicazioni con i clienti può
  aiutare a identificare le opportunità di
  differenziazione e a prevedere le mosse del
  mercato. Questo tipo di analisi può fornire un
  contesto prezioso per l'interpretazione delle
  proprie performance di marketing.

Sostenibilità e Marketing Etico

- **Impegno verso Pratiche Sostenibili**: Nel contesto attuale, le considerazioni sulla sostenibilità influenzano sempre più le decisioni di acquisto dei consumatori. Le aziende che integrano pratiche sostenibili ed etiche nelle loro strategie di marketing non solo rispondono a questa crescente domanda ma contribuiscono anche a costruire un marchio responsabile e rispettato. L'analisi delle performance di marketing dovrebbe quindi includere valutazioni sull'impatto ambientale e sociale delle campagne e delle pratiche aziendali.

Coinvolgimento Proattivo della Comunità

- **Strategie di Coinvolgimento della Comunità**: Sviluppare strategie di marketing che coinvolgano attivamente le comunità locali o le nicchie di mercato può creare un senso di appartenenza e lealtà al brand. Questo coinvolgimento può assumere forme diverse, dall'organizzazione di eventi di beneficenza alla collaborazione con influencer locali o alla partecipazione attiva a discussioni rilevanti sui social media. L'analisi delle performance in questo contesto dovrebbe considerare l'impatto di queste attività sul coinvolgimento della comunità e sulla percezione del brand.

Misurazione Olistica del Successo

- **Approccio Olistico alla Misurazione del Successo**: Infine, l'analisi delle performance di marketing richiede un approccio olistico che consideri una gamma di indicatori di successo. Oltre alle metriche finanziarie tradizionali, includere indicatori legati alla soddisfazione del cliente, all'impegno della comunità, alla sostenibilità ambientale e all'innovazione può offrire una visione più completa del successo delle strategie di marketing. Questo approccio bilanciato aiuta le aziende a perseguire obiettivi a lungo termine che vanno oltre il semplice profitto economico.

In sintesi, un'analisi efficace delle performance di marketing nel panorama moderno richiede un mix equilibrato di tecniche analitiche quantitative e qualitative, un impegno verso l'innovazione tecnologica e la sostenibilità, e una visione olistica del successo. Le aziende che abbracciano questi principi saranno meglio equipaggiate per navigare nel complesso ambiente di marketing di oggi, costruendo relazioni durature con i clienti e guidando una crescita sostenibile e responsabile.

Concludendo, l'analisi delle performance di marketing nel contesto odierno richiede un approccio complesso e stratificato che vada oltre la semplice valutazione delle metriche di successo immediate. Le aziende devono ora navigare in un ambiente digitale in rapida evoluzione, caratterizzato da cambiamenti continui nel comportamento dei consumatori, avanzamenti tecnologici e una crescente enfasi su pratiche etiche e sostenibili. Per fare ciò efficacemente, è necessario adottare un insieme diversificato di strategie e strumenti analitici, che includano sia l'analisi quantitativa che quella qualitativa, per fornire insight completi e azionabili.

Adozione di Tecnologie Avanzate e Big Data

L'integrazione di tecnologie avanzate, come l'intelligenza artificiale e il machine learning, nell'analisi delle performance di marketing consente alle aziende di elaborare e interpretare grandi volumi di dati con una precisione senza precedenti. Questi strumenti non solo migliorano la capacità di prevedere i comportamenti dei consumatori e le tendenze di mercato ma permettono anche di personalizzare le esperienze dei clienti in tempo reale, ottimizzando così l'efficacia delle campagne di marketing.

Misurazione Olistica e Multidimensionale

L'approccio alla misurazione delle performance deve essere olistico, tenendo conto non solo delle metriche finanziarie ma anche del benessere del cliente, dell'impatto ambientale e sociale delle attività di marketing e dell'innovazione prodotto. Questo approccio bilanciato assicura che le strategie di marketing non solo guidino il successo commerciale ma contribuiscano anche positivamente alla società e all'ambiente.

Coinvolgimento del Cliente e della Comunità

Strategie che enfatizzano il coinvolgimento attivo del cliente e della comunità possono rafforzare la lealtà e la percezione del brand. Attraverso l'ascolto attivo e la partecipazione alla conversazione, le aziende possono costruire relazioni significative con i loro pubblici, adattando le loro offerte e messaggi per rispondere meglio alle esigenze e ai desideri del loro target.

Focus sulla Sostenibilità e sull'Etica

Nell'attuale panorama di mercato, dove i consumatori valutano sempre più le aziende in base al loro impegno per la sostenibilità e la responsabilità sociale, integrare questi valori nelle strategie di marketing non solo migliora l'immagine del brand ma può anche aprire nuove opportunità di mercato. L'analisi delle performance in questo contesto dovrebbe quindi considerare come le iniziative di marketing allineano l'azienda con questi valori fondamentali.

Cultura dell'Apprendimento e dell'Innovazione

Infine, mantenere una cultura aziendale che valorizzi l'apprendimento continuo e l'innovazione è essenziale per rimanere competitivi. Incoraggiare la sperimentazione, accettare il fallimento come parte del processo di apprendimento e adattarsi rapidamente ai cambiamenti del mercato sono elementi chiave per sviluppare strategie di marketing resilienti e flessibili.

In conclusione, un'efficace analisi delle performance di marketing richiede una combinazione di intuizioni data-driven, un impegno profondo verso l'innovazione e la sostenibilità, e una comprensione olistica dei fattori che influenzano il successo di un'azienda. Le organizzazioni che abbracciano un approccio multidimensionale alla misurazione e all'ottimizzazione delle loro strategie di marketing saranno meglio posizionate per navigare nell'ambiente di mercato attuale, costruire relazioni durature con i clienti e guidare una crescita sostenibile a lungo termine.

14. Etica nel Marketing: Principi etici e responsabilità sociale

L'etica nel marketing è una dimensione fondamentale che guida le decisioni, le strategie e le azioni delle aziende nell'ambito della comunicazione commerciale. Riguarda la definizione e l'applicazione di principi etici che governano il comportamento delle aziende verso i consumatori, i partner commerciali, la società e l'ambiente. L'importanza dell'etica nel marketing è cresciuta negli ultimi anni, con consumatori sempre più informati e attenti alle pratiche aziendali, richiedendo trasparenza, integrità e responsabilità sociale dalle aziende con cui scelgono di interagire.

Principi Fondamentali dell'Etica nel Marketing

- **Trasparenza**: Fornire informazioni chiare, precise e non ingannevoli su prodotti e servizi, consentendo ai consumatori di prendere decisioni informate.

- **Onestà**: Agire con integrità in tutte le comunicazioni di marketing, evitando esagerazioni, dichiarazioni fuorvianti o promesse non realizzabili.

- **Equità**: Assicurare che le pratiche di marketing non sfruttino gruppi vulnerabili, inclusi minori, anziani o qualsiasi gruppo che possa essere particolarmente suscettibile a messaggi ingannevoli o coercitivi.

- **Rispetto per la Privacy**: Proteggere i dati personali dei consumatori, raccogliendo, utilizzando e condividendo le informazioni in modo responsabile e solo con il consenso esplicito degli individui.

- **Responsabilità Sociale**: Considerare l'impatto delle pratiche di marketing sulla società nel suo insieme, inclusi fattori ambientali, sociali e culturali. Ciò include la promozione di pratiche sostenibili e il contributo a iniziative benefiche o comunitarie.

Importanza dell'Etica nel Marketing

- **Costruzione della Fiducia del Consumatore**: Le pratiche etiche nel marketing aiutano a costruire e mantenere la fiducia dei consumatori, un asset fondamentale per il successo a lungo termine di qualsiasi azienda. I consumatori sono più propensi a rimanere fedeli a marchi che percepiscono come onesti e responsabili.

- **Differenziazione del Brand**: In un mercato affollato, l'etica può servire come un potente differenziatore di marca, attirando consumatori che danno valore all'integrità e alla responsabilità sociale delle aziende da cui acquistano.

- **Mitigazione dei Rischi Legali e Reputazionali**: L'aderenza a principi etici può aiutare le aziende a evitare controversie legali e danni reputazionali associati a pratiche di marketing ingannevoli o irresponsabili.

- **Contributo alla Sostenibilità Globale**:
L'impegno etico nel marketing spesso si traduce
in un maggiore focus sulla sostenibilità, guidando
le aziende a considerare l'impatto ambientale dei
loro prodotti e delle loro pratiche di marketing, e
contribuendo così a obiettivi più ampi di
sostenibilità globale.

Sfide nell'Applicazione dell'Etica nel Marketing

- **Conflitti di Interesse**: Le aziende possono
trovarsi di fronte a dilemmi etici quando vi è un
conflitto tra la massimizzazione dei profitti e
l'aderenza ai principi etici, richiedendo un
equilibrio attento tra obiettivi commerciali e
responsabilità sociale.

- **Ambiguità e Interpretazione**: Determinare
cosa costituisca una pratica di marketing "etica"
può essere soggettivo e variare significativamente
tra culture, mercati e individui, richiedendo
un'attenta considerazione del contesto e delle
norme sociali.

- **Pressione Competitiva**: In mercati altamente
competitivi, le aziende possono essere tentate di
adottare pratiche aggressive o al limite dell'etica
per guadagnare una quota di mercato, rendendo
cruciale il mantenimento di standard etici elevati
nonostante le pressioni esterne.

In conclusione, l'etica nel marketing non è solo una questione di conformità legale o di evitare il rischio reputazionale; è una componente fondamentale della strategia aziendale che riflette i valori fondamentali dell'organizzazione e contribuisce alla costruzione di relazioni solide e durature con i consumatori. Le aziende che adottano e comunicano apertamente i loro impegni etici possono non solo differenziarsi in un mercato affollato ma anche guidare un cambiamento positivo, sostenendo pratiche di business responsabili e sostenibili.

Approfondendo ulteriormente l'importanza dell'etica nel marketing, si evidenzia la necessità per le aziende di navigare in un paesaggio in cui le aspettative dei consumatori sono in continua evoluzione, non solo riguardo ai prodotti e ai servizi offerti ma anche in termini di responsabilità sociale, trasparenza e impegno etico. Questo contesto richiede un'attenzione costante alle pratiche di marketing e alla loro allineazione con i valori etici fondamentali.

Promozione dell'Inclusività e della Diversità

- **Inclusività e Diversità nel Marketing**: Un aspetto cruciale dell'etica nel marketing moderno include la promozione attiva dell'inclusività e della diversità. Questo significa rappresentare in modo autentico e rispettoso una vasta gamma di comunità e identità nei materiali di marketing, evitando stereotipi e assicurando che le campagne parlino a un pubblico ampio e variegato. L'inclusività diventa non solo un imperativo etico ma anche una strategia per ampliare la base di consumatori e costruire un brand più accogliente e universale.

Responsabilità Ambientale

- **Sostenibilità e Impatto Ambientale**: L'etica nel marketing si estende anche alla considerazione dell'impatto ambientale delle pratiche aziendali. Le aziende sono sempre più chiamate a dimostrare responsabilità ambientale attraverso l'uso di materiali sostenibili, pratiche di produzione rispettose dell'ambiente e iniziative di riciclo o compensazione del carbonio. La comunicazione trasparente di queste pratiche nei messaggi di marketing non solo risponde alle crescenti preoccupazioni ambientali dei consumatori ma rafforza anche l'immagine del brand come leader responsabile e consapevole.

Uso Responsabile dei Dati

- **Privacy e Sicurezza dei Dati**: Con l'aumento della digitalizzazione e la raccolta di dati su vasta scala, l'etica nel marketing richiede un impegno rigoroso verso la protezione della privacy e la sicurezza dei dati dei consumatori. Le pratiche etiche includono la raccolta di dati solo con il consenso esplicito, l'utilizzo dei dati in modi chiaramente comunicati ai consumatori e la garanzia che i dati siano protetti da accessi non autorizzati o da usi impropri. Rispettare la privacy dei consumatori è fondamentale per mantenere la fiducia e dimostrare rispetto verso il pubblico.

Trasparenza e Autenticità

- **Comunicazioni Trasparenti e Autentiche**: Nell'era dell'informazione, i consumatori cercano autenticità e trasparenza dalle marche con cui interagiscono. Ciò significa essere aperti riguardo ai processi produttivi, alle politiche aziendali e ai potenziali conflitti di interesse. Le aziende che adottano un approccio trasparente e autentico nelle loro strategie di marketing sono più propense a costruire relazioni durature e positive con i loro clienti.

Etica e Innovazione

- **Innovazione Responsabile**: Mentre le aziende cercano di innovare e di distinguersi nel mercato, è essenziale che l'innovazione sia guidata da considerazioni etiche. Ciò include valutare l'impatto sociale delle nuove tecnologie, prodotti o servizi e assicurarsi che le innovazioni contribuiscano positivamente alla società senza esacerbare disuguaglianze o creare nuovi problemi etici.

In conclusione, l'integrazione di principi etici solidi nelle pratiche di marketing non è solo un imperativo morale ma una strategia aziendale intelligente che può migliorare la reputazione del brand, costruire fiducia con i consumatori e sostenere il successo a lungo termine. Affrontare le sfide etiche con integrità, promuovere attivamente la diversità e l'inclusività, impegnarsi per la sostenibilità ambientale, proteggere la privacy dei dati e comunicare con trasparenza sono tutti elementi chiave che definiscono l'etica nel marketing moderno. Le aziende che adottano questi principi e li integrano in modo coerente nelle loro strategie e operazioni sono ben posizionate per navigare nella complessità del panorama commerciale attuale, distinguendosi come leader etici e responsabili nel loro settore.

Collaborazione e Coinvolgimento della Comunità

- **Partnership Comunitarie**: Un approccio etico al marketing richiede anche di guardare oltre l'azienda, cercando modi per coinvolgere e supportare le comunità locali e globali. Ciò può tradursi in partnership con organizzazioni non profit, iniziative di volontariato aziendale e programmi di responsabilità sociale che beneficiano sia le comunità che l'ambiente. Queste azioni non solo rafforzano l'impegno etico di un'azienda ma contribuiscono anche a costruire un legame più profondo con i consumatori che vedono il brand impegnato in cause significative.

Dialogo Aperto con gli Stakeholder

- **Comunicazione Multidirezionale**: L'etica nel marketing implica anche la creazione di canali di comunicazione aperti con tutti gli stakeholder, inclusi clienti, dipendenti, partner e comunità. Incoraggiare un dialogo aperto e costruttivo consente alle aziende di ricevere feedback preziosi, identificare aspettative emergenti e rispondere proattivamente a preoccupazioni o critiche. Questo processo di ascolto e interazione non solo migliora la trasparenza ma facilita anche l'adattamento e l'innovazione responsabile.

Monitoraggio e Valutazione Continui

- **Revisione Etica Costante**: Implementare principi etici nel marketing non è un obiettivo una tantum ma un processo continuo di valutazione e miglioramento. Le aziende dovrebbero istituire meccanismi per monitorare regolarmente le pratiche di marketing e valutare la loro allineazione con gli standard etici. Questo include la revisione delle campagne pubblicitarie, l'analisi delle politiche di raccolta dati e l'assunzione di responsabilità per l'impatto delle attività di marketing. Un impegno costante verso l'autovalutazione e la trasparenza può aiutare a mantenere elevati standard etici nel tempo.

Educazione e Sensibilizzazione Interna

- **Formazione sui Principi Etici**: Per garantire che l'etica permei tutte le attività di marketing, è essenziale che le aziende investano nella formazione e nella sensibilizzazione dei propri dipendenti sui principi etici. Workshops, seminari e risorse educative possono equipaggiare i team con le conoscenze e gli strumenti necessari per prendere decisioni etiche nelle loro attività quotidiane. Promuovere una cultura aziendale che valorizza l'etica contribuisce a guidare comportamenti responsabili a tutti i livelli dell'organizzazione.

Responsabilità Globale

- **Impegno su Scala Globale**: In un'economia globale, l'etica nel marketing trascende i confini nazionali, richiedendo alle aziende di considerare l'impatto delle loro pratiche in contesti culturali e socioeconomici diversi. Questo significa adattare le strategie di marketing per rispettare le norme locali, contribuire positivamente alle economie locali e promuovere un'equità globale nelle pratiche commerciali. L'impegno per un'etica globale riflette la responsabilità di un'azienda nei confronti della comunità mondiale e il suo ruolo nel promuovere pratiche di business giuste e sostenibili.

In conclusione, integrare l'etica in ogni aspetto delle strategie di marketing non solo rafforza la fiducia e la lealtà dei consumatori ma posiziona anche l'azienda come un leader responsabile nel suo settore. Attraverso la promozione dell'inclusività, la protezione dell'ambiente, il rispetto per la privacy, la comunicazione trasparente e l'impegno verso la sostenibilità e la responsabilità sociale, le aziende possono navigare con successo le sfide del mercato moderno. L'adozione di un approccio etico al marketing non è solo una questione di conformità legale o reputazione; è un imperativo strategico che guida l'innovazione, sostiene la crescita sostenibile e contribuisce a un impatto positivo su scala globale.

Concludendo, l'importanza dell'etica nel marketing trascende la semplice conformità alle leggi o il desiderio di evitare scandali. Si radica profondamente nella realizzazione che le pratiche di marketing etiche sono fondamentali per costruire e mantenere relazioni di lungo termine basate sulla fiducia con i consumatori, gli stakeholder e la società nel suo complesso. L'adozione di un approccio etico nel marketing non solo rafforza la reputazione e l'immagine di un brand ma promuove anche la sostenibilità aziendale e contribuisce al benessere collettivo.

L'etica nel marketing comporta la trasparenza nelle comunicazioni, l'integrità nelle pratiche pubblicitarie, il rispetto per la privacy dei consumatori, l'impegno verso la responsabilità sociale e l'attenzione all'impatto ambientale delle attività di marketing. Questi principi etici servono come bussola per navigare le complessità del mercato globale, guidando le aziende attraverso dilemmi morali e assicurando che le strategie di marketing non solo generino valore economico ma promuovano anche valori sociali positivi.

Implementazione di Principi Etici

Per integrare efficacemente l'etica nel marketing, le aziende devono:

- **Formulare Politiche Chiare**: Sviluppare linee guida etiche chiare che definiscano comportamenti accettabili e inaccettabili, assicurando che tutti i dipendenti, dai dirigenti ai team di marketing, comprendano e si impegnino a rispettare questi standard.

- **Promuovere la Formazione e l'Educazione**: Implementare programmi di formazione regolari per educare i dipendenti sull'importanza dell'etica nel marketing e fornire loro gli strumenti per prendere decisioni etiche nelle loro attività quotidiane.

- **Incoraggiare il Dialogo e la Riflessione**: Creare spazi sicuri per la discussione e il dibattito su questioni etiche, permettendo ai team di esplorare dilemmi morali e sviluppare soluzioni consapevoli che rispecchino i valori aziendali.

- **Monitorare e Valutare Continuamente**: Adottare meccanismi di monitoraggio e valutazione per rivedere periodicamente l'efficacia delle politiche etiche e apportare aggiustamenti in base all'evoluzione delle norme sociali, delle aspettative dei consumatori e del contesto di mercato.

- **Incorporare il Feedback degli Stakeholder**: Ascoltare attivamente e integrare il feedback dei consumatori, degli stakeholder e delle comunità per assicurare che le pratiche di marketing riflettano non solo gli obiettivi aziendali ma anche le aspettative e i valori della società.

Benefici a Lungo Termine

Adottando un approccio etico al marketing, le aziende possono godere di numerosi benefici a lungo termine, tra cui:

- **Fiducia e Lealtà dei Consumatori**: Le pratiche di marketing etiche costruiscono la fiducia dei consumatori, che è fondamentale per lo sviluppo della lealtà del cliente e per la creazione di relazioni durature.

- **Differenziazione nel Mercato**: Un forte impegno etico può servire come un potente differenziatore di marca, attirando consumatori che valorizzano la responsabilità sociale e ambientale.

- **Sostenibilità Aziendale**: L'integrazione dell'etica nel marketing contribuisce alla sostenibilità a lungo termine dell'azienda, promuovendo pratiche che sono non solo economicamente vantaggiose ma anche socialmente responsabili e ambientalmente sostenibili.

- **Impatto Sociale Positivo**: Oltre a generare valore economico, l'etica nel marketing consente alle aziende di contribuire positivamente alla società, affrontando questioni sociali, promuovendo la diversità e l'inclusione e sostenendo iniziative ambientali.

In sintesi, l'etica nel marketing è una componente essenziale della strategia aziendale moderna, che richiede un impegno attivo e continuo per mantenere standard etici elevati in tutte le pratiche di marketing. Le aziende che perseguono attivamente l'etica nel marketing non solo migliorano la loro posizione nel mercato ma agiscono anche come forze motrici per il cambiamento positivo, dimostrando che è possibile raggiungere il successo aziendale rispettando principi morali e contribuendo al bene comune.

15. Marketing Internazionale: Affrontare le sfide del marketing globale.

Il marketing internazionale presenta un insieme unico di sfide e opportunità per le aziende che cercano di espandersi oltre i confini nazionali. Navigare nel panorama globale richiede un'approfondita comprensione delle diverse culture, norme legali e regolamentari, dinamiche di mercato e comportamenti dei consumatori in vari paesi. Di seguito, sono esplorate alcune delle principali sfide del marketing internazionale e come le aziende possono affrontarle per avere successo a livello globale.

Comprensione delle Differenze Culturali

- **Adattamento Culturale**: Uno degli aspetti più critici del marketing internazionale è l'abilità di adattare i messaggi di marketing alle diverse culture. Ciò richiede una comprensione profonda dei valori, delle credenze e dei comportamenti specifici di ciascun mercato target. Le aziende devono evitare l'approccio "one-size-fits-all" e invece personalizzare le loro strategie per risuonare autenticamente con le diverse audience globali.

Conformità Legale e Normativa

- **Navigazione nel Paesaggio Regolamentare**: Ogni paese ha le proprie leggi e regolamentazioni che governano il marketing e la pubblicità. Questo può includere restrizioni sui tipi di messaggi pubblicitari, regole sulla protezione dei dati dei consumatori e normative su etichettatura e packaging. Le aziende devono assicurarsi di comprendere e aderire a queste normative in ogni mercato in cui operano per evitare sanzioni legali e danni reputazionali.

Sfide Linguistiche e di Comunicazione

- **Barriere Linguistiche**: Superare le barriere linguistiche è fondamentale nel marketing internazionale. Oltre alla traduzione letterale dei

contenuti di marketing, le aziende devono
considerare le sfumature linguistiche e culturali
per assicurare che i messaggi siano appropriati e
efficaci. Ciò include la comprensione di modi di
dire, simbolismi e contesti culturali che possono
influenzare la percezione del messaggio.

Diversità dei Comportamenti dei Consumatori

- **Variazioni nei Comportamenti di
  Acquisto**: I comportamenti di acquisto possono
  variare significativamente da un paese all'altro a
  causa di differenze culturali, economiche e
  sociali. Le aziende devono condurre ricerche di
  mercato approfondite per identificare queste
  differenze e adattare le loro strategie di prodotto,
  prezzo, distribuzione e promozione di
  conseguenza.

Strategie di Ingresso nel Mercato

- **Selezione della Strategia di Ingresso**:
  Scegliere la strategia di ingresso giusta è cruciale
  per il successo del marketing internazionale. Le
  opzioni includono l'esportazione diretta, la
  creazione di joint venture, l'acquisizione di
  aziende locali o la creazione di nuove filiali. Ogni
  approccio ha i propri rischi e vantaggi, e la scelta
  dipenderà da fattori come le risorse disponibili,
  la conoscenza del mercato locale e gli obiettivi a
  lungo termine dell'azienda.

Gestione della Catena di Fornitura Globale

- **Ottimizzazione della Logistica e della Distribuzione**: La gestione efficace della catena di fornitura è un'altra sfida significativa nel marketing internazionale. Le aziende devono navigare nella complessità della logistica globale, garantire la puntualità delle consegne, mantenere la qualità del prodotto e minimizzare i costi. Ciò richiede una pianificazione attenta e spesso la collaborazione con partner locali per ottimizzare le operazioni di distribuzione.

Uso delle Tecnologie Digitali

- **Sfruttare il Digitale per il Marketing Globale**: L'era digitale offre nuove opportunità per il marketing internazionale, consentendo alle aziende di raggiungere consumatori globali con maggiore efficienza. Tuttavia, ciò richiede anche una comprensione delle piattaforme digitali preferite in diversi paesi e delle migliori pratiche per l'engagement online. Le strategie digitali devono essere adattate per massimizzare la visibilità e l'interazione nei vari mercati.

In conclusione, il marketing internazionale richiede un equilibrio tra la comprensione globale delle dinamiche di mercato e l'attenzione alle specificità locali. Le aziende che riescono ad adattare le loro strategie per rispettare le differenze culturali, conformarsi alle normative locali, superare le barriere linguistiche e comprendere i comportamenti dei consumatori possono navigare con successo nelle complesse acque del marketing globale, sfruttando le opportunità offerte dai mercati internazionali per guidare la crescita e l'espansione.

Proseguendo nell'analisi delle sfide del marketing internazionale, è essenziale considerare ulteriori aspetti che possono influenzare il successo delle strategie globali. Questi aspetti richiedono un'attenzione costante alla dinamica in evoluzione dei mercati internazionali e un impegno per l'adattabilità e l'innovazione.

Adattamento ai Cambiamenti Economici e Politici

- **Sensibilità ai Contesti Economici e Politici**: I contesti economici e politici possono variare significativamente tra i paesi e influenzare direttamente le opportunità e i rischi associati al marketing internazionale. Le fluttuazioni economiche, le tensioni politiche o i cambiamenti nelle politiche commerciali possono avere un impatto diretto sulle operazioni di business e sulle strategie di marketing. Monitorare attivamente questi ambienti e avere piani di contingenza pronti può aiutare le aziende a navigare in questi contesti variabili.

Costruzione di Relazioni e Reti Locali

- **Sviluppo di Partnership Locali**: La costruzione di relazioni solide e reti locali è fondamentale per il successo del marketing internazionale. Collaborare con partner locali, siano essi distributori, fornitori o agenzie di marketing, può fornire alle aziende una comprensione più profonda del mercato e facilitare l'accesso ai canali di distribuzione locali. Queste relazioni possono anche aiutare a superare le barriere culturali e linguistiche e ad adattare le strategie di marketing per risuonare meglio con il pubblico locale.

Gestione della Reputazione Globale

- **Monitoraggio e Gestione della Reputazione**: In un'epoca di connessione globale, la reputazione di un'azienda può essere rapidamente influenzata da eventi in qualsiasi parte del mondo. Le strategie di gestione della reputazione devono quindi essere implementate su scala globale, monitorando attentamente il sentiment nei confronti del brand e rispondendo proattivamente a eventuali crisi o feedback negativi. Mantenere una comunicazione coerente e trasparente può aiutare a costruire fiducia e lealtà tra i consumatori internazionali.

Sfruttamento delle Tecnologie Emergenti

- **Innovazione Tecnologica**: Le tecnologie
  emergenti offrono nuove opportunità per il
  marketing internazionale, dal big data
  all'intelligenza artificiale fino alla realtà
  aumentata. Utilizzare queste tecnologie per
  analizzare i dati dei consumatori, personalizzare
  le esperienze di marketing e creare campagne
  innovative può differenziare un'azienda nel
  mercato globale. Tuttavia, è fondamentale
  considerare le preferenze e l'accessibilità
  tecnologica nei diversi mercati per assicurare che
  queste innovazioni siano efficaci.

Sostenibilità e Responsabilità Sociale

- **Focus sulla Sostenibilità**: L'impegno per la
  sostenibilità e la responsabilità sociale è sempre
  più rilevante nel contesto del marketing
  internazionale. I consumatori globali sono
  sempre più consapevoli dell'impatto ambientale e
  sociale delle loro scelte di acquisto e tendono a
  preferire aziende che dimostrano un autentico
  impegno per la sostenibilità. Integrare pratiche
  sostenibili nelle operazioni e nella comunicazione
  di marketing può non solo rispondere a queste
  aspettative ma anche contribuire a costruire un
  vantaggio competitivo sostenibile.

Formazione e Sviluppo dei Team Internazionali

- **Capacità dei Team Multiculturali**: Gestire team di marketing internazionali richiede una comprensione delle dinamiche multiculturali e la capacità di lavorare efficacemente attraverso le differenze culturali. Investire nella formazione e nello sviluppo di competenze interculturali può migliorare la collaborazione all'interno dei team globali e aumentare l'efficacia delle strategie di marketing internazionale.

In sintesi, affrontare le sfide del marketing internazionale richiede un approccio globale che sia allo stesso tempo sensibile alle peculiarità locali. Attraverso la comprensione delle differenze culturali, l'adattabilità ai contesti economici e politici, la costruzione di relazioni locali solide, la gestione proattiva della reputazione, l'innovazione tecnologica, l'impegno per la sostenibilità e lo sviluppo di competenze multiculturali, le aziende possono superare le complessità del marketing globale. Questo approccio non solo consente di navigare con successo nei mercati internazionali ma promuove anche una crescita sostenibile e responsabile, costruendo un legame duraturo con i consumatori globali.

Proseguendo nell'esplorazione delle sfide e delle strategie per il marketing internazionale, diventa evidente che la capacità di un'azienda di adattarsi e rispondere alle dinamiche globali è fondamentale per il successo. Questo richiede non solo una comprensione delle differenze tra i mercati ma anche un impegno costante nell'innovazione e nell'ottimizzazione delle strategie di marketing per affrontare le esigenze in continua evoluzione dei consumatori globali.

Integrazione di Insights Culturali Approfonditi

- **Ricerca Culturale Approfondita**: Andare oltre la superficiale comprensione delle differenze culturali per integrare insights culturali profondi nelle strategie di marketing è essenziale. Questo può includere lo studio delle sottigliezze linguistiche, dei valori sociali, delle tradizioni e delle pratiche celebrative che influenzano il comportamento di acquisto. Utilizzare questi insights per informare la creazione di prodotti, la pubblicità e le campagne di comunicazione può aumentare significativamente la risonanza e l'accettazione del brand nei diversi mercati.

Tecniche Avanzate di Segmentazione del Mercato

- **Segmentazione Globale Avanzata:** L'adozione di tecniche di segmentazione del mercato sofisticate è cruciale per identificare e servire efficacemente i segmenti di consumatori in diversi contesti internazionali. Ciò comporta l'utilizzo di analisi dei dati e modelli predittivi per comprendere le preferenze e i comportamenti dei consumatori, consentendo alle aziende di personalizzare le offerte e le strategie di comunicazione per soddisfare le esigenze specifiche di ciascun segmento.

Adozione di Strategie Digitali Globali

- **Ottimizzazione della Presenza Digitale**: In un mondo sempre più connesso, l'ottimizzazione della presenza digitale per raggiungere i consumatori internazionali è fondamentale. Ciò include la creazione di siti web multilingue, l'utilizzo di piattaforme di social media popolari in diversi paesi e l'implementazione di strategie di marketing digitale che tengano conto delle preferenze locali per i contenuti online, le piattaforme di e-commerce e le app mobili.

Sviluppo di Strategie di Prezzo Flessibili

- **Flessibilità nei Prezzi e nelle Strategie di Prodotto**: Adattare i prezzi e le strategie di prodotto per riflettere il potere d'acquisto, la domanda e le aspettative di qualità nei diversi mercati può aiutare a migliorare la penetrazione del mercato e la competitività. Questo può richiedere un'analisi dettagliata delle condizioni economiche locali, delle strutture fiscali e delle

pratiche competitive per determinare la strategia
di prezzo ottimale.

Collaborazioni Locali per l'Innovazione

- **Partnership per l'Innovazione Locale**:
  Collaborare con partner locali per l'innovazione
  di prodotti e servizi può fornire alle aziende un
  vantaggio competitivo significativo. Queste
  collaborazioni possono aiutare a garantire che i
  nuovi prodotti siano progettati con un profondo
  apprezzamento per le esigenze e le preferenze
  locali, migliorando l'accettazione del mercato e
  rafforzando la posizione del brand.

Responsabilità Globale e Impatto Sociale

- **Impegno per l'Impatto Sociale Positivo**:
  Dimostrare un impegno per l'impatto sociale
  positivo e la responsabilità d'impresa può
  rafforzare ulteriormente la reputazione e
  l'attrattiva di un brand a livello globale. Ciò può
  includere iniziative di sostenibilità ambientale,
  programmi di responsabilità sociale e progetti
  che supportano lo sviluppo comunitario nei
  mercati emergenti.

In conclusione, il marketing internazionale richiede un
approccio olistico e dinamico che tenga conto della
complessità e della diversità dei mercati globali.
Attraverso la ricerca culturale approfondita, la

segmentazione avanzata, le strategie digitali ottimizzate, la flessibilità nelle offerte di prodotti e prezzi, le partnership locali per l'innovazione, e un impegno per la responsabilità globale, le aziende possono navigare con successo nelle sfide del marketing globale. Mantenendo un focus costante sull'adattabilità, sull'innovazione e sulla sensibilità culturale, le aziende non solo possono espandere la loro presenza a livello internazionale ma possono anche contribuire positivamente ai mercati e alle comunità che servono.

Proseguendo nell'esame delle complessità del marketing internazionale, è chiaro che le aziende devono costantemente innovare e adattarsi per rimanere competitive sui mercati globali. Questo impegno richiede non solo una comprensione approfondita delle varie culture e normative ma anche la capacità di prevedere e rispondere ai rapidi cambiamenti tecnologici, economici e sociali che caratterizzano l'ambiente globale.

Strategie di Localizzazione Avanzate

- **Localizzazione oltre la Traduzione**: La localizzazione va ben oltre la semplice traduzione del linguaggio; richiede un adattamento completo del messaggio di marketing, del design del prodotto, dell'esperienza utente e delle strategie di promozione per rispecchiare le preferenze culturali e le pratiche locali. Le aziende di successo nel marketing internazionale investono in ricerche di mercato locali per informare questi sforzi di localizzazione, garantendo che ogni aspetto del loro approccio di marketing sia risonante e rilevante per il pubblico specifico.

Utilizzo Strategico dei Dati

- **Analisi Predittiva per la Pianificazione del Mercato**: L'uso di analisi predittiva e big data permette alle aziende di identificare tendenze emergenti e comportamenti dei consumatori in diversi mercati prima che diventino evidenti. Questo approccio data-driven supporta la pianificazione strategica e l'allocazione delle risorse, consentendo alle aziende di anticipare la domanda, personalizzare le offerte e ottimizzare le strategie di marketing per diversi segmenti di pubblico a livello globale.

Gestione Della Crisi Transculturale

- **Preparazione e Gestione delle Crisi**: La capacità di gestire efficacemente le crisi in contesti multiculturali è un aspetto critico del marketing internazionale. Le aziende devono sviluppare piani di gestione delle crisi che considerino la varietà di reazioni culturali e garantire una comunicazione chiara e coerente che rispetti la sensibilità culturale, preservando la fiducia e l'integrità del brand a livello globale.

Innovazione Aperta e Collaborazione Globale

- **Sfruttare l'Innovazione Aperta**: L'adozione di un modello di innovazione aperta, che incoraggia la collaborazione tra aziende, università, start-up e inventori indipendenti, può accelerare lo sviluppo di prodotti e servizi adatti a mercati internazionali diversificati. Queste collaborazioni possono portare a soluzioni innovative che soddisfano esigenze locali uniche, contribuendo al successo globale dell'azienda.

Sostenibilità e Impatto Globale

- **Impegno Verso la Sostenibilità Globale**: Mentre le aziende si espandono a livello internazionale, il loro impatto sull'ambiente e sulla società diventa una preoccupazione crescente tra i consumatori globali. Le strategie di marketing internazionale devono quindi enfatizzare l'impegno dell'azienda verso la sostenibilità, attraverso pratiche di business responsabili, prodotti sostenibili e iniziative che supportano lo sviluppo sociale ed economico delle comunità locali.

Competenze e Leadership Multiculturale

- **Sviluppo di Leadership Multiculturale**: Per navigare con successo nelle sfide del marketing internazionale, le aziende devono sviluppare leader con competenze multiculturali e una profonda comprensione dei diversi ambienti di business globali. Questi leader sono cruciali per guidare le strategie di espansione internazionale, gestire team diversificati e costruire relazioni autentiche con partner e consumatori in tutto il mondo.

In conclusione, il marketing internazionale richiede una visione strategica che sia globale nella sua portata ma localmente risonante nella sua esecuzione. Affrontare con successo le sfide del marketing globale richiede un impegno costante verso l'innovazione, la localizzazione, l'analisi dei dati, la sostenibilità, e la comprensione culturale. Le aziende che adottano queste pratiche non solo possono espandersi con successo oltre i confini nazionali ma possono anche contribuire positivamente alla società globale, costruendo un futuro sostenibile e inclusivo per tutti.

Mentre continuiamo ad approfondire le sfide e le strategie del marketing internazionale, è fondamentale riconoscere che il successo in un contesto globale richiede una costante evoluzione e adattabilità delle pratiche di marketing. Le aziende devono rimanere agili, pronte a modificare le loro strategie in risposta ai cambiamenti rapidi nei mercati globali e alle aspettative dei consumatori.

Focalizzazione sul Customer Journey Globale

- **Ottimizzazione del Percorso Cliente Internazionale**: Comprendere e ottimizzare il percorso del cliente su scala globale è cruciale. Questo implica analizzare il customer journey in diversi mercati per identificare punti di contatto unici, barriere all'acquisto e opportunità di engagement. Personalizzare l'esperienza del cliente in base al contesto culturale e alle preferenze locali può migliorare significativamente l'efficacia del marketing internazionale.

Intelligenza Artificiale e Automazione

- **Sfruttamento dell'IA per Personalizzazione su Scala**: L'utilizzo dell'intelligenza artificiale e dell'automazione consente alle aziende di personalizzare le comunicazioni di marketing e le offerte di prodotti per i consumatori globali in modo efficiente. L'IA può aiutare a segmentare i mercati in modo più preciso, prevedere comportamenti dei consumatori e creare esperienze utente altamente personalizzate che aumentano l'engagement e la conversione nei vari mercati.

Gestione Dinamica del Brand Globale

- **Coerenza e Flessibilità del Brand**: Mantenere una forte coerenza del brand a livello globale, pur consentendo una certa flessibilità per adattarsi alle esigenze locali, è una sfida chiave. Le aziende devono sviluppare una narrazione del brand che sia universale ma anche adattabile per risuonare con le diverse audience culturali. Questo equilibrio tra coerenza globale e adattabilità locale è essenziale per costruire un brand riconoscibile e rispettato a livello internazionale.

Collaborazione Transculturale e Innovazione

- **Potenziamento dell'Innovazione attraverso la Collaborazione**: Favorire un ambiente di collaborazione transculturale può guidare l'innovazione nel marketing internazionale. Incoraggiare il team globale a condividere insight, idee e best practice attraverso i confini può portare a nuove soluzioni creative che affrontano specifiche sfide di mercato e migliorano l'efficacia globale.

Responsabilità Sociale e Ethical Branding

- **Approfondimento dell'Impegno per la Responsabilità Sociale**: In un contesto globale, l'etica e la responsabilità sociale diventano ancor più rilevanti. Le aziende che dimostrano un autentico impegno verso la sostenibilità, l'equità sociale e la responsabilità d'impresa possono distinguersi positivamente. Integrare questi valori nella strategia di marketing globale non solo migliora l'immagine del brand ma contribuisce anche a costruire una connessione emotiva con i consumatori che condividono tali valori.

Adattamento ai Cambiamenti Tecnologici

- **Agilità Tecnologica**: Con l'evoluzione continua della tecnologia digitale, le aziende devono rimanere agili e pronte ad adottare nuovi strumenti e piattaforme che possono migliorare l'engagement dei consumatori e l'efficacia operativa. Questo include l'esplorazione di tecnologie emergenti come la blockchain per la trasparenza della supply chain, la realtà virtuale per esperienze di prodotto immersive e piattaforme di social media specifiche per regione per ottimizzare l'engagement locale.

In conclusione, affrontare con successo le sfide del marketing internazionale richiede un approccio olistico che integra una profonda comprensione culturale, l'agilità tecnologica, l'innovazione continua e un impegno autentico per l'etica e la responsabilità sociale. Le aziende che abbracciano queste pratiche non solo possono espandersi efficacemente sui mercati globali ma possono anche costruire marchi sostenibili e rispettati che risuonano con i consumatori in tutto il mondo. Questo approccio non solo garantisce il successo a lungo termine ma contribuisce anche a una visione più inclusiva e responsabile del marketing globale.

Proseguendo nell'analisi delle sfide del marketing internazionale, diventa evidente che l'agilità e l'innovazione costante sono pilastri fondamentali per le aziende che aspirano a eccellere in un contesto globale. L'integrazione di nuovi approcci, la comprensione profonda delle dinamiche culturali e la capacità di anticipare le tendenze emergenti sono essenziali per navigare con successo nei mercati internazionali.

Focus sul Mobile e sulle Tecnologie Emergenti

- **Ottimizzazione Mobile e Tecnologie Emergenti**: Con l'aumento dell'uso di dispositivi mobili a livello globale, ottimizzare le strategie di marketing per il mobile diventa cruciale. Questo include non solo la creazione di contenuti adatti al mobile ma anche l'esplorazione di tecnologie emergenti come pagamenti mobili, app per la realtà aumentata e chatbot per migliorare l'engagement e l'esperienza d'acquisto dei consumatori su dispositivi mobili.

Strategie Data-Driven e Personalizzazione

- **Approfondimento dell'Analisi Data-Driven**: Utilizzare analisi data-driven per informare le decisioni di marketing internazionale consente alle aziende di identificare pattern comportamentali, preferenze e opportunità in diversi mercati. L'implementazione di strategie di personalizzazione avanzata, basate sui dati raccolti, può significativamente aumentare l'efficacia del marketing, offrendo ai consumatori esperienze su misura che rispondono alle loro esigenze specifiche.

Espansione attraverso E-commerce e Mercati Digitali

- **Sfruttamento dell'E-commerce**: L'e-commerce offre un'opportunità unica per le aziende di espandersi rapidamente nei mercati internazionali con costi relativamente bassi. Sviluppare piattaforme di e-commerce multilingue, ottimizzate per diverse valute e metodi di pagamento locali, può aiutare le aziende a raggiungere un pubblico più ampio e a capitalizzare sulla crescente domanda globale di acquisti online.

Sostenibilità e Impatto Sociale

- **Impegno Rinnovato per la Sostenibilità**: L'accento sulla sostenibilità e sull'impatto sociale positivo continua a crescere tra i consumatori a livello globale. Le aziende che integrano pratiche sostenibili non solo nel loro modello di business ma anche nelle strategie di marketing internazionale possono costruire un forte legame emotivo con i consumatori, che vedono queste iniziative come un riflesso dei loro valori personali.

Adattamento alla Regolamentazione Globale e alle Normative

- **Conformità con le Normative Globali**: Man mano che il panorama normativo continua a evolversi, soprattutto in aree come la privacy dei dati e la protezione dei consumatori, le aziende devono rimanere vigili e garantire che le loro pratiche di marketing rispettino le leggi in tutti i mercati in cui operano. L'adattamento a queste normative non solo evita sanzioni legali ma rafforza anche la fiducia dei consumatori nel brand.

Creazione di Contenuti Culturalmente Risonanti

- **Contenuti Che Risuonano Culturalmente**: Creare contenuti che risuonano con i consumatori a livello culturale è fondamentale nel marketing internazionale. Questo richiede una comprensione profonda delle varie culture e della capacità di raccontare storie che si connettano emotivamente con il pubblico locale, mantenendo al contempo l'integrità del messaggio del brand.

In conclusione, il successo nel marketing internazionale richiede un equilibrio tra coerenza globale e personalizzazione locale, un impegno costante verso l'innovazione e l'adattabilità e un profondo rispetto per le differenze culturali e normative. Le aziende che riescono ad abbracciare queste sfide e opportunità sono ben posizionate per costruire marchi forti e sostenibili che risuonano con i consumatori in tutto il mondo, guidando la crescita e l'espansione in un panorama commerciale globale in continua evoluzione.

Mentre si approfondisce ulteriormente il complesso panorama del marketing internazionale, emerge chiaramente che l'abilità di un'azienda di adattarsi dinamicamente e di rispondere alle mutevoli aspettative globali è una componente critica per il successo. La continua evoluzione delle tecnologie digitali, insieme alle fluttuanti dinamiche socio-economiche e ai cambiamenti nelle preferenze dei consumatori, richiede un approccio sempre più sofisticato e proattivo al marketing su scala internazionale.

Integrazione di Intelligenza Artificiale e Machine Learning

- **Personalizzazione Avanzata e Insights Predictivi**: L'adozione di intelligenza artificiale (IA) e machine learning offre opportunità senza precedenti per la personalizzazione su larga scala e l'acquisizione di insights predittivi. Queste tecnologie possono aiutare le aziende a prevedere le tendenze dei consumatori nei vari mercati, ottimizzare automaticamente le campagne di marketing in tempo reale e fornire esperienze cliente altamente personalizzate, superando le barriere linguistiche e culturali.

Gestione della Reputazione Online in Contesti Multiculturali

- **Strategie Proattive per la Reputazione Digitale**: In un mondo sempre più connesso, la gestione della reputazione online diventa una sfida complessa, specialmente quando si naviga in contesti multiculturali. Le aziende devono implementare strategie proattive per monitorare e gestire la percezione del loro brand online, utilizzando strumenti avanzati di analisi del sentiment e rispondendo tempestivamente a feedback e crisi in modo culturalmente sensibile.

Espansione dei Canali di Vendita Digitale

- **Approcci Omnicanale e Commerce Unificato**: Sviluppare un approccio omnicanale che integri efficacemente i canali di vendita fisici e digitali può migliorare significativamente l'accessibilità e l'esperienza d'acquisto per i clienti globali. Implementare soluzioni di commerce unificato che offrano una transizione senza soluzione di continuità tra online e offline è fondamentale per soddisfare le aspettative dei consumatori moderni e aumentare la penetrazione di mercato a livello internazionale.

Sfide Legate alla Sostenibilità e alla Responsabilità Sociale

- **Incorporazione della Sostenibilità come Valore di Brand**: Man mano che la consapevolezza globale riguardo alle questioni ambientali e sociali cresce, le aziende devono integrare principi di sostenibilità e responsabilità sociale nelle loro strategie di marketing internazionale. Questo non solo risponde alla crescente domanda dei consumatori per marchi eticamente responsabili ma può anche differenziare significativamente un'azienda nel mercato globale, contribuendo positivamente alla sua immagine e reputazione.

Innovazione nei Prodotti e nei Servizi

- **Sviluppo di Offerte Innovativi Adattati ai Mercati Locali**: L'innovazione continua nei prodotti e nei servizi, con un forte focus sulle esigenze e preferenze locali, è essenziale per mantenere la rilevanza e stimolare la crescita in diversi mercati internazionali. Ciò richiede una ricerca e sviluppo localizzata, nonché un impegno nell'ascoltare e comprendere i bisogni unici dei consumatori in specifici contesti culturali e geografici.

Collaborazioni Internazionali e Network di Partner

- **Costruzione di Network di Partner Globali**: Stabilire collaborazioni strategiche e costruire network di partner internazionali possono facilitare l'accesso ai mercati locali, condividere risorse critiche e conoscenze di mercato e accelerare l'innovazione. Queste collaborazioni possono variare da joint venture con aziende locali a partnership con influencer locali, organizzazioni non governative e istituzioni accademiche, ampliando la portata e l'impatto delle iniziative di marketing internazionale.

In conclusione, il marketing internazionale oggi richiede una combinazione di agilità strategica, sensibilità culturale, innovazione tecnologica e un impegno profondo verso l'etica e la sostenibilità. Le aziende che riescono a navigare con successo in questo complesso ambiente globale, adattando continuamente le loro strategie per incontrare le mutevoli esigenze e aspettative dei consumatori internazionali, sono quelle che costruiranno marchi forti, sostenibili e rispettati su scala globale, guidando la crescita a lungo termine e contribuendo positivamente alla società globale.

Proseguendo nell'esplorazione delle dinamiche del marketing internazionale, diventa evidente che l'abilità di adattarsi e innovare in risposta ai cambiamenti globali è essenziale. Questo richiede un impegno costante verso l'apprendimento e l'evoluzione, nonché un approccio olistico che consideri tutte le facce del marketing globale.

Valorizzazione dell'Esperienza Locale

- **Local Insights per Guidare le Decisioni Globali**: Un approccio che valorizzi profondamente l'esperienza e la conoscenza locale può fornire alle aziende internazionali un vantaggio significativo. Imparare dai partner locali e dai team sul campo, e utilizzare queste informazioni per informare le decisioni globali, consente di sviluppare strategie di marketing che siano veramente risonanti e efficaci in diversi contesti culturali e di mercato.

Tecnologie Emergenti e Big Data

- **Sfruttamento Strategico del Big Data**: L'evoluzione continua delle tecnologie di big data e analytics offre alle aziende strumenti potenti per comprendere meglio i comportamenti dei consumatori su scala globale. Utilizzando l'analisi predittiva e i modelli di data mining, le aziende possono identificare tendenze emergenti, comportamenti di acquisto e opportunità di mercato prima dei concorrenti, permettendo un posizionamento strategico più efficace.

Sostenibilità Integrata nelle Strategie di Marketing

- **Approcci di Marketing Guidati dalla Sostenibilità**: Integrare la sostenibilità nelle strategie di marketing non solo risponde alle crescenti aspettative dei consumatori ma rappresenta anche un impegno verso la responsabilità globale. Le aziende che comunicano efficacemente il loro impegno per pratiche sostenibili, dalla produzione alla distribuzione, possono rafforzare la loro immagine di marca e costruire una lealtà più profonda con i consumatori consapevoli a livello mondiale.

Personalizzazione e Tecnologie di Automazione

- **Automazione per la Personalizzazione su Ampia Scala**: L'uso delle tecnologie di automazione permette di personalizzare le comunicazioni di marketing e le offerte di prodotto per diverse audience internazionali senza sacrificare l'efficienza. Questo livello di personalizzazione, abilitato da sofisticate piattaforme di marketing automation, può significativamente aumentare l'engagement del cliente e migliorare le conversioni attraverso diversi mercati.

Strategie di Comunicazione Multilingue

- **Importanza del Multilinguismo**: In un contesto internazionale, comunicare efficacemente in più lingue diventa un elemento chiave. Le aziende devono garantire che le loro comunicazioni, online e offline, siano non solo tradotte correttamente ma anche localizzate per rispecchiare le sfumature culturali e linguistiche di ciascun mercato. Ciò richiede un investimento in risorse linguistiche di alta qualità e in esperti di localizzazione.

Adattamento alle Normative Internazionali

- **Navigazione nelle Complessità Normative**: Le aziende che operano a livello internazionale devono affrontare un panorama normativo complesso e in continua evoluzione. Mantenere l'agilità per adattarsi rapidamente alle nuove leggi e regolamenti, dagli standard di privacy dei dati alle normative sull'etichettatura dei prodotti, è fondamentale per evitare rischi legali e mantenere operazioni fluide attraverso i confini.

Costruzione di Relazioni di Marca Transculturali

- **Creazione di Legami Emotivi con i Consumatori Globali**: Infine, costruire relazioni di marca che trasmettano empatia e comprensione attraverso le culture è essenziale. Le aziende devono sforzarsi di creare messaggi di marca che non solo vendano prodotti ma che raccontino storie che risuonino a livello emotivo con i consumatori globali, stabilendo così connessioni profonde che vanno oltre le transazioni commerciali.

In conclusione, il marketing internazionale richiede una combinazione di sensibilità culturale, innovazione tecnologica, adattabilità strategica e un impegno profondo verso pratiche etiche e sostenibili. Navigando con successo queste complessità, le aziende possono non solo espandersi nei mercati globali ma anche contribuire positivamente all'ambiente globale e alla società, costruendo marchi che sono rispettati e ammirati in tutto il mondo.

Mentre continuiamo ad esplorare le sfide intricate del marketing internazionale, diventa sempre più chiaro che il successo in questa arena richiede non solo una strategia ben pensata e un'attuazione precisa ma anche una dedizione alla comprensione e al rispetto delle molteplici sfaccettature dei mercati globali. Questo approccio multidimensionale al marketing internazionale richiede un impegno continuo all'innovazione, all'adattabilità e alla crescita sostenibile.

Integrazione di Pratiche di Corporate Social Responsibility (CSR)

- **CSR nel Cuore delle Strategie di Marketing**: Integrare la Corporate Social Responsibility nelle strategie di marketing internazionale non solo dimostra l'impegno di un'azienda verso pratiche etiche e sostenibili ma anche rafforza la sua reputazione tra i consumatori globali. Le iniziative CSR che rispondono alle preoccupazioni locali e promuovono lo sviluppo sostenibile possono creare un impatto positivo significativo, migliorando simultaneamente l'immagine del brand e il suo appeal nei mercati internazionali.

Innovazione nel Customer Engagement

- **Engagement del Cliente attraverso Canali Innovativi**: Sviluppare approcci innovativi per coinvolgere i clienti nei mercati internazionali è fondamentale per creare esperienze memorabili e costruire una base di clienti fedeli. Questo può includere l'utilizzo di realtà virtuale per presentazioni immersive di prodotti, piattaforme di social media per campagne virali mirate o applicazioni mobile che offrono esperienze personalizzate basate sulla posizione. L'adozione di questi canali innovativi richiede una comprensione profonda delle preferenze tecnologiche e dei comportamenti mediatici nelle diverse regioni.

Agilità Organizzativa e Adattabilità Culturale

- **Sviluppo di una Cultura Aziendale Agile**: Mantenere un'organizzazione agile che può adattarsi rapidamente alle variazioni dei mercati internazionali è una componente critica del successo nel marketing globale. Questo implica una cultura aziendale che valorizza l'innovazione, promuove la sperimentazione e supporta l'adattabilità. Le aziende devono incoraggiare i team internazionali a condividere insight locali, facilitando un flusso costante di informazioni che può informare le decisioni strategiche e aiutare ad anticipare le tendenze emergenti.

Strategie di Localizzazione Profonda

- **Oltre la Superficie nella Localizzazione**: Una localizzazione efficace va oltre la semplice traduzione dei contenuti di marketing; richiede una profonda immersione nelle peculiarità culturali, sociali ed economiche di ciascun mercato. Questo può includere l'adattamento dei prodotti per soddisfare i gusti locali, la personalizzazione delle campagne pubblicitarie per risuonare con le narrative culturali e lo sviluppo di promozioni che rispettino le festività e le celebrazioni locali. Una tale attenzione ai dettagli può significativamente migliorare la risonanza del brand e l'accettazione del mercato.

Collaborazione Transnazionale e Knowledge Sharing

- **Promozione della Collaborazione e della Condivisione della Conoscenza**: Le aziende che operano a livello internazionale dovrebbero promuovere una cultura di collaborazione e condivisione della conoscenza tra le loro sedi globali. Ciò facilita non solo l'innovazione e la crescita ma anche l'efficienza operativa. Implementare piattaforme tecnologiche che supportano la collaborazione transnazionale e incoraggiare regolari sessioni di condivisione della conoscenza può aiutare a sfruttare le diverse competenze e prospettive presenti nell'organizzazione.

Etica e Trasparenza nella Comunicazione

- **Priorità all'Etica e alla Trasparenza**: In un mondo dove i consumatori sono sempre più consapevoli e esigenti riguardo alla provenienza dei prodotti e alle pratiche aziendali, le aziende devono prioritizzare l'etica e la trasparenza nelle loro comunicazioni di marketing. Essere aperti riguardo alle pratiche sostenibili, agli sforzi di CSR e alle politiche etiche non solo costruisce fiducia ma anche promuove un'immagine positiva del brand a livello globale.

Navigare con successo nel complesso ambiente del marketing internazionale richiede un'approccio olistico che tenga conto delle molteplici dinamiche e sfide uniche presenti nei diversi mercati globali. Le aziende che riescono ad adottare queste strategie, rimanendo fedeli ai loro valori fondamentali e dimostrando un autentico rispetto per la diversità culturale, possono costruire marchi forti e durevoli che risuonano con i consumatori in tutto il mondo.

Concludendo, il marketing internazionale rappresenta un campo sfidante e dinamico, ricco di opportunità per le aziende che aspirano a espandersi oltre i confini nazionali. La capacità di navigare con successo in questo ambiente globale richiede una combinazione di flessibilità strategica, comprensione culturale profonda, innovazione continua e un impegno incrollabile verso pratiche etiche e sostenibili. Le aziende devono adottare un approccio olistico che integri l'analisi data-driven, la localizzazione profonda, la gestione agile e l'etica della responsabilità sociale per creare strategie di marketing che siano non solo efficaci ma anche rispettose e inclusive delle diversità culturali e normative dei mercati in cui operano.

Flessibilità Strategica e Comprensione Culturale

La flessibilità strategica, abbinata a una comprensione culturale profonda, consente alle aziende di adattare i loro messaggi, prodotti e servizi alle specificità di ciascun mercato, rispettando le differenze culturali e soddisfacendo le esigenze locali. Questo approccio personalizzato aumenta la risonanza del brand e facilita una connessione più profonda con i consumatori globali.

Innovazione e Adattabilità Tecnologica

L'innovazione continua e l'adattabilità tecnologica sono fondamentali per rimanere competitivi in un ambiente globale in rapida evoluzione. L'adozione di nuove tecnologie, come l'intelligenza artificiale per la personalizzazione e l'analisi predittiva, consente alle aziende di anticipare le tendenze dei consumatori e di ottimizzare le loro strategie di marketing per massimizzare l'efficacia.

Impegno verso l'Etica e la Sostenibilità

Un impegno profondo verso l'etica e la sostenibilità rafforza la fiducia e la lealtà dei consumatori. Le aziende che dimostrano responsabilità sociale, attraverso pratiche aziendali sostenibili e iniziative di CSR che beneficiano le comunità locali e l'ambiente, non solo migliorano la loro immagine ma contribuiscono anche positivamente alla società globale.

Collaborazione Globale e Condivisione della Conoscenza

Promuovere la collaborazione globale e la condivisione della conoscenza all'interno delle organizzazioni è vitale per sfruttare la diversità di competenze e prospettive. Questo stimola l'innovazione, migliora l'efficienza operativa e facilita lo sviluppo di strategie di marketing che sono informate dalle migliori pratiche e insight globali.

Trasparenza nelle Comunicazioni

La trasparenza nelle comunicazioni di marketing rafforza ulteriormente la fiducia dei consumatori. Essere aperti riguardo alle pratiche aziendali, alle politiche di sostenibilità e alle iniziative di CSR non solo soddisfa le aspettative dei consumatori moderni ma stabilisce anche un'azienda come leader etico e responsabile nel suo settore.

In sintesi, il successo nel marketing internazionale richiede più di una semplice espansione dei prodotti e dei servizi oltre i confini nazionali; richiede una strategia complessiva che tenga conto delle numerose sfide e opportunità presentate dai mercati globali. Le aziende che adottano un approccio integrato e rispettoso, che valorizza l'innovazione, la personalizzazione, l'etica e la responsabilità sociale, sono quelle che costruiscono marchi forti, sostenibili e amati da consumatori in tutto il mondo, assicurando così il loro successo a lungo termine nel panorama internazionale.

16. Innovazione e Sviluppo di Nuovi Prodotti: Dal concetto al lancio sul mercato.

L'innovazione e lo sviluppo di nuovi prodotti sono processi cruciali per la crescita e la sostenibilità a lungo termine di un'azienda. La capacità di trasformare un'idea innovativa in un prodotto di successo sul mercato richiede una comprensione approfondita delle esigenze dei consumatori, una pianificazione strategica efficace e una gestione meticolosa del processo di sviluppo. Di seguito, viene delineato un percorso generale dal concetto al lancio sul mercato, evidenziando le fasi chiave e le considerazioni essenziali per il successo.

Identificazione delle Opportunità e Generazione delle Idee

- **Ricerca di Mercato**: La fase iniziale del processo di sviluppo di nuovi prodotti inizia con la ricerca di mercato per identificare le esigenze insoddisfatte dei consumatori o per scoprire nuove opportunità di mercato. Questo può includere l'analisi delle tendenze di mercato, l'identificazione dei gap nei prodotti esistenti e la raccolta di feedback diretti dai consumatori.

- **Brainstorming e Generazione delle Idee**: Sulla base delle informazioni raccolte, si svolgono sessioni di brainstorming per generare un ampio spettro di idee di prodotto. Questo processo creativo coinvolge team multidisciplinari per assicurare una varietà di prospettive e competenze.

Valutazione e Selezione delle Idee

- **Screening delle Idee**: Le idee generate vengono valutate attraverso un processo di screening per identificare quelle più promettenti e allineate con la strategia aziendale, le risorse disponibili e il potenziale di mercato.

- **Analisi di Fattibilità**: Le idee selezionate sono sottoposte a un'analisi di fattibilità, che comprende la valutazione tecnica, finanziaria e di mercato. Questo passaggio è cruciale per determinare la realizzabilità del prodotto e il suo potenziale di successo.

Sviluppo del Prodotto e Prototipazione

- **Progettazione e Sviluppo**: Con un'idea chiara in mano, inizia la fase di progettazione e sviluppo del prodotto. Questa fase include la definizione delle specifiche tecniche, la progettazione del design e lo sviluppo di prototipi.

- **Test dei Prototipi**: I prototipi vengono testati per valutare la funzionalità, la sicurezza, l'accettazione da parte dei consumatori e la conformità agli standard di settore. Questo passaggio può portare a ulteriori iterazioni di progettazione e sviluppo per perfezionare il prodotto.

Valutazione del Mercato e Strategie di Lancio

- **Test di Mercato**: Prima del lancio ufficiale, il prodotto può essere introdotto in un mercato limitato o a un gruppo di consumatori target per raccogliere feedback e valutare la sua accettazione. I test di mercato forniscono insight preziosi che possono influenzare la strategia di marketing e il posizionamento del prodotto.

- **Sviluppo della Strategia di Marketing**: Sulla base dei feedback e dei dati raccolti, viene sviluppata una strategia di marketing completa che include il posizionamento del prodotto, la strategia di prezzi, i canali di distribuzione e le campagne promozionali.

Lancio sul Mercato

- **Implementazione della Strategia di Marketing**: Con la strategia di marketing definita, il prodotto viene lanciato sul mercato. Questo implica l'attuazione delle campagne promozionali, la distribuzione del prodotto attraverso i canali selezionati e il monitoraggio continuo delle performance di vendita.

- **Valutazione e Iterazione**: Dopo il lancio, è fondamentale monitorare attentamente le performance del prodotto sul mercato, raccogliere feedback dei consumatori e valutare l'impatto delle campagne di marketing. Questi dati sono utilizzati per apportare eventuali aggiustamenti al prodotto, alla strategia di marketing o alla distribuzione, in un processo di miglioramento continuo.

In conclusione, lo sviluppo e il lancio di nuovi prodotti sono processi complessi che richiedono una pianificazione attenta, una gestione efficace e un impegno costante all'innovazione. Le aziende che seguono un approccio strutturato e basato sui dati, che valorizzano il feedback dei consumatori e che sono pronte ad adattarsi rapidamente alle esigenze del mercato, hanno maggiori probabilità di realizzare prodotti di successo e di mantenere una posizione competitiva nel loro settore.

Mentre approfondiamo ulteriormente il processo di innovazione e sviluppo di nuovi prodotti, diventa evidente che la capacità di un'azienda di navigare con successo in questo percorso complesso dipende fortemente dalla sua cultura organizzativa, dalla struttura interna e dall'approccio al cambiamento e al rischio. La trasformazione di un'idea in un prodotto di successo richiede non solo una gestione strategica ma anche un ambiente che promuova l'innovazione continua e l'apprendimento.

Cultura dell'Innovazione

- **Promozione di un Ambiente di Innovazione**: Una cultura aziendale che incoraggia la creatività, l'esplorazione di nuove idee e l'accettazione del fallimento come parte del processo di apprendimento è fondamentale. Le aziende che riescono a instaurare un tale ambiente offrono ai loro team la libertà di sperimentare e di prendere iniziative, aumentando così le possibilità di generare breakthrough innovativi.

Collaborazione Interfunzionale

- **Integrazione e Collaborazione tra Dipartimenti**: La collaborazione interfunzionale gioca un ruolo chiave nel processo di sviluppo di nuovi prodotti. La capacità di integrare conoscenze e competenze da diverse aree dell'azienda, come R&D, marketing, vendite, produzione e finanza, può accelerare lo sviluppo del prodotto e migliorarne l'adattabilità alle esigenze del mercato.

Focus sul Cliente

- **Centratura sul Cliente nel Processo di Sviluppo**: Le aziende di successo pongono i bisogni e i desideri dei clienti al centro del processo di sviluppo del prodotto. Questo approccio user-centric garantisce che i prodotti sviluppati rispondano effettivamente alle esigenze del mercato e abbiano un valore reale per i consumatori. L'impiego di metodologie come il design thinking può facilitare questo approccio centrato sull'utente.

Agilità e Rapidità di Iterazione

- **Adozione di Metodologie Agili**: L'uso di metodologie agili nel processo di sviluppo del prodotto permette una maggiore flessibilità e una rapida iterazione basata sul feedback. Questo approccio consente alle aziende di adattarsi rapidamente ai cambiamenti delle esigenze del mercato e di ridurre il tempo di immissione sul mercato dei nuovi prodotti.

Analisi Competitiva e Benchmarking

- **Valutazione Continua del Contesto Competitivo**: Mantenere una comprensione approfondita del contesto competitivo e delle tendenze di settore è vitale per l'innovazione di prodotto. L'analisi competitiva e il benchmarking possono fornire insight preziosi per differenziare i nuovi prodotti e identificare opportunità di posizionamento unico nel mercato.

Sostenibilità e Responsabilità Sociale

- **Integrazione di Considerazioni di Sostenibilità**: L'attenzione alla sostenibilità e alla responsabilità sociale durante lo sviluppo di prodotti è diventata una priorità per i consumatori globali. Le aziende che incorporano principi di design sostenibile e pratiche etiche nella creazione di nuovi prodotti non solo rispondono alle aspettative dei consumatori ma contribuiscono anche a un impatto positivo su scala più ampia.

Valutazione e Gestione del Rischio

- **Gestione Strategica del Rischio**: La valutazione e la gestione del rischio sono componenti cruciali del processo di sviluppo di nuovi prodotti. Identificare proattivamente i potenziali ostacoli, valutare la loro probabilità e impatto, e sviluppare piani di mitigazione può aiutare a navigare con successo le incertezze associate all'innovazione di prodotto.

In sintesi, lo sviluppo e il lancio di nuovi prodotti sono processi intrinsecamente complessi che richiedono un approccio olistico e coordinato. Le aziende che riescono a coltivare un ambiente che valorizza l'innovazione, promuove la collaborazione, mantiene un focus costante sul cliente, adotta metodologie agili, esegue analisi competitive approfondite, si impegna per la sostenibilità e gestisce efficacemente i rischi sono quelle meglio posizionate per trasformare le idee innovative in prodotti di successo sul mercato. Questo percorso, sebbene sfidante, offre l'opportunità di guidare la crescita, di costruire un vantaggio competitivo sostenibile e di realizzare un impatto positivo nel mondo.

Mentre si approfondiscono ulteriormente le dinamiche dell'innovazione e dello sviluppo di nuovi prodotti, diventa chiaro che l'abilità di un'azienda di mantenere una pipeline di innovazione costante e di portare con successo questi prodotti sul mercato dipende in gran parte dalla sua capacità di anticipare e adattarsi alle mutevoli esigenze e aspettative dei consumatori, nonché dalle sue strategie per affrontare e superare gli ostacoli interni ed esterni.

Implementazione di Sistemi di Feedback Continuo

- **Feedback Continuo da Parte dei Clienti**: L'istituzione di meccanismi di feedback continuo con i clienti, sia durante la fase di test del prodotto che dopo il lancio sul mercato, è fondamentale per l'iterazione e il miglioramento continui del prodotto. Questi sistemi possono variare da piattaforme online di feedback, a gruppi di focus, a strumenti di analisi dei social media, consentendo alle aziende di raccogliere e agire in base alle opinioni e ai suggerimenti dei clienti in tempo reale.

Sfruttamento delle Partnership Strategiche

- **Collaborazioni Estese per l'Innovazione**: Lo sviluppo di partnership strategiche con altre aziende, istituti di ricerca, università e start-up può accelerare il processo di innovazione, fornendo accesso a nuove tecnologie, competenze e mercati. Queste collaborazioni possono anche offrire opportunità per condividere i rischi e i costi associati allo sviluppo di nuovi prodotti, aumentando così la capacità complessiva di innovazione dell'azienda.

Gestione della Proprietà Intellettuale

- **Protezione e Gestione della Proprietà Intellettuale (PI)**: Nello sviluppo di nuovi prodotti, è cruciale proteggere le innovazioni tramite brevetti, marchi e diritti d'autore per salvaguardare i vantaggi competitivi. La gestione efficace della PI non solo previene la contraffazione e l'uso non autorizzato ma può anche aprire opportunità di licenze e collaborazioni che generano ulteriori flussi di entrate.

Capacità di Scaling e Ottimizzazione della Produzione

- **Preparazione alla Produzione su Larga Scala**: Una volta validato il successo del prodotto nel mercato, le aziende devono essere pronte a scalare rapidamente la produzione per soddisfare la domanda. Questo richiede una pianificazione anticipata, l'ottimizzazione dei processi produttivi e, spesso, la ricerca di fornitori o partner di produzione che possono garantire qualità e capacità produttiva.

Integrazione di Approcci Lean e Flessibili

- **Adozione di Metodologie Lean**: L'implementazione di principi lean nel processo di sviluppo di nuovi prodotti può aiutare a ridurre gli sprechi, velocizzare il time-to-market e migliorare l'efficienza complessiva. Approcci come lo sviluppo di prodotti minimi vitali (MVP) permettono di testare idee sul mercato con investimenti iniziali limitati, raccogliendo dati preziosi per iterazioni future.

Focus sulla Formazione e sullo Sviluppo del Team

- **Investimento nelle Competenze del Team**: La formazione continua e lo sviluppo delle competenze dei team coinvolti nello sviluppo di nuovi prodotti sono essenziali per mantenere un alto livello di innovazione. Investire in programmi di formazione, workshop e conferenze non solo mantiene il team aggiornato sulle ultime tendenze e tecnologie ma promuove anche una cultura dell'apprendimento e dell'innovazione all'interno dell'organizzazione.

Misurazione e Valutazione delle Performance

- **Analisi delle Performance Post-Lancio**: Dopo il lancio di un nuovo prodotto, è cruciale valutare il suo successo sul mercato attraverso metriche chiave di performance (KPI). Questo include l'analisi delle vendite, la quota di mercato, il feedback dei clienti e l'impatto sul brand. Queste valutazioni forniscono insight critici per future decisioni strategiche e per l'ottimizzazione continua del portafoglio prodotti.

In sintesi, il percorso dall'idea all'introduzione di un prodotto sul mercato è complesso e sfaccettato, richiedendo un approccio olistico che copra tutto, dalla generazione dell'idea iniziale alla gestione post-lancio. Oltre agli elementi già discussi, è essenziale incorporare una visione strategica a lungo termine e un impegno verso l'adattamento e il miglioramento continuo, per assicurare che il processo di innovazione e sviluppo di nuovi prodotti rimanga sostenibile e produttivo nel tempo.

Sviluppo di un Ecosistema Innovativo

- **Creazione di un Ecosistema di Innovazione**: Per sostenere un flusso continuo di nuove idee e prodotti, le aziende possono beneficiare dello sviluppo di un ecosistema innovativo che coinvolga stakeholder esterni come clienti, partner di ricerca, università e start-up. Questo ecosistema può facilitare lo scambio di conoscenze, stimolare la co-creazione e sostenere l'innovazione aperta, accelerando lo sviluppo di soluzioni innovative e riducendo i tempi di commercializzazione.

Valorizzazione del Feedback a 360 Gradi

- **Incorporazione del Feedback a 360 Gradi**: Integrare sistematicamente il feedback da tutte le fonti disponibili, compresi i clienti, i partner di canale, i team interni e il mercato più ampio, è cruciale per affinare e migliorare i prodotti esistenti e per guidare lo sviluppo di futuri lanci. Questo approccio a 360 gradi assicura che le decisioni siano basate su una comprensione completa delle esigenze del mercato e delle opportunità emergenti.

Focalizzazione sulla Scalabilità e Sulla Sostenibilità

- **Progettazione per la Scalabilità e la Sostenibilità**: Nelle fasi iniziali di sviluppo del prodotto, è importante considerare non solo la fattibilità tecnica e di mercato, ma anche la scalabilità a lungo termine e l'impatto ambientale. Progettare prodotti che siano sia scalabili che sostenibili può aiutare le aziende a navigare le sfide future, comprese le variazioni della domanda del mercato e le crescenti aspettative in termini di responsabilità ambientale.

Adozione di Framework Agile e Iterativi

- **Utilizzo di Metodologie Agile**: Implementare framework di sviluppo agile e iterativo in tutte le fasi del processo di sviluppo del prodotto consente alle aziende di rimanere flessibili, di rispondere rapidamente ai cambiamenti e di migliorare continuamente i prodotti in base al feedback del mercato. Questi approcci supportano un ciclo di innovazione più rapido e riducono il rischio associato allo sviluppo di nuovi prodotti.

Analisi Predictiva e Decisionale Basata sui Dati

- **Decisioni Informate dai Dati**: L'utilizzo di analisi predictive e strumenti di intelligenza artificiale per informare la strategia di sviluppo del prodotto può fornire alle aziende un vantaggio competitivo, permettendo loro di anticipare le tendenze del mercato e di adattare proattivamente i loro piani. L'analisi dei dati può anche identificare potenziali aree di rischio e opportunità per l'ottimizzazione prima che diventino evidenti.

Costruzione di Capacità di Risposta Globale

- **Strategie Globali, Esecuzione Locale**: Per le aziende che operano in mercati internazionali, è fondamentale sviluppare capacità che consentano una strategia globale unita a un'esecuzione locale. Ciò significa adattare i prodotti e le strategie di marketing per soddisfare le esigenze specifiche di ciascun mercato, pur mantenendo l'allineamento con gli obiettivi globali dell'azienda.

Misurazione del Successo e Valutazione Continua

- **Valutazione Continua del Successo**: Infine, stabilire metriche chiare di successo e valutare regolarmente le performance del prodotto rispetto a questi obiettivi è essenziale per il processo di innovazione. Questo non solo aiuta a misurare l'impatto immediato del lancio di un nuovo prodotto ma fornisce anche insight critici per future iterazioni del prodotto e per l'identificazione di nuove opportunità di innovazione. La valutazione continua permette alle aziende di rimanere agili, di adattarsi rapidamente ai cambiamenti del mercato e di ottimizzare le strategie per il successo a lungo termine.

Integrazione Verticale nel Processo di Sviluppo

- **Collaborazione tra Funzioni Aziendali**: Una stretta collaborazione tra i vari dipartimenti aziendali — dal design alla produzione, dal marketing alle vendite, dal supporto clienti alla

ricerca e sviluppo — può notevolmente
migliorare l'efficienza e l'efficacia dello sviluppo
di nuovi prodotti. Questa integrazione verticale
assicura che ogni aspetto del prodotto sia
considerato da diverse prospettive,
massimizzando la sua rilevanza e appeal sul
mercato.

Focus sulla Differenziazione del Prodotto

- **Sviluppo di Proposte di Valore Uniche**: In
  mercati sempre più saturi, la capacità di
  differenziare il proprio prodotto attraverso
  caratteristiche uniche, innovazioni significative o
  attraverso un'eccezionale esperienza cliente
  diventa fondamentale. Concentrarsi sulla
  creazione di proposte di valore chiare e
  convincenti può aiutare a distinguersi dalla
  concorrenza e a costruire una forte posizione di
  mercato.

Esplorazione di Nuovi Modelli di Business

- **Innovazione nei Modelli di Business**: Oltre
  allo sviluppo di nuovi prodotti, le aziende
  possono esplorare l'innovazione nei modelli di
  business come un modo per generare valore
  aggiunto. Ciò può includere l'adozione di modelli
  di sottoscrizione, l'introduzione di servizi
  complementari, o la creazione di ecosistemi di

prodotto che offrano ai clienti un'esperienza più ricca e integrata.

Sfruttamento delle Piattaforme Digitali

- **Digitalizzazione del Processo di Innovazione**: L'utilizzo delle piattaforme digitali per facilitare il processo di innovazione e sviluppo di nuovi prodotti offre numerosi vantaggi, tra cui una maggiore velocità di iterazione, una migliore raccolta e analisi dei dati e l'abilità di coinvolgere i consumatori direttamente nel processo di sviluppo. Le tecnologie digitali possono anche abilitare strategie di go-to-market più agili e personalizzate.

Allineamento con le Tendenze di Sostenibilità Globale

- **Sviluppo Sostenibile e Responsabile**: Integrare considerazioni di sostenibilità ambientale e responsabilità sociale dall'inizio del processo di sviluppo del prodotto non solo risponde alle crescenti aspettative dei consumatori ma contribuisce anche alla costruzione di un marchio rispettato e di lungo termine. Questo include la progettazione di prodotti facilmente riciclabili o biodegradabili, l'uso di materiali sostenibili e la minimizzazione dell'impatto ambientale attraverso l'intera catena di valore.

Cultura dell'Apprendimento e della Crescita

- **Promozione di un Ambiente di Apprendimento Continuo**: Infine, promuovere una cultura aziendale che valorizzi l'apprendimento continuo, la curiosità e l'apertura al cambiamento è essenziale per sostenere l'innovazione a lungo termine. Incoraggiare i dipendenti a esplorare nuove idee, a sperimentare e a imparare dai fallimenti può portare a scoperte significative e rafforzare la capacità di un'azienda di rimanere all'avanguardia nel suo settore.

In sintesi, il successo nell'innovazione e nello sviluppo di nuovi prodotti richiede un approccio multidisciplinare che unisca creatività, strategia, tecnologia e un profondo impegno verso la sostenibilità e la responsabilità sociale. Le aziende che riescono a navigare con efficacia in questo complesso paesaggio sono quelle che non solo lanciano prodotti di successo ma costruiscono anche marchi duraturi che risuonano con i valori e le aspettative dei consumatori moderni.

Nel contesto dell'innovazione e dello sviluppo di nuovi prodotti, è essenziale riconoscere l'importanza di adattarsi alle mutevoli dinamiche tecnologiche e di mercato, mantenendo al contempo un focus su pratiche etiche e responsabili. Questo processo continuo di evoluzione richiede un impegno costante verso l'esplorazione di nuove opportunità, la valutazione critica dei rischi e la realizzazione di idee in prodotti che soddisfino e superino le aspettative dei consumatori.

Valorizzazione delle Tecnologie Emergenti

- **Adozione Proattiva di Nuove Tecnologie**: Per rimanere competitivi e innovativi, le aziende devono essere proattive nell'esplorare e adottare nuove tecnologie. Ciò include l'analisi delle ultime tendenze in ambiti come l'intelligenza artificiale, l'IoT (Internet delle Cose), la blockchain e le energie rinnovabili, per valutare come queste possano essere applicate per migliorare i prodotti esistenti o per creare nuove soluzioni innovative.

Strategie di Diversificazione del Portafoglio

- **Gestione di un Portafoglio di Prodotti Equilibrato**: Lo sviluppo di una strategia di diversificazione del portafoglio prodotti aiuta a mitigare i rischi e a sfruttare le opportunità in diversi segmenti di mercato. Avere un mix di prodotti in varie fasi di maturità — da quelli nuovi e innovativi a quelli più stabili e consolidati — consente alle aziende di bilanciare potenziali rischi e ricompense, garantendo una crescita sostenibile.

Approcci Flessibili al Go-to-Market

- **Sperimentazione con Approcci Go-to-Market**: Testare vari approcci per portare i prodotti sul mercato può rivelare preziose informazioni su ciò che funziona meglio in termini di posizionamento, canali di vendita e strategie di pricing. Approcci flessibili e sperimentali, come lanci pilota, vendite iniziali limitate o campagne di crowdfunding, possono offrire insight significativi prima di un lancio su larga scala.

Impegno Verso l'Inclusività e l'Accessibilità

- **Design Inclusivo e Accessibile**: Incorporare principi di design inclusivo e accessibilità fin dalle prime fasi dello sviluppo del prodotto assicura che le soluzioni siano utilizzabili da un ampio spettro di utenti, inclusi quelli con disabilità. Questo non solo amplia il mercato potenziale ma dimostra anche l'impegno dell'azienda verso la responsabilità sociale e l'equità.

Analisi e Gestione Proattiva dei Rischi

- **Valutazione Continua dei Rischi**: Un'analisi e una gestione proattive dei rischi associati allo sviluppo di nuovi prodotti sono cruciali per prevenire insuccessi costosi e per mantenere la reputazione aziendale. Identificare potenziali problemi legali, di sicurezza, operativi o di mercato prima che diventino critici permette alle aziende di formulare strategie efficaci di mitigazione.

Cultura del Feedback e dell'Iterazione

- **Promozione di un Ciclo Continuo di Feedback**: Incoraggiare un ciclo continuo di feedback tra tutti gli stakeholder coinvolti — inclusi clienti, team interni e partner — e agire in base a questo feedback è fondamentale per il miglioramento iterativo dei prodotti. Questo processo di ascolto attivo e di iterazione contribuisce a perfezionare le offerte e ad allineare strettamente i prodotti con le esigenze del mercato.

Investimento nelle Persone e nelle Competenze

- **Sviluppo delle Competenze e del Talento**: Investire nello sviluppo delle competenze e nel talento all'interno dell'organizzazione è essenziale per sostenere l'innovazione. Fornire opportunità di formazione, mentorship e crescita professionale aiuta a costruire un team motivato e qualificato, capace di affrontare le sfide dello sviluppo di nuovi prodotti con creatività e competenza.

In conclusione, il percorso dall'idea al lancio di un nuovo prodotto sul mercato è un viaggio complesso e multifasettico che richiede un impegno costante verso l'innovazione, la responsabilità e l'eccellenza operativa. Le aziende che adottano un approccio strategico, inclusivo e basato sui dati a questo processo, valorizzando le persone, le competenze e le nuove tecnologie, sono quelle che non solo riescono a navigare con successo in questo ambiente complesso ma sono anche in grado di definire il futuro del loro settore, guidando il cambiamento e realizzando un impatto positivo duraturo.

Mentre esploriamo ulteriormente il viaggio dall'innovazione al lancio di un prodotto sul mercato, diventa evidente che questo percorso è intriso di sfide continue e opportunità di apprendimento. Per le aziende che perseguono l'innovazione e lo sviluppo di nuovi prodotti, l'adozione di un approccio dinamico e resiliente è fondamentale. Questo approccio richiede un'attenzione costante ai cambiamenti nel comportamento dei consumatori, alle evoluzioni tecnologiche e alle pressioni competitive, garantendo che le strategie siano sempre allineate con le realtà di mercato emergenti.

Costruzione di un Ecosistema di Feedback Dinamico

- **Incorporazione Dinamica del Feedback**: Lo sviluppo di un sistema che permetta un flusso costante di feedback dai consumatori, dai test di mercato e dalle analisi post-lancio, consente alle aziende di adattare rapidamente i loro prodotti e strategie. Questo ecosistema di feedback dinamico aiuta a identificare le aree di miglioramento, ad adattarsi alle aspettative in evoluzione dei consumatori e a rispondere in modo proattivo ai feedback negativi o alle critiche.

Sviluppo di Strategie di Marketing Agile

- **Agilità nelle Strategie di Marketing**: Con il panorama di mercato in rapido cambiamento, le strategie di marketing devono essere altrettanto agili. L'adozione di un approccio iterativo al marketing, che permetta rapidi aggiustamenti basati sulle performance di mercato, sul feedback dei consumatori e sui dati analitici, consente alle aziende di ottimizzare continuamente le loro campagne e tattiche promozionali per massimizzare la risonanza e l'efficacia.

Integrazione Verticale per l'Innovazione

- **Collaborazione Olistica per l'Innovazione:** L'integrazione verticale dell'innovazione attraverso tutti i livelli dell'organizzazione promuove una cultura di collaborazione che trascende i tradizionali silos funzionali. Questo ambiente collaborativo facilita la condivisione delle idee, la co-creazione e l'innovazione incrociata, accelerando lo sviluppo di nuovi prodotti e migliorando le capacità di risposta alle dinamiche di mercato.

Implementazione di Pratiche Sostenibili

- **Sostenibilità come Imperativo di Innovazione:** Integrare considerazioni di sostenibilità e impatto ambientale nelle fasi iniziali di ideazione e sviluppo del prodotto non è solo una responsabilità etica ma diventa un imperativo strategico. Le aziende che pongono la sostenibilità al centro del processo di innovazione non solo soddisfano le crescenti aspettative dei consumatori ma possono anche scoprire nuove opportunità di mercato e vantaggi competitivi derivanti da pratiche di business eco-compatibili.

Valorizzazione dell'Apprendimento Continuo

- **Cultura dell'Apprendimento e dell'Adattamento**: Sostenere una cultura aziendale che prioritizzi l'apprendimento continuo, l'adattabilità e la resilienza può trasformare le sfide e i fallimenti in opportunità di crescita. Incoraggiare i team a sperimentare, a prendere rischi calcolati e ad imparare dai risultati — sia positivi che negativi — può rafforzare la capacità di un'azienda di navigare nell'incertezza e di emergere più forte dai periodi di cambiamento e turbolenza.

Utilizzo Strategico dei Dati e dell'Analitica

- **Decisioni Basate sui Dati**: In un'era dominata da big data e analitica avanzata, le decisioni in ogni fase del processo di sviluppo del prodotto, dal concetto al lancio, devono essere informate da insight basati sui dati. L'analisi predittiva, l'intelligenza artificiale e il machine learning possono offrire prospettive uniche su tendenze emergenti, preferenze dei consumatori e potenziali ostacoli al successo, consentendo alle aziende di prendere decisioni strategiche informate e di anticipare le mosse dei concorrenti.

In conclusione, l'innovazione e lo sviluppo di nuovi prodotti richiedono un approccio complesso e multifacettato che abbraccia la flessibilità strategica, l'agilità operativa, una profonda comprensione dei bisogni dei consumatori e un impegno verso pratiche sostenibili e responsabili. Le aziende che riescono a integrare questi elementi nel loro DNA organizzativo non solo sono in grado di portare sul mercato prodotti innovativi e di successo ma possono anche adattarsi con successo alle mutevoli dinamiche di mercato, costruendo un vantaggio competitivo sostenibile e contribuendo positivamente all'evoluzione della società e dell'ambiente.

Concludendo, il percorso dall'innovazione allo sviluppo di nuovi prodotti e al loro successivo lancio sul mercato è un viaggio complesso che intreccia creatività, strategia, tecnologia e visione. Richiede un equilibrio delicato tra intuizione e analisi, tra rischio e cautela, e tra innovazione e sostenibilità. Per navigare con successo in questo percorso, le aziende devono adottare un approccio olistico che tenga conto di molteplici fattori critici e sfide inerenti al processo di innovazione.

Sinergia tra Creatività e Dati

Un aspetto fondamentale è la sinergia tra creatività e utilizzo strategico dei dati. La generazione di idee innovative deve essere alimentata dalla creatività illimitata dei team ma guidata e raffinata attraverso l'analisi approfondita dei dati di mercato, del comportamento dei consumatori e delle tendenze tecnologiche. Questo equilibrio garantisce che le innovazioni non solo siano originali e fresche ma anche radicate in un solido fondamento di fattibilità e domanda di mercato.

Cultura dell'Innovazione Sostenibile

Inoltre, l'adozione di una cultura dell'innovazione sostenibile è cruciale. Questo significa che ogni aspetto dello sviluppo del prodotto, dalla concezione alla produzione, al lancio e oltre, deve essere esaminato attraverso la lente della sostenibilità ambientale, sociale ed economica. Le aziende che pongono la sostenibilità al centro della loro strategia di innovazione non solo guadagnano il favore dei consumatori consapevoli ma si posizionano anche come leader nel promuovere un futuro più responsabile.

Integrazione e Collaborazione

L'integrazione e la collaborazione attraverso le funzioni aziendali e con i partner esterni arricchiscono il processo di sviluppo dei prodotti. Un ambiente in cui il marketing, la R&D, la produzione e il servizio clienti lavorano in sinergia può accelerare l'innovazione, migliorare l'efficienza e aumentare le probabilità di successo sul mercato. Estendere questa collaborazione a fornitori, partner accademici e altri stakeholder può ulteriormente amplificare l'innovazione e aprire nuove strade per il successo.

Agilità Operativa e Risposta al Mercato

L'agilità operativa e la capacità di risposta rapida al mercato sono indispensabili. In un ambiente commerciale che cambia rapidamente, la capacità di adattare e iterare rapidamente i prodotti in risposta ai feedback dei consumatori, alle tendenze emergenti e ai cambiamenti del panorama competitivo è un fattore chiave per mantenere la rilevanza e l'attrattiva del prodotto.

Impegno per l'Apprendimento e l'Adattamento

Infine, un impegno costante per l'apprendimento e l'adattamento caratterizza le aziende che riescono a innovare e crescere nel tempo. Valutare continuamente le performance, celebrare i successi, imparare dagli insuccessi e rimanere aperti a nuove idee e approcci non solo migliora il processo di sviluppo del prodotto ma alimenta anche una cultura aziendale resiliente e dinamica.

In sintesi, trasformare un'idea in un prodotto di successo sul mercato richiede una visione strategica, una profonda comprensione del consumatore, un impegno per l'innovazione sostenibile e una cultura aziendale che promuova la collaborazione, l'agilità e l'apprendimento continuo. Le aziende che abbracciano questi principi sono meglio equipaggiate per navigare le complessità dello sviluppo di nuovi prodotti e per posizionarsi come leader innovativi nel loro settore, costruendo al contempo un futuro più sostenibile e responsabile.

17. Customer Relationship Management (CRM): Gestire relazioni e fidelizzazione del cliente.

Il Customer Relationship Management (CRM) è un approccio strategico che si concentra sulla costruzione e la gestione delle relazioni con i clienti per migliorare la fidelizzazione e guidare la crescita aziendale. Questo processo comprende la raccolta, l'analisi e l'utilizzo delle informazioni sui clienti per personalizzare le interazioni e offrire esperienze di alta qualità che soddisfino o superino le loro aspettative. Implementare un sistema CRM efficace comporta diversi aspetti cruciali, che vanno dalla tecnologia e i dati all'organizzazione interna e le strategie di engagement.

Integrazione dei Dati dei Clienti

- **Raccolta e Analisi dei Dati**: Il cuore di ogni sistema CRM è una solida base di dati dei clienti. La raccolta accurata di dati attraverso vari punti di contatto (siti web, social media, interazioni dirette, ecc.) e la loro integrazione in una piattaforma CRM centralizzata permettono alle aziende di avere una visione a 360 gradi dei loro clienti. Questi dati possono includere informazioni demografiche, storico degli acquisti, preferenze, feedback e qualsiasi interazione passata con l'azienda.

Personalizzazione e Segmentazione

- **Offerte Personalizzate**: Utilizzando i dati raccolti, le aziende possono segmentare i loro clienti in gruppi con esigenze e preferenze simili e personalizzare le comunicazioni e le offerte. La personalizzazione aumenta la rilevanza e l'efficacia delle interazioni azienda-cliente, migliorando la soddisfazione e la fidelizzazione.

Automazione del Marketing

- **Automazione delle Comunicazioni**: L'automazione del marketing gioca un ruolo fondamentale nella gestione efficace delle relazioni con i clienti. Permette alle aziende di inviare comunicazioni tempestive e pertinenti, come email di follow-up, promozioni personalizzate e contenuti di valore, ottimizzando i tempi e riducendo il carico di lavoro manuale.

Feedback e Miglioramento Continuo

- **Ascolto Attivo e Feedback**: Un sistema CRM efficace facilita la raccolta e l'analisi del feedback dei clienti. Le aziende dovrebbero incoraggiare i clienti a condividere le loro esperienze e utilizzare queste informazioni per identificare aree di miglioramento, rispondere proattivamente ai problemi e adattare prodotti o servizi alle esigenze dei clienti.

Tecnologia e Integrazione dei Sistemi

- **Piattaforme CRM e Integrazioni**: Scegliere la giusta tecnologia CRM e garantire l'integrazione con altri sistemi aziendali (ad esempio, sistemi ERP, piattaforme di e-commerce, strumenti di marketing digitale) è cruciale per una gestione efficiente delle relazioni con i clienti. Le piattaforme CRM moderne offrono una vasta gamma di funzionalità, inclusa l'analisi avanzata, l'intelligenza artificiale per la previsione delle esigenze dei clienti e strumenti di reportistica.

Formazione e Cultura Aziendale

- **Coinvolgimento del Team e Formazione**: Per massimizzare l'efficacia di un sistema CRM, è essenziale coinvolgere e formare adeguatamente il personale su come utilizzare la piattaforma e su come interagire efficacemente con i clienti. Sviluppare una cultura aziendale che ponga il cliente al centro di ogni decisione può migliorare significativamente l'esperienza del cliente e la fidelizzazione.

Strategie di Fidelizzazione

- **Programmi di Fidelizzazione e Ricompense**: Implementare programmi di fidelizzazione che offrano vantaggi tangibili ai clienti abituali può incentivare ulteriormente la fedeltà e promuovere il passaparola positivo. Questi programmi possono includere sconti, offerte esclusive, punti fedeltà e accesso anticipato a nuovi prodotti o servizi.

In conclusione, un approccio efficace al Customer Relationship Management permette alle aziende di costruire relazioni durature e significative con i loro clienti, migliorando la soddisfazione e la fidelizzazione e, di conseguenza, guidando la crescita e il successo a lungo termine. Adottando una strategia CRM ben pianificata e integrata, che sfrutti la tecnologia avanzata e si concentri sulla personalizzazione e sul miglioramento continuo, le aziende possono distinguersi in un mercato competitivo e costruire una base di clienti leali e impegnati.

Proseguendo nell'esplorazione del Customer Relationship Management (CRM), emerge chiaramente che la sua efficacia non risiede solo nell'adozione di tecnologie avanzate o nell'implementazione di strategie di marketing sofisticate, ma richiede anche un impegno profondo verso l'ascolto e la comprensione dei bisogni e delle aspettative dei clienti. Questo impegno deve essere intrinseco nella cultura aziendale, influenzando ogni aspetto dell'interazione con il cliente, dalla vendita al supporto post-vendita.

Sviluppo di Insights Basati sui Dati

- **Analisi Approfondita dei Dati**: Al di là della semplice raccolta di dati, le aziende devono investire in capacità analitiche avanzate per trasformare i dati grezzi in insights azionabili. L'uso dell'intelligenza artificiale e del machine learning per analizzare i pattern di comportamento dei clienti può rivelare opportunità nascoste per personalizzare ulteriormente le offerte e anticipare le esigenze dei clienti prima che diventino esplicite.

Customer Journey Personalizzato

- **Mappatura e Ottimizzazione del Customer Journey**: Comprendere e ottimizzare il percorso del cliente dall'awareness all'acquisto e oltre è fondamentale per creare esperienze positive e coerenti. Analizzare il customer journey permette di identificare punti di attrito, momenti della verità e opportunità per superare le aspettative dei clienti, rafforzando la loro fedeltà e promuovendo la retention.

Engagement Multicanale

- **Strategie di Engagement Omnicanale**: L'engagement dei clienti in modo coerente e personalizzato attraverso vari canali — online e offline — garantisce una comunicazione efficace e una maggiore soddisfazione del cliente. Le aziende dovrebbero sfruttare i dati del CRM per informare le interazioni su tutti i canali, assicurando che i messaggi siano pertinenti e tempestivi, indipendentemente da dove e come il cliente sceglie di interagire con il brand.

Misurazione del Successo e ROI

- **Valutazione dell'Effetto delle Strategie CRM**: Implementare metriche di successo chiare e misurabili per valutare l'efficacia delle iniziative CRM è essenziale. Questo include non solo indicatori finanziari, come il ritorno sull'investimento (ROI) delle campagne di marketing, ma anche metriche legate alla soddisfazione del cliente, alla fidelizzazione e al valore del ciclo di vita del cliente. Queste misurazioni aiutano a guidare le decisioni strategiche e a ottimizzare continuamente le tattiche CRM.

Formazione e Empowerment dei Dipendenti

- **Investimento nelle Persone**: Il successo di un sistema CRM dipende significativamente dall'abilità e dall'impegno dei dipendenti che lo utilizzano. Fornire formazione approfondita e continuativa ai team su come sfruttare al meglio gli strumenti CRM e su tecniche efficaci di servizio al cliente può migliorare notevolmente l'efficacia delle interazioni con i clienti e, di conseguenza, la loro soddisfazione e fidelizzazione.

Focus sulla Sicurezza e sulla Privacy dei Dati

- **Priorità alla Sicurezza dei Dati**: In un'epoca in cui la privacy dei dati è di massima importanza, garantire la sicurezza delle informazioni dei clienti raccolte tramite sistemi CRM è cruciale. Adottare misure rigorose di sicurezza dei dati e conformarsi alle normative sulla privacy aiuta a costruire la fiducia dei clienti e a proteggere la reputazione dell'azienda.

Adattabilità e Innovazione Continua

- **Innovazione e Adattabilità nel CRM**: Infine, le aziende devono rimanere aperte all'innovazione e pronte ad adattare le loro strategie CRM in risposta all'evoluzione delle tecnologie, delle aspettative dei clienti e delle condizioni di mercato. Essere proattivi nell'esplorare nuove funzionalità CRM, integrare nuovi strumenti e canali di comunicazione e sperimentare con approcci innovativi al customer engagement può mantenere l'azienda all'avanguardia nel gestire le relazioni con i clienti.

In conclusione, una gestione efficace delle relazioni con i clienti tramite il CRM richiede un approccio olistico che combina tecnologia avanzata, analisi dei dati, personalizzazione, sicurezza e un forte impegno culturale verso il servizio al cliente. Le aziende che riescono a implementare con successo queste pratiche non solo realizzano un miglioramento significativo nella fidelizzazione dei clienti e nella crescita dei ricavi, ma stabiliscono anche relazioni più profonde e significative con i loro clienti, costruendo una solida base per il successo a lungo termine.

Proseguendo ulteriormente nella disamina del Customer Relationship Management (CRM), è importante sottolineare che, in un contesto di mercato sempre più saturo e competitivo, la capacità di un'azienda di distinguersi non si basa solo sulla qualità dei prodotti o servizi offerti, ma anche sull'eccellenza delle relazioni che riesce a costruire e mantenere con i suoi clienti. Questo approccio orientato al cliente richiede un impegno costante all'innovazione, alla personalizzazione e all'ascolto, elementi che diventano fondamentali in un efficace strategia CRM.

Creazione di Esperienze Cliente Uniche

- **Eccellenza nell'Esperienza Cliente**: Per andare oltre la semplice soddisfazione delle aspettative dei clienti, le aziende devono puntare a creare esperienze uniche e memorabili che possano stimolare un senso di appartenenza e lealtà. Ciò implica comprendere i bisogni non solo espliciti ma anche impliciti dei clienti, offrendo soluzioni proattive e personalizzate che generino valore aggiunto nella loro vita quotidiana.

Intelligenza Artificiale e Personalizzazione

- **Utilizzo dell'Intelligenza Artificiale per la Personalizzazione**: L'IA può svolgere un ruolo cruciale nell'analizzare grandi volumi di dati sui clienti per identificare pattern, preferenze e comportamenti. Utilizzando queste informazioni, le aziende possono automatizzare la personalizzazione delle interazioni, dalla raccomandazione di prodotti alla comunicazione marketing, offrendo ai clienti un'esperienza altamente personalizzata e pertinente.

Integrazione di Feedback in Tempo Reale

- **Feedback in Tempo Reale e Iterazione**: Implementare meccanismi che consentano la raccolta e l'analisi di feedback in tempo reale permette alle aziende di iterare e migliorare continuamente le loro offerte. Questo processo di feedback loop costante aiuta a mantenere le strategie CRM allineate con le aspettative in evoluzione dei clienti e a identificare rapidamente eventuali aree di insoddisfazione.

Costruzione di Comunità e Engagement

- **Sviluppo di Comunità di Marca**: Creare spazi, sia online che offline, dove i clienti possono interagire con il brand e tra loro, condividere esperienze e fornire feedback, contribuisce a costruire una comunità di marca. Questo senso di appartenenza può aumentare significativamente la fidelizzazione del cliente e promuovere il passaparola positivo.

Formazione Continua e Supporto al Team

- **Empowerment dei Dipendenti**: Fornire ai dipendenti le conoscenze, gli strumenti e il supporto necessari per comprendere e soddisfare efficacemente le esigenze dei clienti è essenziale. La formazione continua e l'empowerment dei team assicurano che ogni interazione con il cliente rifletta i valori del brand e contribuisca a rafforzare le relazioni.

Sostenibilità e Responsabilità Sociale

- **Integrazione di Valori di Sostenibilità e Responsabilità Sociale**: I clienti di oggi cercano sempre più di supportare aziende che riflettono i loro valori personali, inclusi la sostenibilità ambientale e la responsabilità sociale. Integrare questi valori nelle pratiche aziendali e comunicarli efficacemente tramite le strategie CRM può aumentare l'engagement dei clienti e rafforzare la loro lealtà.

Monitoraggio e Adattamento alle Tendenze di Mercato

- **Agilità e Flessibilità Strategica**: Mantenere un approccio agile e flessibile al CRM, pronto ad adattarsi alle rapide evoluzioni delle tendenze di mercato e delle tecnologie, è fondamentale per mantenere la rilevanza e l'efficacia delle strategie di engagement del cliente. Monitorare costantemente l'ambiente esterno permette di anticipare i cambiamenti nelle preferenze dei consumatori e di adattare proattivamente le offerte.

In conclusione, il CRM è un elemento vitale nella strategia complessiva di un'azienda, richiedendo un approccio che vada ben oltre la mera gestione dei dati dei clienti. È una filosofia aziendale che pone il cliente al centro di ogni decisione, promuovendo un impegno profondo verso la creazione di valore, la personalizzazione, l'ascolto attivo e la costruzione di relazioni autentiche e durature. Le aziende che riescono a implementare con successo queste pratiche non solo ottengono una maggiore fidelizzazione e soddisfazione del cliente ma stabiliscono anche una solida base per una crescita sostenibile e un vantaggio competitivo a lungo termine.

Approfondendo ulteriormente il concetto di Customer Relationship Management (CRM), diventa evidente che la gestione efficace delle relazioni con i clienti trascende le tradizionali tecniche di vendita e marketing, infiltrandosi in ogni aspetto dell'organizzazione. Un CRM di successo si basa sulla sinergia tra tecnologia, persone e processi, ed è alimentato da una cultura aziendale che privilegia l'ascolto attivo e l'empatia verso le esigenze dei clienti. Questo approccio olistico consente non solo di ottimizzare le interazioni esistenti ma anche di anticipare le future esigenze dei clienti, contribuendo alla creazione di prodotti, servizi e esperienze che fidelizzano nel tempo.

Innovazione Proattiva Basata sui Bisogni del Cliente

- **Orientamento all'Innovazione**: Le aziende leader utilizzano il CRM non solo per rispondere alle esigenze attuali dei clienti ma anche per anticipare le future tendenze e preferenze. Attraverso l'analisi avanzata dei dati raccolti nel CRM, è possibile identificare opportunità di innovazione proattiva, sviluppando nuovi prodotti e servizi che rispondano ai bisogni emergenti dei clienti prima che diventino evidenti.

Integrazione Omnicanale Completa

- **Esperienze Clienti Senza Soluzione di Continuità**: Un approccio CRM efficace richiede un'integrazione omnicanale che garantisca esperienze fluide e coerenti su tutti i punti di contatto. Questo implica l'armonizzazione dei canali fisici e digitali in modo che i clienti possano interagire con il brand in modo conveniente e personalizzato, indipendentemente dalla piattaforma o dal dispositivo utilizzato.

Uso Etico dei Dati

- **Privacy e Sicurezza dei Dati**: Nel cuore di ogni strategia CRM vi è il rispetto della privacy e la sicurezza dei dati dei clienti. Le aziende devono non solo aderire alle normative vigenti in materia di protezione dei dati, come il GDPR nell'Unione Europea, ma anche andare oltre, adottando pratiche trasparenti di raccolta e utilizzo dei dati che rafforzino la fiducia dei clienti nel brand.

Personalizzazione Avanzata

- **Oltre la Segmentazione**: La personalizzazione nel CRM va oltre la semplice segmentazione del mercato, indirizzando comunicazioni e offerte su misura che rispecchino le preferenze uniche di ciascun cliente. L'uso dell'intelligenza artificiale per analizzare i comportamenti dei clienti in tempo reale consente alle aziende di offrire raccomandazioni personalizzate e esperienze altamente rilevanti che aumentano l'engagement e la fidelizzazione.

Empowerment dei Dipendenti

- **Abilitazione del Team**: Per realizzare pienamente i benefici di un sistema CRM, è essenziale che tutti i membri dell'organizzazione siano adeguatamente formati e dotati degli strumenti necessari per accedere e utilizzare le informazioni sui clienti in modo efficace. Ciò include non solo i team di vendita e marketing ma anche il supporto clienti, il post-vendita e altre funzioni che interagiscono direttamente o indirettamente con i clienti.

Misurazione e Ottimizzazione Continua

- **Feedback Loop e Ottimizzazione**: Un sistema CRM dinamico si basa su un processo di feedback continuo che consente di misurare l'efficacia delle strategie di engagement dei clienti e di apportare miglioramenti iterativi. Attraverso l'analisi dei dati di performance, le aziende possono affinare le tattiche CRM, migliorare l'allocazione delle risorse e ottimizzare le campagne di marketing per massimizzare il ROI.

In conclusione, il CRM moderno rappresenta una filosofia aziendale complessiva che pone i clienti al centro di tutte le decisioni e strategie. Attraverso l'integrazione di tecnologie avanzate, la personalizzazione delle interazioni, l'impegno etico nella gestione dei dati e l'empowerment dei dipendenti, le aziende possono costruire relazioni durature e significative con i loro clienti. Questo approccio non solo migliora la soddisfazione e la fidelizzazione dei clienti ma alimenta anche la crescita sostenibile e il successo a lungo termine nel mercato competitivo di oggi.

Proseguendo nell'approfondimento del Customer Relationship Management (CRM), diventa sempre più evidente che la gestione delle relazioni con i clienti si estende ben oltre le tradizionali operazioni di vendita e supporto, diventando un aspetto pervasivo che tocca ogni angolo dell'esperienza cliente. In questo contesto, le aziende che eccellono nel CRM adottano strategie sempre più sofisticate, sfruttando le ultime tecnologie e le migliori pratiche per anticipare e superare le aspettative dei clienti, stabilendo così una connessione emotiva duratura.

Dialogo Bidirezionale e Co-creazione

- **Engagement Attivo e Co-creazione con i Clienti**: La co-creazione di valore con i clienti, invitandoli a partecipare attivamente al processo di sviluppo del prodotto e all'innovazione dei servizi, rappresenta un'evoluzione naturale del CRM. Questo dialogo bidirezionale non solo arricchisce l'esperienza del cliente ma contribuisce anche a sviluppare offerte che rispondono in modo più preciso alle loro esigenze e desideri.

Analisi Predittiva e Prescrittiva

- **Utilizzo dell'Analisi Predittiva e Prescrittiva**: Le aziende stanno iniziando a utilizzare analisi predittive e prescrittive per anticipare le esigenze future dei clienti e offrire soluzioni proattive prima che il cliente si renda conto del bisogno. Questa capacità di "prevedere il futuro" del cliente, basata sull'analisi dei dati storici e comportamentali, può trasformare significativamente l'engagement e la soddisfazione del cliente.

Esperienze Iper-Personalizzate

- **Iper-Personalizzazione**: Andando oltre la personalizzazione base, l'iper-personalizzazione mira a creare esperienze uniche per ogni cliente, basate su una comprensione profonda del loro comportamento, preferenze e storia di interazione. Questo livello di personalizzazione richiede l'integrazione e l'analisi in tempo reale di grandi quantità di dati, ma può portare a un notevole aumento della fidelizzazione e del valore di vita del cliente.

Integrazione di Tecnologie Emergenti

- **Sfruttamento delle Tecnologie Emergenti**: L'adozione di tecnologie emergenti come la blockchain per la sicurezza e trasparenza dei dati, l'intelligenza artificiale per l'assistenza clienti automatizzata e personalizzata, e la realtà aumentata per offrire esperienze immersive, sta ridefinendo le possibilità nel CRM. Queste tecnologie non solo migliorano l'efficienza operativa ma arricchiscono anche l'esperienza cliente in modi precedentemente inimmaginabili.

Sostenibilità e Impatto Sociale

- **Enfasi sulla Sostenibilità e sull'Impatto Sociale**: Integrare considerazioni di sostenibilità e responsabilità sociale nelle strategie CRM aiuta le aziende a connettersi con i clienti su un livello più profondo, risuonando con i loro valori personali. Mostrare un autentico impegno verso questioni come la sostenibilità ambientale, la giustizia sociale e l'etica aziendale può rafforzare la lealtà del cliente e promuovere un'immagine positiva del marchio.

Resilienza e Adattabilità

- **Cultura della Resilienza e dell'Adattabilità**: In un mondo in rapido cambiamento, le aziende devono essere resilienti e adattabili per mantenere relazioni clienti efficaci. Ciò significa essere pronti a ripensare le strategie CRM in risposta a crisi globali, cambiamenti nel comportamento dei consumatori o nuove tendenze di mercato, garantendo che l'azienda possa continuare a soddisfare le esigenze dei clienti anche in circostanze difficili.

Fidelizzazione attraverso la Trasparenza

- **Promozione della Trasparenza**: In un'era in cui i consumatori sono sempre più esigenti in termini di onestà e apertura da parte delle aziende con cui fanno affari, promuovere la trasparenza in tutte le comunicazioni e interazioni può significativamente aumentare la fidelizzazione dei clienti. Essere trasparenti riguardo a pratiche aziendali, processi di produzione, politiche di prezzo e iniziative di sostenibilità costruisce fiducia e rafforza le relazioni.

In conclusione, l'evoluzione del CRM in un ambiente aziendale moderno richiede un approccio dinamico che abbracci l'innovazione, la tecnologia, la personalizzazione avanzata e un impegno profondo verso i valori di sostenibilità e trasparenza. Le aziende che riescono a implementare queste strategie avanzate di CRM non solo migliorano le relazioni con i clienti ma stabiliscono anche una base solida per la crescita sostenibile, la resilienza aziendale e un vantaggio competitivo duraturo nel tempo.

In conclusione, il Customer Relationship Management (CRM) rappresenta un pilastro fondamentale per il successo a lungo termine di qualsiasi azienda nell'era digitale. Il suo scopo va ben oltre la semplice gestione dei contatti o l'automazione delle vendite, radicandosi profondamente nella creazione di una cultura aziendale orientata al cliente, nella personalizzazione delle esperienze e nella costruzione di relazioni autentiche e durature.

La chiave per un CRM efficace risiede nell'integrazione armoniosa di strategie avanzate, tecnologie all'avanguardia e un approccio olistico che metta il cliente al centro di ogni decisione aziendale. L'adozione di analisi predittive e prescrittive, l'impiego di intelligenza artificiale per l'iper-personalizzazione, l'utilizzo di tecnologie emergenti per arricchire l'esperienza cliente, e un impegno incondizionato verso la sostenibilità e l'impatto sociale non sono solo tendenze, ma requisiti essenziali per rimanere competitivi e rilevanti nel panorama attuale.

Allo stesso tempo, è fondamentale riconoscere il valore dell'ascolto attivo, della co-creazione con i clienti e del mantenimento di un dialogo bidirezionale che consenta alle aziende di adattarsi rapidamente e in modo resiliente ai cambiamenti del mercato e alle esigenze in evoluzione dei consumatori. La trasparenza, l'onestà e un'autentica preoccupazione per il benessere dei clienti devono permeare tutte le strategie CRM, contribuendo a costruire una base di fiducia che è indispensabile per la fidelizzazione a lungo termine.

Inoltre, la formazione continua e l'empowerment dei dipendenti svolgono un ruolo cruciale nel successo delle iniziative CRM. Solo con un team ben informato, motivato e attrezzato è possibile offrire interazioni significative che superino le aspettative dei clienti e promuovano una cultura positiva del servizio.

La misurazione e l'ottimizzazione continue delle strategie CRM attraverso un feedback loop costante consentono alle aziende di rimanere agili, di affinare le loro offerte e di garantire che le strategie di engagement rimangano efficaci e pertinenti. Questo processo di miglioramento continuo è vitale per anticipare le tendenze future, rispondere alle sfide emergenti e sfruttare nuove opportunità di crescita.

In definitiva, un approccio avanzato al CRM non si limita a migliorare la relazione cliente-azienda; esso crea un vantaggio competitivo sostenibile che può guidare la crescita aziendale, migliorare la ritenzione dei clienti e aumentare il valore a lungo termine per l'azienda e i suoi stakeholder. Le aziende che riescono a navigare con successo nella complessità del CRM moderno, integrando tecnologia, strategia e un profondo impegno etico, sono quelle che non solo prosperano ma definiscono anche gli standard di eccellenza nel servizio al cliente per il futuro.

In conclusione, il Customer Relationship Management (CRM) trascende la semplice applicazione di tecnologie o strategie per diventare una filosofia aziendale fondamentale che guida la crescita sostenibile e il successo a lungo termine. Un approccio efficace al CRM si basa su una comprensione profonda e olistica dei clienti, combinando dati, tecnologia, e insight umano per fornire esperienze personalizzate che costruiscono fiducia e lealtà.

L'integrazione armoniosa di dati cliente dettagliati, analisi predittiva e capacità di intelligenza artificiale consente alle aziende di anticipare le esigenze dei clienti e personalizzare le interazioni in modi che erano inimmaginabili solo pochi anni fa. Questa capacità di offrire un'esperienza cliente iper-personalizzata e coerente attraverso tutti i canali e i punti di contatto diventa un fattore distintivo cruciale che può significativamente migliorare la soddisfazione del cliente e, di conseguenza, la fidelizzazione.

Oltre alla tecnologia, un CRM di successo richiede un impegno incondizionato verso la trasparenza, l'etica e la responsabilità sociale. Nel contesto attuale, in cui i consumatori sono sempre più consapevoli e esigenti rispetto ai valori aziendali, dimostrare un'autentica preoccupazione per la sostenibilità, l'equità e l'impatto sociale delle attività aziendali può rafforzare la relazione con i clienti e promuovere un'immagine di marca positiva.

La formazione e l'empowerment dei dipendenti sono altrettanto cruciali per realizzare le promesse di un sistema CRM. Solo attraverso un team ben preparato e motivato, che comprenda profondamente gli obiettivi CRM e abbia a disposizione gli strumenti adeguati, è possibile creare quelle interazioni significative che elevano l'esperienza del cliente e contribuiscono a costruire relazioni durature.

Infine, l'essenza di un CRM avanzato risiede nella sua capacità di adattarsi e evolversi in risposta al cambiamento continuo del panorama di mercato e delle aspettative dei consumatori. Questo richiede un processo di feedback continuo, misurazione e ottimizzazione delle strategie CRM per assicurare che rimangano rilevanti, efficaci e allineate con i bisogni e desideri dei clienti.

In definitiva, il CRM rappresenta un impegno a lungo termine verso l'eccellenza nel servizio al cliente, un percorso che richiede dedizione, innovazione e un impegno costante alla crescita e al miglioramento. Le aziende che abbracciano questa filosofia, integrando le più recenti tecnologie con un profondo impegno etico e un focus incessante sul cliente, non solo guadagneranno la fedeltà dei loro clienti ma stabiliranno anche nuovi standard di eccellenza nel loro settore, assicurandosi un vantaggio competitivo duraturo nel tempo.

18. Marketing Personale e Networking: Costruire la propria marca personale e rete di contatti.

Il marketing personale e il networking sono componenti essenziali per il successo professionale nell'era moderna. Costruire una marca personale forte e una rete di contatti efficace non solo aumenta la visibilità e l'autorità nel proprio campo ma apre anche porte a opportunità di carriera, collaborazioni e crescita personale. Ecco come navigare con successo in questi aspetti cruciali.

Definizione della Marca Personale

- **Identificare i Punti di Forza e i Valori**: Il primo passo nel marketing personale è identificare ciò che ti distingue. Questo include i tuoi punti di forza unici, le competenze, i valori e le passioni. Chiediti: "Qual è la mia proposta di valore? Cosa posso offrire che è unico e prezioso?"

- **Determinare il Pubblico di Riferimento**: Capire chi è il tuo pubblico di riferimento è fondamentale. Chi vuoi raggiungere con il tuo messaggio? Quali sono le loro esigenze e come puoi rispondervi? La tua marca personale dovrebbe risuonare con questo pubblico.

Comunicazione della Marca Personale

- **Creare Contenuti di Valore**: Una volta definita la tua marca personale, è importante comunicarla efficacemente. Ciò può essere fatto creando e condividendo contenuti di valore che riflettano la tua expertise e i tuoi interessi. Blog, video, podcast e post sui social media sono ottimi canali per questo.

- **Coerenza tra i Canali**: Assicurati che la tua comunicazione sia coerente su tutti i canali che utilizzi, dai social media al tuo sito web personale. La coerenza aiuta a rafforzare la tua marca e a renderla riconoscibile.

Networking Efficace

- **Partecipazione Attiva**: Il networking richiede partecipazione attiva. Ciò significa assistere a eventi di settore, conferenze, webinar e partecipare a gruppi professionali online. Ogni interazione è un'opportunità per condividere la tua marca personale e conoscere potenziali collaboratori, mentori o datori di lavoro.

- **Costruire Relazioni Significative**: Il networking non si limita a raccogliere contatti ma a costruire relazioni significative. Mostra interesse genuino per le persone che incontri, ascolta attivamente e cerca modi per offrire valore, anche in modo semplice come condividere un articolo rilevante o mettere in contatto due persone con interessi comuni.

Mantenimento della Rete di Contatti

- **Seguire e Interagire**: Mantenere la rete di contatti richiede impegno costante. Segui le persone che incontri e interagisci con loro sui social media. Un semplice "mi piace" o commento può mantenere viva la relazione.

- **Aggiornamenti Regolari**: Condividi regolarmente aggiornamenti sul tuo percorso professionale e sui tuoi successi. Questo non solo tiene informati i tuoi contatti ma rafforza anche la tua marca personale.

Valutazione e Aggiustamento

- **Monitorare l'Impatto**: Usa strumenti di analisi per monitorare l'impatto della tua marca personale e delle tue attività di networking. Questo può includere il traffico al tuo sito web, l'engagement sui social media o le opportunità che emergono dal tuo networking.

- **Adattare la Strategia**: Sulla base di ciò che funziona e di ciò che non funziona, adatta la tua strategia di marketing personale e networking. Il mercato e le tue esigenze cambiano nel tempo, quindi è importante rimanere flessibili e aperti all'adattamento.

In conclusione, costruire una marca personale forte e una rete di contatti efficace richiede chiarezza, coerenza, comunicazione efficace e impegno nel tempo. Attraverso la definizione chiara dei propri valori e punti di forza, la comunicazione coerente di questi elementi, e la costruzione e manutenzione di relazioni significative, è possibile aprire nuove porte a opportunità professionali e personali, stabilendo una presenza solida e riconosciuta nel proprio campo.

Approfondendo ulteriormente il tema del marketing personale e del networking, emerge chiaramente che questi aspetti non sono statici, ma richiedono un impegno costante e una strategia evolutiva per rimanere efficaci e rilevanti. Man mano che il tuo percorso professionale cresce e si sviluppa, anche la tua marca personale e la tua rete di contatti dovrebbero evolvere per riflettere i nuovi obiettivi, competenze e realizzazioni. Ecco alcuni approfondimenti su come continuare a costruire e mantenere efficacemente la tua marca personale e la tua rete di contatti nel tempo.

Ascolto Attivo e Apprendimento Continuo

- **Rimani Informato**: Rimani al passo con le ultime tendenze del tuo settore e le evoluzioni del mercato. Questo non solo ti aiuterà a rimanere rilevante ma ti fornirà anche materiale prezioso da condividere con la tua rete, dimostrando il tuo impegno continuo all'apprendimento e alla crescita professionale.

- **Ascolto Attivo**: Essere un ascoltatore attivo nelle interazioni, sia online che offline, ti permetterà di cogliere le sfumature importanti nelle conversazioni, identificando opportunità per contribuire, collaborare o semplicemente offrire supporto. Questo rafforza le relazioni e aumenta il tuo valore all'interno della tua rete.

Autenticità e Vulnerabilità

- **Mostra la tua Autenticità**: Le persone si connettono con le persone, non con i profili. Mostrare la tua autenticità, comprese le tue passioni, le tue sfide e le tue vittorie, può rendere la tua marca personale più accessibile e relazionabile. Questo può aumentare la fiducia e la lealtà tra te e i tuoi contatti.

- **Non Temere la Vulnerabilità**: Condividere le tue esperienze, compresi gli insuccessi e le lezioni apprese, può essere incredibilmente potente. La vulnerabilità mostra umanità e può ispirare gli altri, creando connessioni più profonde e significative.

Ampliamento della Rete

- **Esplora Nuovi Ambienti**: Non limitarti a reti o eventi specifici del tuo settore. Esplorare nuovi ambienti e partecipare a eventi interdisciplinari può aprire a opportunità inaspettate e arricchire la tua rete con una diversità di prospettive.

- **Mentorship e Collaborazioni**: Sia che tu stia cercando un mentore o che tu offra mentorship, queste relazioni possono arricchire enormemente sia il tuo sviluppo personale che professionale. Le collaborazioni, inoltre, possono estendere la tua visibilità e introdurti a nuove comunità.

Utilizzo Strategico dei Social Media

- **Presenza Consapevole sui Social Media**: La tua presenza online dovrebbe essere strategica e riflettere gli aspetti chiave della tua marca personale. Partecipare attivamente, condividere contenuti pertinenti e interagire con la tua rete può amplificare la tua visibilità e rafforzare la tua reputazione.

- **Risposta e Interazione Tempestive:** Rispondere in modo tempestivo e appropriato ai commenti, ai messaggi e alle richieste dimostra il tuo impegno e rispetto per la tua rete. Questo livello di interazione non solo mantiene le relazioni attive ma può anche stimolare ulteriori discussioni e opportunità di networking.

Valutazione e Aggiustamento Periodico

- **Revisione Regolare della Marca Personale**: Dedica del tempo a valutare periodicamente la tua marca personale e la tua strategia di networking. Chiediti se riflettono ancora i tuoi obiettivi attuali, le tue competenze e i tuoi valori. Essere disposti ad adattarsi e aggiornare la tua strategia è cruciale per mantenere la tua rilevanza e efficacia.

- **Feedback Costruttivo**: Cerca feedback costruttivo dai tuoi contatti più fidati per capire come la tua marca personale e le tue azioni di networking sono percepite. Questo feedback può offrire preziose intuizioni su aree di forza e potenziali aree di miglioramento.

In sintesi, il marketing personale e il networking sono processi dinamici che richiedono un impegno costante, strategie evolutive e un'autentica connessione con la tua rete. Sviluppando la tua marca personale con autenticità, rimanendo informato e impegnato nel tuo campo, e costruendo relazioni significative basate sulla fiducia e sul valore reciproco, puoi aprire la strada a infinite possibilità di crescita professionale e personale.

Nel continuare ad esplorare il vasto e dinamico campo del marketing personale e del networking, è evidente che l'adattabilità e l'innovazione sono cruciali per mantenere la propria marca personale rilevante e per coltivare una rete di contatti che supporti la crescita professionale e personale a lungo termine. La natura in continua evoluzione dei mercati e delle tecnologie, insieme al cambiamento delle aspettative e delle esigenze dei professionisti e delle industrie, richiede un approccio proattivo e riflessivo per navigare con successo in questi ambiti. Ecco alcuni approfondimenti aggiuntivi che possono arricchire ulteriormente il tuo percorso nel marketing personale e nel networking.

Sfruttamento delle Piattaforme Digitali Emergenti

- **Esplorazione di Nuovi Canali**: Mentre LinkedIn, Twitter e altre piattaforme social sono strumenti consolidati per il marketing personale e il networking, l'esplorazione di nuove piattaforme emergenti può offrire opportunità uniche di distinguersi. Piattaforme come TikTok, Clubhouse o persino forum di nicchia specifici del settore possono essere terreni fertili per stabilire autorità e costruire relazioni in ambienti meno saturi.

Narrativa e Storytelling

- **Potere dello Storytelling**: Le storie hanno il potere di connettere le persone a un livello emotivo. Integrare lo storytelling nella tua strategia di marketing personale, condividendo i tuoi viaggi, le sfide superate e le lezioni apprese, può rendere la tua marca personale più accessibile e memorabile. Gli storytelling efficaci non solo attirano l'attenzione ma possono anche ispirare e motivare gli altri.

Networking Oltre i Confini Professionali

- **Interessi Personali come Punti di Connessione**: Mentre il networking professionale si concentra spesso sulle competenze e gli obiettivi di carriera, non sottovalutare il potere degli interessi personali come punti di connessione. Condividere le tue passioni al di fuori del lavoro può aiutare a costruire relazioni più profonde e a trovare terreni comuni con persone al di fuori del tuo ambito professionale diretto.

Apprendimento e Crescita Continui

- **Impegno nell'Apprendimento Permanente**: Il mondo cambia rapidamente, e ciò che è rilevante oggi potrebbe non esserlo domani. Un impegno costante nell'apprendimento e nella crescita non solo mantiene aggiornate le tue competenze ma dimostra anche ai tuoi contatti che sei impegnato a rimanere all'avanguardia nel tuo campo. Questo può includere l'acquisizione di nuove competenze, l'esplorazione di aree di interesse emergenti o persino il reinventarsi professionalmente quando necessario.

Contributo alla Comunità

- **Dare Indietro**: Uno degli aspetti più potenti del networking è la capacità di dare indietro alla comunità. Ciò può assumere molte forme, dall'offrire mentorship, alla condivisione di opportunità, fino al supporto di cause o iniziative. Contribuire attivamente alla tua rete e alla tua comunità può non solo aiutare gli altri ma anche rafforzare la tua rete di supporto, costruendo una reputazione di generosità e leadership.

Gestione Proattiva della Reputazione Online

- **Monitoraggio della Presenza Online**: Nel mondo digitale di oggi, la tua presenza online può avere un impatto significativo sulla tua marca personale e sulle opportunità di networking. È importante monitorare regolarmente come vieni percepito online, gestire attivamente la tua reputazione digitale e assicurarti che l'immagine che presenti sia quella che desideri comunicare.

Valutazione e Riflessione Periodica

- **Riflessione Strategica**: Infine, dedicare tempo regolarmente per riflettere sulle tue strategie di marketing personale e networking è fondamentale. Valuta ciò che funziona, ciò che non funziona e considera dove potresti dover fare aggiustamenti. Questa riflessione continua ti aiuta a rimanere allineato con i tuoi obiettivi a lungo termine e ad adattare le tue strategie alle mutevoli dinamiche professionali e personali.

In sintesi, il marketing personale e il networking richiedono un impegno continuo all'eccellenza, all'adattabilità e all'autenticità. Costruire una marca personale forte e una rete di contatti solida in un mondo in costante cambiamento richiede non solo la capacità di comunicare efficacemente il proprio valore ma anche l'impegno a costruire relazioni significative, a contribuire alla comunità e a impegnarsi in un'apprendimento e crescita continui. Con questi principi in mente, puoi navigare con successo nel panorama professionale, sbloccando nuove opportunità e costruendo una carriera soddisfacente e dinamica.

Mentre continuiamo ad approfondire il tema del marketing personale e del networking, emerge la necessità di adottare un approccio sempre più sofisticato e intenzionale. Nell'era digitale odierna, dove il sovraccarico informativo e la concorrenza per l'attenzione sono all'ordine del giorno, distinguersi richiede non solo competenza e abilità, ma anche la capacità di comunicare efficacemente il proprio valore unico in modi che risuonino profondamente con il proprio pubblico di riferimento. Di seguito, ulteriori strategie e riflessioni per rafforzare la propria presenza e rete professionale.

Narrativa Personale Dinamica

- **Evoluzione della Propria Storia**: La tua storia personale e professionale non è statica; evolve con ogni nuova esperienza, successo e persino fallimento. Rivedere e aggiornare periodicamente la tua narrativa personale per riflettere queste evoluzioni mantiene la tua marca personale fresca e rilevante. Questo processo di riflessione e adattamento aiuta a comunicare il tuo percorso in modo che risuoni con le sfide e le opportunità attuali del tuo campo.

Creazione di Contenuto Strategico

- **Contenuto con Intento**: Ogni pezzo di contenuto che crei e condividi dovrebbe servire a un obiettivo strategico nella costruzione della tua marca personale e nell'ampliamento della tua rete. Che si tratti di un post sul blog che evidenzia la tua esperienza in un'area specifica, un video tutorial che condivide la tua conoscenza, o una serie di post sui social media che raccontano la tua storia professionale, assicurati che il contenuto aggiunga valore e rafforzi la percezione desiderata della tua marca.

Espansione della Rete Oltre la Zona di Comfort

- **Rete Diversificata**: Mentre può essere comodo rimanere entro i confini del proprio settore o cerchia professionale, espandere la tua rete a campi e professioni diversi può aprire a prospettive, opportunità e idee inaspettate. Questa diversità nella tua rete può arricchire la tua comprensione del mercato più ampio, stimolare l'innovazione e fornire risorse uniche che potrebbero rivelarsi preziose in futuro.

Utilizzo Etico e Responsabile dei Social Media

- **Digital Footprint Conscio**: Nell'era dei social media, ogni interazione, post, like e condivisione contribuisce alla tua impronta digitale. Essere consapevoli del modo in cui utilizzi queste piattaforme e del messaggio che trasmettono sulla tua marca personale è fondamentale. L'adozione di un approccio etico e responsabile non solo tutela la tua reputazione online ma rafforza anche la fiducia e il rispetto tra i tuoi contatti e il tuo pubblico.

Networking Basato sul Valore

- **Fornire Prima di Ricevere**: Uno dei principi fondamentali del networking di successo è cercare attivamente modi per fornire valore ai tuoi contatti prima di chiedere qualcosa in cambio. Questo può variare dall'offrire consulenza gratuita, condividere opportunità rilevanti, o semplicemente offrire un ascolto attento. Approcciare il networking con una mentalità di dare piuttosto che ricevere può costruire relazioni più profonde e reciprocamente vantaggiose.

Feedback Continuo e Adattamento

- **Apprendimento dai Feedback**: Invitare e accogliere feedback regolari sulla tua marca personale e sulle tue strategie di networking può fornire insight inestimabili. Sii aperto ai suggerimenti e disposto a adattare il tuo approccio in base alle risposte ricevute. Questo ciclo di feedback continuo non solo migliora la tua efficacia ma dimostra anche il tuo impegno verso l'eccellenza e la crescita personale.

Bilanciamento tra Vita Professionale e Personale

- **Benessere Olistico**: Infine, mentre ci si impegna nel marketing personale e nel networking, è essenziale mantenere un sano equilibrio tra gli sforzi professionali e il benessere personale. Dedicare tempo alla cura di sé, agli hobby, alla famiglia e agli amici è cruciale per mantenere l'energia e la passione necessarie per sostenere il successo a lungo termine.

In definitiva, il marketing personale e il networking sono processi dinamici e in continua evoluzione, che richiedono un impegno consapevole, strategie mirate e una continua disposizione all'apprendimento e all'adattamento. Sviluppando una marca personale autentica e costruendo relazioni significative basate sul valore reciproco, puoi navigare con successo nel panorama professionale, scoprendo e cogliendo opportunità che alimentano la tua crescita e il tuo successo.

Nel percorrere il sentiero del marketing personale e del networking, è importante riconoscere che si tratta di un viaggio continuo di scoperta di sé, espressione e connessione. Questo percorso non è solo una questione di costruire una presenza o una rete professionale; è anche un'esplorazione profonda di come i tuoi valori, passioni e obiettivi si allineano con il lavoro che fai e il modo in cui interagisci con gli altri nel tuo campo e oltre. Ecco alcuni ulteriori spunti per approfondire ancora di più questo tema complesso e multidimensionale.

Riflessione Strategica e Personale

- **Auto-riflessione Continua**: Dedica tempo regolarmente alla riflessione personale e professionale. Questo non solo aiuta a mantenere la tua marca personale allineata con i tuoi valori autentici ma ti permette anche di riconoscere e celebrare le tue realizzazioni, riflettere sugli insuccessi come opportunità di crescita e ricalibrare i tuoi obiettivi a lungo termine.

Costruzione di una Narrazione Evolutiva

- **Narrazione Dinamica**: La tua storia professionale è in continua evoluzione. Man mano che acquisisci nuove competenze, raggiungi traguardi e superi sfide, la tua narrazione personale dovrebbe riflettere queste trasformazioni. Condividere il tuo viaggio, comprese le svolte inaspettate e le lezioni apprese lungo il cammino, può ispirare altri e approfondire la connessione con la tua rete.

Networking Olistico e Intenzionale

- **Networking con Intento**: Approccia il networking con chiarezza di intenti. Identifica cosa spera di ottenere da ogni interazione o evento di networking, sia che si tratti di conoscere potenziali mentori, collaboratori o semplicemente di espandere la tua conoscenza in un'area di interesse. Questa intenzionalità ti aiuterà a navigare nel tuo percorso di networking in modo più mirato e significativo.

Valorizzazione delle Relazioni Esistenti

- **Approfondimento delle Connessioni**: Mentre espandere la tua rete è importante, è altrettanto cruciale coltivare e approfondire le relazioni esistenti. Questo può significare riconnettersi con vecchi colleghi, rinforzare i legami con contatti chiave o semplicemente mantenere regolari check-in con la tua rete. Le relazioni approfondite sono spesso quelle che offrono il maggior supporto e le opportunità più ricche.

Adattabilità e Apertura al Cambiamento

- **Essere Aperti e Adattabili**: Il mondo professionale e le nostre vite personali sono in costante cambiamento. Essere aperti e adattabili a nuove idee, percorsi e opportunità ti permetterà non solo di navigare con successo questi cambiamenti ma anche di trarne vantaggio. Questa flessibilità è un asset prezioso nel tuo toolkit di marketing personale e networking.

Impegno nell'Educazione Continua

- **Apprendimento Perpetuo**: L'impegno in un apprendimento continuo è fondamentale per mantenere la tua marca personale e le tue competenze rilevanti. Che si tratti di corsi formali, seminari, workshop o apprendimento autodidatta, l'espansione delle tue conoscenze e abilità è cruciale per il tuo sviluppo professionale e personale.

Utilizzo Etico e Consapevole delle Piattaforme Digitali

- **Navigazione Consapevole nel Digitale**: Nell'era digitale, come ci presentiamo online ha un impatto significativo sulla nostra marca personale. È essenziale navigare e interagire nelle piattaforme digitali in modo etico e consapevole, garantendo che la nostra presenza online sia un riflesso accurato e positivo della nostra identità professionale e personale.

Equilibrio tra Vita Professionale e Personale

- **Mantenimento dell'Equilibrio**: Infine, è vitale cercare un equilibrio sano tra impegno professionale e benessere personale. Questo equilibrio non solo ti permette di rimanere energico e motivato ma garantisce anche che tu sia in grado di presentarti nella tua forma migliore, sia professionalmente che personalmente, nei tuoi sforzi di marketing personale e networking.

In sintesi, il marketing personale e il networking sono processi complessi che si intrecciano strettamente con il nostro sviluppo professionale e personale. Adottando un approccio olistico, che considera l'auto-riflessione, l'adattabilità, l'apprendimento continuo e l'equilibrio tra la vita professionale e personale, puoi costruire una marca personale forte e una rete di contatti che supporti e arricchisca il tuo percorso professionale lungo il cammino.

Proseguendo nell'esplorazione del marketing personale e del networking, diventa evidente che queste pratiche non sono isolate, ma parte integrante di un ecosistema professionale e personale più ampio. La capacità di navigare in questo ecosistema con intenzionalità e autenticità può aprire un mondo di opportunità. Ecco alcuni ulteriori approfondimenti per arricchire la tua strategia di marketing personale e di networking.

Sostenibilità nel Marketing Personale

- **Focus sulla Sostenibilità a Lungo Termine:** Mentre sviluppi e implementi la tua strategia di marketing personale, considera la sostenibilità delle tue azioni a lungo termine. Questo significa non solo perseguire obiettivi che sono in armonia con i tuoi valori personali e professionali ma anche adottare pratiche che puoi mantenere nel tempo, evitando il burnout. Riconoscere i limiti e stabilire confini sani è fondamentale per la sostenibilità del tuo impegno nel marketing personale.

Ampliamento della Visione del Networking

- **Redefinizione del Networking**: Tradizionalmente, il networking è stato visto come uno strumento per l'acquisizione di contatti professionali che potrebbero portare a opportunità di lavoro o di business. Tuttavia, una visione più ampia del networking lo vede come un mezzo per arricchire la tua vita professionale e personale, offrendo opportunità di apprendimento, di sviluppo personale e di supporto reciproco. Questo approccio più olistico può trasformare il modo in cui percepisci e ti impegni nelle attività di networking, rendendole più gratificanti e meno transazionali.

Autenticità e Vulnerabilità

- **Valorizzazione dell'Autenticità e della Vulnerabilità**: In un mondo che spesso premia la perfezione, avere il coraggio di mostrare la tua autenticità e vulnerabilità può essere incredibilmente potente. Questo non solo ti rende più relazionabile ma può anche creare spazi sicuri per altri nel tuo network, incoraggiando una maggiore apertura e condivisione di esperienze. Le connessioni forgiatate attraverso l'autenticità tendono a essere più profonde, più significative e più durature.

Costruzione di Comunità

- **Creazione di Spazi Comunitari**: Oltre al networking uno-a-uno, considera il valore di costruire o partecipare a comunità di persone con interessi o obiettivi simili. Questi spazi comunitari possono offrire supporto, ispirazione e opportunità in modi che il networking individuale non può. Che si tratti di gruppi online, club di lettura professionali o collettivi creativi, queste comunità possono arricchire enormemente il tuo percorso professionale e personale.

Riflessione e Adattamento

- **Cicli di Riflessione e Adattamento**: Il mondo intorno a noi è in costante evoluzione, così come noi stessi e i nostri percorsi professionali. Incorporare regolari cicli di riflessione nel tuo approccio al marketing personale e al networking può aiutarti a rimanere allineato con i tuoi valori fondamentali mentre ti adatti ai cambiamenti nel tuo ambiente e nelle tue aspirazioni. Questo processo di valutazione continua assicura che le tue azioni e i tuoi obiettivi rimangano rilevanti e significativi.

Networking Generativo

- **Approccio Generativo al Networking**: Invece di vedere il networking solo come un mezzo per ottenere qualcosa, approccialo con un'ottica generativa, chiedendoti come puoi contribuire agli altri e generare valore all'interno della tua rete. Questo può includere la condivisione di conoscenze, l'offerta di risorse o semplicemente l'ascolto attivo. Un approccio generativo può non solo arricchire le tue relazioni ma anche portare a una maggiore soddisfazione personale e a un impatto più ampio.

Tecnologia e Umanità

- **Equilibrio tra Tecnologia e Contatto Umano**: Mentre le piattaforme digitali offrono strumenti potenti per il marketing personale e il networking, è importante non perdere di vista il valore del contatto umano. Equilibrare l'uso della tecnologia con interazioni faccia a faccia (quando possibile) o comunicazioni più personalizzate può rafforzare le connessioni e rendere la tua rete più resiliente e coinvolta.

In conclusione, approfondire il marketing personale e il networking richiede una combinazione di strategia, autenticità, impegno a lungo termine e un approccio olistico al proprio sviluppo professionale. Adottando un approccio riflessivo e intenzionale, che valorizza le relazioni autentiche e il contributo alla comunità, puoi non solo avanzare nella tua carriera ma anche arricchire la tua vita professionale e personale in modi significativi e sostenibili.

Concludendo, il marketing personale e il networking rappresentano due facce della stessa medaglia nel contesto dello sviluppo professionale moderno. Non si tratta semplicemente di promuovere se stessi o di accumulare un vasto numero di contatti, ma piuttosto di costruire una presenza autentica e sostenibile che rispecchi i tuoi valori, competenze e aspirazioni. Allo stesso tempo, significa coltivare relazioni significative che apportino valore reciproco, supporto e opportunità di crescita. Questo approccio olistico al marketing personale e al networking richiede riflessione, coerenza e un impegno costante verso l'autenticità e la generosità.

Elementi Chiave per il Successo

1. **Autenticità e Integrità**: Al centro del marketing personale e del networking di successo

vi è l'autenticità. Essere veri, trasparenti riguardo ai propri obiettivi, e coerenti nelle azioni e nelle comunicazioni, stabilisce una base di fiducia e rispetto con i colleghi, i mentori e i potenziali datori di lavoro o clienti.

2. **Strategia Riflessiva**: Lo sviluppo di una strategia personale ben considerata, che allinea i tuoi punti di forza, i tuoi valori e i tuoi obiettivi a lungo termine con le tue attività di marketing e networking, è fondamentale. Questo piano d'azione ti guida nel navigare opportunità e sfide, assicurando che ogni passo contribuisca al tuo percorso di crescita desiderato.

3. **Costruzione di Relazioni Significative**: Il networking efficace va oltre il semplice scambio di biglietti da visita o l'accumulo di contatti su LinkedIn. Si tratta di costruire e mantenere relazioni significative basate sull'ascolto attivo, l'empatia, il supporto reciproco e l'impegno a lungo termine.

4. **Contributo Generativo**: Approcciare il networking con un'ottica di contributo generativo, cercando attivamente modi per supportare e arricchire gli altri, non solo eleva la tua rete ma rafforza anche la tua marca personale come leader di pensiero altruista e collaboratore prezioso.

5. **Apprendimento Continuo**: Il paesaggio professionale è in costante evoluzione, rendendo l'apprendimento continuo e l'adattabilità competenze cruciali. Mantenere una mentalità aperta e impegnarsi in un apprendimento perpetuo ti permette di rimanere all'avanguardia nel tuo campo, rafforzando la tua marca personale e espandendo le tue opportunità di networking.

6. **Bilanciamento tra Vita Digitale e Reale**: Nell'era digitale, è fondamentale sfruttare le piattaforme online per il marketing personale e il networking. Tuttavia, il valore delle interazioni faccia a faccia e delle connessioni umane genuine rimane insostituibile. Trovare il giusto equilibrio tra la presenza digitale e le relazioni reali può ottimizzare l'impatto della tua rete.

7. **Riflessione e Adattamento**: Infine, dedicare tempo regolarmente alla riflessione sul tuo percorso di marketing personale e networking, valutando ciò che funziona, ciò che non funziona e dove potrebbero essere necessari aggiustamenti, assicura che le tue strategie rimangano rilevanti e allineate con i tuoi obiettivi in evoluzione.

In conclusione, il marketing personale e il networking sono processi dinamici e continui che richiedono dedizione, strategia e, soprattutto, un impegno verso l'autenticità e la costruzione di relazioni significative. Attraverso un approccio riflessivo e generativo, puoi non solo avanzare nella tua carriera ma anche arricchire profondamente la tua vita professionale e personale, stabilendo connessioni durature che trascendono il tradizionale concetto di networking.

19. Trend Futuri nel Marketing: Intelligenza artificiale, realtà aumentata, personalizzazione.

I trend futuri nel marketing segnano un'evoluzione significativa nel modo in cui le aziende si connettono con i loro clienti, spingendo sempre più verso l'adozione di tecnologie avanzate per creare esperienze più immersive, personalizzate e interattive. L'intelligenza artificiale (AI), la realtà aumentata (AR) e la personalizzazione profonda sono al centro di questa trasformazione, offrendo nuove opportunità per le aziende di distinguersi in un mercato competitivo. Esploriamo come questi trend stiano plasmando il futuro del marketing.

Intelligenza Artificiale (AI) nel Marketing

- **Automazione e Efficienza**: L'AI sta rivoluzionando il marketing attraverso l'automazione di compiti ripetitivi, consentendo ai team di marketing di concentrarsi su strategie e creatività. Gli algoritmi di AI possono gestire tutto, dalla segmentazione del pubblico e la personalizzazione dei messaggi alla programmazione ottimale dei contenuti e all'analisi delle performance delle campagne.

- **Chatbot e Assistenza Clienti**: I chatbot alimentati da AI forniscono un servizio clienti immediato e personalizzato, rispondendo alle domande dei clienti 24/7 e migliorando l'esperienza complessiva del cliente. La capacità degli AI chatbot di apprendere dalle interazioni passate consente loro di diventare sempre più efficienti nel tempo.

- **Analisi Predittiva**: L'AI migliora la capacità delle aziende di prevedere comportamenti e preferenze dei consumatori, analizzando grandi quantità di dati per identificare tendenze e modelli. Questo permette alle aziende di anticipare le esigenze dei clienti e di personalizzare le loro offerte in modo proattivo.

Realtà Aumentata (AR) nel Marketing

- **Esperienze di Prodotto Immersive**: La realtà aumentata sta trasformando l'esperienza di shopping, permettendo ai consumatori di visualizzare i prodotti in un contesto reale prima dell'acquisto. Dall'arredamento alla moda, l'AR consente ai clienti di provare virtualmente i prodotti, aumentando la fiducia nell'acquisto e riducendo il tasso di reso.

- **Campagne Pubblicitarie Interattive**: L'AR offre nuove possibilità per campagne pubblicitarie creative e interattive che coinvolgono direttamente i consumatori. Attraverso l'uso di immagini, video e giochi in AR, le aziende possono creare esperienze di marca memorabili che stimolano l'engagement e la condivisione sui social media.

Personalizzazione nel Marketing

- **Esperienze Utente Su Misura**: La personalizzazione è diventata la norma nel marketing moderno. I consumatori si aspettano esperienze su misura che riflettano i loro interessi, comportamenti di acquisto e preferenze. Utilizzando dati e analisi avanzate, le aziende possono ora personalizzare ogni aspetto dell'esperienza del cliente, dal sito web e le email alle raccomandazioni di prodotto e le offerte speciali.

- **Marketing Contestuale**: Oltre alla personalizzazione basata su dati storici, il marketing contestuale prende in considerazione il contesto in tempo reale dell'utente, come la posizione, il dispositivo utilizzato e l'ora del giorno, per offrire messaggi ancora più pertinenti e tempestivi.

- **Privacy e Personalizzazione**: Mentre la personalizzazione diventa sempre più sofisticata, la questione della privacy dei dati diventa critica. Le aziende devono bilanciare la personalizzazione con il rispetto della privacy dei clienti, assicurandosi di aderire a normative come il GDPR e comunicando trasparentemente come i dati vengono raccolti e utilizzati.

In conclusione, il futuro del marketing è caratterizzato da un utilizzo sempre più strategico dell'intelligenza artificiale, della realtà aumentata e della personalizzazione per creare esperienze di marca coinvolgenti e memorabili. Questi trend non solo migliorano l'efficienza delle campagne di marketing ma aprono anche nuove strade per connettersi con i clienti in modi significativi. Le aziende che riescono a integrare con successo queste tecnologie nel loro approccio di marketing saranno meglio attrezzate per soddisfare le aspettative dei consumatori moderni e per distinguersi in un mercato in rapida evoluzione.

Mentre il futuro del marketing continua a evolversi, l'intersezione tra tecnologia avanzata e una comprensione profonda del comportamento umano diventa sempre più cruciale. L'integrazione di nuove tecnologie come l'intelligenza artificiale (AI), la realtà aumentata (AR) e le strategie di personalizzazione profonda offre opportunità inesplorate per connettersi con i consumatori a livelli sempre più intimi e significativi. Ecco ulteriori spunti sui trend emergenti che stanno plasmando il futuro del marketing.

Hyper-Personalizzazione con Intelligenza Artificiale

- **Personalizzazione in Tempo Reale**: L'AI sta portando la personalizzazione a un nuovo livello, consentendo alle aziende di adattare le esperienze utente in tempo reale basandosi su azioni immediate, contesto e preferenze. Questo tipo di personalizzazione dinamica può significativamente aumentare l'engagement del cliente, migliorando la rilevanza e il valore di ogni interazione.

- **Content Curation Automatizzata**: L'intelligenza artificiale può anche automatizzare la selezione e la presentazione dei contenuti per adattarsi agli interessi unici di ogni utente, trasformando i flussi di contenuti in esperienze altamente personalizzate che aumentano l'immersione e il coinvolgimento.

Realtà Aumentata per un'Esperienza Immersiva

- **Campagne di AR Geo-Localizzate**: Sfruttando la realtà aumentata in combinazione con la geolocalizzazione, le aziende possono creare campagne pubblicitarie che si attivano quando un utente si trova in una specifica località fisica. Questo non solo aumenta l'interattività ma anche la pertinenza dell'esperienza del cliente, legando il marketing digitale all'ambiente fisico in modi innovativi.

- **Prove Virtuali e Visualizzazione di Prodotti**: Le prove virtuali tramite AR stanno diventando sempre più sofisticate, consentendo ai consumatori di visualizzare come i prodotti appaiono in contesti reali o su di loro stessi. Questo riduce le barriere all'acquisto, specialmente per i beni di consumo di alta considerazione, migliorando la fiducia e riducendo i tassi di ritorno.

Marketing Predittivo e Decisionale

- **Ottimizzazione Predittiva**: L'AI e il machine learning stanno migliorando la capacità delle aziende di prevedere i comportamenti dei consumatori e ottimizzare le strategie di marketing in base a queste previsioni. Questo include tutto, dall'identificazione del momento migliore per inviare comunicazioni di marketing all'adattamento delle offerte in base alla probabilità di conversione del cliente.

- **Decisioni Basate sui Dati**: Man mano che la capacità di raccogliere e analizzare dati diventa sempre più avanzata, le decisioni di marketing possono essere sempre più guidate da insight approfonditi. Questo non solo aumenta l'efficacia delle campagne ma consente anche un'allocazione più efficiente del budget di marketing.

Etica e Trasparenza

- **Priorità alla Privacy e all'Etica**: Con l'aumento della personalizzazione e dell'uso dei dati dei consumatori, le questioni di privacy e etica diventano sempre più importanti. Le aziende devono navigare attentamente in queste acque, assicurando la trasparenza nelle loro pratiche di raccolta e utilizzo dei dati e guadagnando la fiducia dei consumatori attraverso la protezione e il rispetto della loro privacy.

- **Regolamentazione e Conformità**: Le normative sulla privacy dei dati, come il GDPR nell'Unione Europea e il CCPA in California, stanno plasmando il modo in cui le aziende raccolgono, archiviano e utilizzano i dati dei consumatori. Essere proattivi nel garantire la conformità non solo evita sanzioni ma rafforza anche la reputazione dell'azienda come custode fidato dei dati dei clienti.

In conclusione, il futuro del marketing si sta dirigendo verso un'era di maggiore personalizzazione, esperienze utente immersive e decisioni basate sui dati, tutte sostenute da avanzamenti in intelligenza artificiale, realtà aumentata e analisi predittiva. Questi trend offrono opportunità emozionanti per le aziende di coinvolgere i consumatori in modi nuovi e significativi, ma richiedono anche un'attenzione attenta alle implicazioni etiche e alla privacy. Le aziende che riescono a bilanciare questi elementi non solo creeranno esperienze di marketing più efficaci ma costruiranno anche relazioni più forti e di fiducia con i loro clienti.

Proseguendo nell'analisi delle tendenze future nel marketing, diventa chiaro che l'innovazione tecnologica e la comprensione profonda delle dinamiche umane saranno fondamentali per guidare le strategie di successo. Mentre l'intelligenza artificiale, la realtà aumentata e la personalizzazione avanzata continuano a evolversi, emergono nuove aree di opportunità che potrebbero ulteriormente trasformare il paesaggio del marketing. Di seguito, esploriamo come queste e altre tendenze potrebbero svilupparsi e influenzare le strategie di marketing future.

Etica dell'Intelligenza Artificiale e Responsabilità

- **Sviluppo Responsabile dell'AI**: Man mano che l'intelligenza artificiale diventa sempre più integrata nelle strategie di marketing, cresce anche la necessità di un suo sviluppo e utilizzo responsabile. Ciò include la creazione di sistemi AI che siano trasparenti, spiegabili e privi di pregiudizi, assicurando che le decisioni di marketing sostenute dall'AI siano etiche e giuste.

- **Regolamentazione dell'Utilizzo dell'AI**: È probabile che vedremo un aumento della regolamentazione intorno all'uso dell'intelligenza artificiale nel marketing, con politiche volte a proteggere sia i consumatori che le aziende. Questo potrebbe includere normative sulla trasparenza degli algoritmi, sulla privacy dei dati e sull'equità nelle decisioni automatizzate.

Innovazioni nella Realtà Aumentata

- **AR per il Coinvolgimento della Comunità**: Oltre alle applicazioni individuali, la realtà aumentata potrebbe essere utilizzata per coinvolgere intere comunità in esperienze di marketing immersive. Ciò potrebbe includere eventi di realtà aumentata a livello di città, installazioni artistiche interattive o campagne di sensibilizzazione su larga scala che utilizzano l'AR per educare e informare.

- **AR e Sostenibilità**: La realtà aumentata offre anche opportunità per promuovere pratiche sostenibili, ad esempio, consentendo ai consumatori di visualizzare l'impatto ambientale dei prodotti o di esplorare virtualmente ecosistemi naturali o problemi ambientali senza la necessità di viaggi fisici, riducendo così l'impronta di carbonio associata.

Profondità della Personalizzazione

- **Personalizzazione Oltre il Marketing**: La personalizzazione si estenderà oltre le strategie di marketing tradizionali per influenzare l'intero ciclo di vita del prodotto e l'esperienza del servizio. Questo potrebbe includere la personalizzazione della produzione di prodotti basata sui dati individuali del cliente o servizi post-vendita altamente personalizzati che si adattano al comportamento e alle preferenze del consumatore nel tempo.

- **Tecnologie Indossabili e Personalizzazione**: Con l'evoluzione delle tecnologie indossabili, la personalizzazione potrebbe diventare ancora più raffinata, utilizzando dati in tempo reale sulla salute, l'attività e le preferenze di stile di vita per offrire

raccomandazioni di prodotti e servizi altamente
mirate.

Nuove Frontiere di Engagement del Consumatore

- **Blockchain per la Fiducia e la Trasparenza**: La tecnologia blockchain potrebbe essere adottata in modo più ampio nel marketing per creare un nuovo livello di fiducia e trasparenza nelle transazioni e nelle interazioni con i clienti. Ciò potrebbe includere l'autenticazione di prodotti, la gestione della supply chain trasparente e i sistemi di reward basati su blockchain.

- **Esperienze Multisensoriali**: Il futuro del marketing potrebbe esplorare in modo più profondo le esperienze multisensoriali, utilizzando non solo la vista e l'udito ma anche il tatto, l'olfatto e il gusto per creare esperienze di marca memorabili e coinvolgenti. Questo approccio olistico potrebbe trasformare completamente il modo in cui i consumatori percepiscono e interagiscono con i marchi.

In conclusione, il futuro del marketing si prospetta ricco di innovazioni tecnologiche e nuove strategie volte a creare connessioni più profonde e significative con i consumatori. Le aziende che riescono a navigare in questo paesaggio in rapida evoluzione, mantenendo al contempo un impegno per l'etica, la responsabilità e la sostenibilità, saranno ben posizionate per prosperare in un mercato sempre più competitivo e globalizzato. La chiave del successo risiederà nella capacità di adattarsi, innovare e, soprattutto, rimanere centrati sulle esigenze e sui desideri dei consumatori.

Mentre il panorama del marketing continua a evolversi, emergono nuove tendenze che spingono i confini di come interagiamo con e comprendiamo i consumatori. La fusione di tecnologia avanzata, dati analitici e un approccio centrato sull'umano sta aprendo nuovi orizzonti per personalizzare, coinvolgere e fidelizzare in modi precedentemente inimmaginabili. Ecco ulteriori prospettive su come queste tendenze potrebbero svilupparsi e plasmare il futuro del marketing.

Integrazione tra Mondo Fisico e Digitale

- **Esperienze Seamless Omnicanale**: Il futuro vedrà una fusione ancora più profonda tra le esperienze online e offline. L'obiettivo sarà creare un ecosistema di marca seamless, dove i consumatori possono passare senza soluzione di continuità tra il digitale e il fisico. Ciò richiederà l'uso di dati condivisi, analisi comportamentali e tecnologie come l'AR per offrire esperienze personalizzate che si estendono oltre lo schermo.

- **Negozi Fisici come Esperienze di Marca**: I punti vendita fisici si evolveranno da semplici spazi di transazione a hub di esperienze immersive di marca. Utilizzando la tecnologia AR, display interattivi e elementi personalizzati basati sui dati dei consumatori, i negozi diventeranno luoghi dove i consumatori possono vivere appieno i valori e l'estetica del marchio.

Evoluzione del Marketing Predittivo

- **Decisioni Basate sull'Intelligenza Artificiale Avanzata**: Man mano che l'intelligenza artificiale diventa più sofisticata, le capacità predittive nel marketing si espanderanno, consentendo alle aziende di anticipare le esigenze dei consumatori con una precisione senza precedenti. Questo potrebbe estendersi alla previsione di tendenze di mercato emergenti, all'identificazione di nuove nicchie di consumatori e all'ottimizzazione delle strategie di prodotto e di comunicazione in tempo reale.

- **Automazione del Marketing Personalizzato**: La personalizzazione sarà portata a nuovi livelli grazie all'automazione basata sull'AI, che può analizzare dati complessi in tempo reale per adattare le comunicazioni di marketing non solo ai comportamenti passati ma anche ai contesti e alle preferenze attuali del consumatore.

Sostenibilità e Marketing Conscio

- **Priorità alla Sostenibilità**: I consumatori sono sempre più consapevoli dell'impatto ambientale e sociale delle loro scelte di acquisto. Le aziende risponderanno con strategie di marketing che non solo comunicano impegni verso la sostenibilità, ma che integrano pratiche sostenibili in ogni aspetto dell'esperienza del cliente, dalla produzione alla confezione, alla distribuzione.

- **Marketing Conscio e Etico**: Il futuro del marketing richiederà un maggiore focus su pratiche etiche e trasparenti. Ciò significa comunicare apertamente sulle operazioni aziendali, sull'impatto dei prodotti e sulle iniziative di responsabilità sociale, costruendo così fiducia e lealtà a lungo termine con i consumatori.

Intelligenza Emotiva e Connessioni Umane

- **Marketing Basato sull'Intelligenza Emotiva**: Le strategie di marketing del futuro riconosceranno l'importanza dell'intelligenza emotiva nell'instaurare connessioni significative con i consumatori. Ciò comporterà l'uso di dati e analisi per comprendere e rispondere alle emozioni dei consumatori, personalizzando le comunicazioni per risuonare su un livello più profondo e umano.

- **Costruzione di Comunità e Appartenenza**: Le marche che riescono a costruire comunità intorno ai loro prodotti o servizi, offrendo ai consumatori un senso di appartenenza, vedranno una fidelizzazione del cliente rafforzata. Questo implica un marketing che facilita e valorizza le interazioni tra i consumatori, oltre che tra consumatori e marca.

In definitiva, il futuro del marketing si configura come un'era di opportunità illimitate, dove la tecnologia, l'analisi predittiva, l'etica e un profondo impegno per l'autenticità e la sostenibilità giocano ruoli centrali. Le aziende che riescono a navigare in questo paesaggio complesso, mantenendo al centro delle loro strategie le esigenze e i desideri umani, non solo prospereranno ma definiranno anche il futuro del marketing in un mondo in rapida evoluzione.

Proseguendo nell'esplorazione delle tendenze future nel marketing, ci troviamo all'orizzonte di una trasformazione guidata dall'innovazione tecnologica e da un cambiamento culturale verso pratiche più etiche e sostenibili. L'interazione tra queste forze plasmerà non solo le strategie di marketing ma anche le relazioni tra marche e consumatori. Mentre guardiamo al futuro, vediamo emergere nuovi paradigmi e opportunità.

Integrazione di Tecnologie Emergenti

- **Realtà Mista e Virtuale per l'Immersività**: Oltre alla realtà aumentata, la realtà mista (MR) e la realtà virtuale (VR) inizieranno a giocare ruoli più significativi nel marketing, offrendo esperienze completamente immersive che possono trasportare i consumatori in mondi brandizzati su misura. Queste tecnologie offrono opportunità uniche per raccontare storie di marca in modi coinvolgenti e memorabili, estendendo l'esperienza del cliente oltre il fisico in spazi virtuali dove l'unico limite è l'immaginazione.

- **Internet delle Cose (IoT) e Marketing Connesso**: L'espansione dell'Internet delle Cose porterà a un'ulteriore personalizzazione e a opportunità di engagement in tempo reale. Gli oggetti connessi possono fornire dati preziosi sul comportamento e le preferenze dei consumatori, permettendo alle aziende di offrire esperienze di marketing altamente personalizzate e contestualmente rilevanti attraverso una gamma di dispositivi e piattaforme.

Sostenibilità come Imperativo

- **Marketing Verde e Comunicazione della Sostenibilità**: La sostenibilità diventerà un imperativo non solo nelle operazioni aziendali ma anche nelle strategie di marketing. Le aziende che comunicano apertamente i loro sforzi per ridurre l'impronta ecologica, supportare le comunità e promuovere pratiche di business etiche guadagneranno la fiducia e la lealtà dei consumatori consapevoli. Il marketing verde dovrà essere autentico e supportato da azioni concrete per evitare accuse di greenwashing.

Personalizzazione Etica e Rispetto della Privacy

- **Bilanciamento tra Personalizzazione e Privacy**: Mentre la personalizzazione diventa sempre più raffinata, le aziende dovranno navigare con attenzione il delicato equilibrio tra offrire esperienze su misura e mantenere il rispetto per la privacy dei consumatori. Le future strategie di marketing richiederanno trasparenza, consenso esplicito e opzioni di personalizzazione flessibili per rassicurare i consumatori sulla sicurezza e l'uso etico dei loro dati.

Marketing Generativo e Co-creazione

- **Co-creazione con i Consumatori**: La co-creazione diventerà una pratica di marketing più diffusa, con le aziende che invitano i consumatori a partecipare attivamente allo sviluppo di prodotti, servizi e campagne. Questo approccio non solo migliora l'innovazione e la rilevanza dell'offerta ma rafforza anche il senso di appartenenza e investimento emotivo dei consumatori nella marca.

Focus sull'Esperienza del Cliente

- **Customer Experience (CX) Olistica**: L'esperienza del cliente continuerà ad essere al centro delle strategie di marketing, con un'enfasi crescente su un approccio olistico che consideri ogni punto di contatto e interazione. Le aziende che offrono esperienze senza soluzione di continuità, emotivamente coinvolgenti e altamente soddisfacenti, da ogni dispositivo a ogni piattaforma, saranno quelle che si distinguono.

Umanizzazione del Brand e Storytelling

- **Umanizzazione e Storytelling Emotivo**: Le marche che riescono a umanizzarsi, raccontando storie che risuonano a livello emotivo e riflettono valori e aspirazioni condivise, creeranno

connessioni più profonde con i loro pubblici.
L'arte dello storytelling sarà cruciale per
trasmettere autenticità, suscitare empatia e
costruire relazioni durature.

In sintesi, il futuro del marketing si sta orientando
verso un'integrazione più profonda della tecnologia per
creare esperienze personalizzate e immersive,
mantenendo al contempo un impegno etico verso la
sostenibilità e la privacy. Le aziende che abbracciano
questi trend, adattandosi alle aspettative in evoluzione
dei consumatori e impegnandosi in pratiche di
business responsabili, non solo guideranno
l'innovazione nel loro campo ma costruiranno anche
una fiducia e lealtà durature con i consumatori. La
chiave del successo nel marketing futuro sarà la
capacità di rimanere agile, etico e profondamente
connesso con i valori e le esigenze dei consumatori.

Il futuro del marketing, profondamente radicato
nell'evoluzione tecnologica e nella crescente richiesta
di autenticità e sostenibilità da parte dei consumatori,
sta prendendo una direzione che richiede un
bilanciamento tra innovazione e responsabilità etica.
Le tendenze emergenti, come l'intelligenza artificiale
avanzata, la realtà aumentata, e la personalizzazione su
misura, promettono di trasformare il modo in cui le
aziende interagiscono con i loro clienti, offrendo
esperienze sempre più immersive, personalizzate e
significative. Tuttavia, questo nuovo orizzonte porta

con sé la necessità di navigare con attenzione le questioni di privacy, etica e sostenibilità.

Innovazione Tecnologica e Personalizzazione

L'avanzamento delle tecnologie come l'AI e l'AR apre possibilità senza precedenti per creare esperienze di marketing uniche che possono anticipare e soddisfare le esigenze dei consumatori in modi sempre più accurati e tempestivi. Questa capacità di offrire un'esperienza utente altamente personalizzata e contestualmente rilevante non solo migliorerà l'engagement dei clienti ma potenzierà anche la fedeltà e il valore percepite della marca.

Etica, Privacy e Sostenibilità

Parallelamente a questi sviluppi tecnologici, emerge una forte richiesta di maggiore trasparenza, rispetto per la privacy e impegno verso pratiche sostenibili. Le aziende saranno chiamate a dimostrare non solo come utilizzano i dati dei clienti in modo responsabile ma anche come i loro prodotti, servizi e operazioni contribuiscono a un futuro più sostenibile. L'integrazione di principi etici e sostenibili nel core delle strategie di marketing diventerà un fattore cruciale per costruire fiducia e credibilità con i consumatori moderni.

Storytelling Emotivo e Umanizzazione del Brand

Al cuore del futuro del marketing vi è la capacità delle aziende di raccontare storie che risuonano emotivamente con il pubblico, umanizzando il brand e costruendo connessioni autentiche. Gli sforzi di marketing che riescono a toccare le corde emotive, riflettendo valori e aspirazioni condivisi, saranno quelli che emergono in un panorama saturato, creando esperienze di marca memorabili che vanno oltre il prodotto o servizio offerto.

Adattabilità e Apprendimento Continuo

La capacità di rimanere adattabili, abbracciando l'apprendimento continuo e l'innovazione aperta, sarà fondamentale per le aziende che cercano di navigare con successo nel futuro del marketing. L'evoluzione costante del comportamento dei consumatori, insieme all'emergere di nuove tecnologie e sfide globali, richiede un approccio agile e proattivo al marketing, pronto a evolversi in risposta ai cambiamenti del mercato e alle esigenze dei clienti.

Conclusione Dettagliata

In conclusione, il futuro del marketing si sta dirigendo verso un'era caratterizzata da un'innovazione tecnologica senza precedenti e una crescente domanda di relazioni più autentiche, personalizzate ed eticamente responsabili tra marche e consumatori. Mentre l'intelligenza artificiale, la realtà aumentata e la personalizzazione avanzata offrono straordinarie opportunità per arricchire l'esperienza del cliente, è imperativo che queste tecnologie siano impiegate con un'attenta considerazione per l'etica, la privacy e la sostenibilità. Il successo nel futuro del marketing dipenderà dalla capacità delle aziende di bilanciare l'innovazione tecnologica con un impegno genuino verso la costruzione di un futuro sostenibile e la creazione di connessioni autentiche e significative con i loro clienti. Le aziende che abbracciano questi principi, adattandosi agilmente e imparando continuamente, non solo soddisferanno le aspettative dei consumatori moderni ma guideranno anche la trasformazione verso pratiche di marketing più responsabili e orientate al futuro.

20. Conclusione e Prossimi Passi: Riassunto delle lezioni chiave e piani d'azione per il futuro.

Dopo aver esplorato una vasta gamma di argomenti, dalle basi del marketing e la sua storia, ai concetti fondamentali, fino alle strategie avanzate e ai trend futuri, è chiaro che il campo del marketing è in continua evoluzione. Le lezioni chiave apprese offrono una base solida su cui costruire strategie efficaci e innovative. Mentre guardiamo al futuro, è cruciale identificare piani d'azione che permettano di navigare con successo in questo paesaggio in rapido cambiamento. Ecco un riassunto delle lezioni chiave e dei piani d'azione per il futuro.

Lezioni Chiave

1. **Importanza della Definizione di Marketing**: Comprendere il marketing come un processo che va oltre la semplice pubblicità, coinvolgendo la creazione, la comunicazione, la consegna e lo scambio di offerte di valore.

2. **Evoluzione del Marketing**: La storia del marketing mostra un percorso da approcci orientati al prodotto a strategie incentrate sul cliente, evidenziando l'importanza dell'adattabilità e dell'innovazione.

3. **Concetti Fondamentali**: Il mix di marketing (4Ps), la segmentazione del mercato, e il branding sono concetti fondamentali che rimangono rilevanti, ma devono essere adattati ai contesti moderni e alle aspettative dei consumatori.

4. **Ruolo delle Nuove Tecnologie**: L'intelligenza artificiale, la realtà aumentata e la personalizzazione sono trend che stanno plasmando il futuro del marketing, offrendo

nuove opportunità per coinvolgere i consumatori
in modi innovativi.

5. **Importanza della Sostenibilità e dell'Etica**:
   I consumatori moderni richiedono trasparenza,
   etica e sostenibilità, spingendo le aziende a
   incorporare questi valori nelle loro strategie di
   marketing.

Piani d'Azione per il Futuro

1. **Continua Educazione e Apprendimento**:
   Impegnarsi in un apprendimento continuo per
   rimanere aggiornati sulle ultime tendenze,
   strumenti e teorie del marketing. Partecipare a
   workshop, corsi online e conferenze del settore
   può arricchire le tue conoscenze e competenze.

2. **Adottare un Approccio Centrato sul
   Cliente**: Sviluppare strategie di marketing che
   mettano i bisogni e le preferenze dei clienti al
   centro, utilizzando i dati per informare decisioni
   e personalizzare l'esperienza del cliente.

3. **Sperimentare con Tecnologie Emergenti**:
   Esplorare e integrare tecnologie emergenti come
   l'AI e l'AR nelle strategie di marketing, valutando
   costantemente il loro impatto sull'engagement
   del cliente e il ROI.

4. **Incorporare Principi di Sostenibilità**:
   Rivedere le pratiche di marketing e aziendali per
   assicurare che siano sostenibili e etiche,
   comunicando apertamente questi sforzi ai
   consumatori.

5. **Valutazione e Ottimizzazione Continua**:
   Implementare cicli regolari di valutazione e
   ottimizzazione delle strategie di marketing per
   garantire che rimangano efficaci, rilevanti e
   allineate con gli obiettivi aziendali.

6. **Costruire e Mantenere una Rete
   Professionale Forte**: Continuare a investire
   nel networking e nella costruzione di relazioni
   nel settore, sia online che offline, per condividere
   conoscenze, scoprire opportunità e rimanere
   ispirati.

7. **Prepararsi per il Futuro del Marketing**:
   Mantenere una mentalità aperta e proattiva,
   pronta ad adattarsi alle rapide evoluzioni del
   mercato e alle aspettative dei consumatori,
   garantendo che la tua marca o azienda non solo
   sopravviva ma prosperi nel futuro del marketing.

In conclusione, le lezioni apprese e i piani d'azione
delineati offrono una guida per navigare con successo
nel complesso mondo del marketing. Mantenendo un
impegno per l'apprendimento continuo, l'innovazione e
l'adattabilità, insieme a un forte senso di etica e

responsabilità, professionisti del marketing e aziende possono guardare al futuro con fiducia, pronti ad affrontare le sfide e cogliere le opportunità che il futuro del marketing riserva.

In conclusione, questo libro ha offerto un'ampia panoramica del marketing, dalle sue radici storiche ai concetti fondamentali, dalle strategie avanzate ai trend futuri, evidenziando l'importanza di un approccio olistico, etico e centrato sul cliente. Attraverso l'esplorazione di vari temi, abbiamo visto come il marketing si sia evoluto in risposta ai cambiamenti tecnologici, culturali e sociali, e come questi cambiamenti richiedano ai professionisti del marketing di adattarsi continuamente per rimanere pertinenti e competitivi.

Punti Chiave del Libro:

1. **Definizione e Importanza del Marketing**: Il marketing è essenziale per comprendere e soddisfare i bisogni dei clienti, creando valore per entrambe le parti.

2. **Storia del Marketing**: La storia del marketing mostra un'evoluzione dalle strategie orientate al prodotto a quelle incentrate sul cliente, sottolineando l'importanza dell'adattabilità.

3. **Concetti Fondamentali**: Concetti come il mix di marketing, la segmentazione del mercato e il

branding sono pilastri fondamentali su cui costruire strategie efficaci.

4. **Strategie Avanzate**: L'uso dell'intelligenza artificiale, della realtà aumentata e della personalizzazione profonda stanno plasmando il futuro del marketing.

5. **Trend Futuri**: Innovazioni tecnologiche e un crescente focus su etica e sostenibilità stanno guidando le future direzioni del marketing.

Risorse Utili:

Per coloro che desiderano approfondire ulteriormente i loro studi e rimanere aggiornati sulle ultime tendenze e migliori pratiche nel campo del marketing, ecco alcune risorse consigliate:

- **American Marketing Association (AMA)**: https://www.ama.org - Un'ottima risorsa per articoli di ricerca, casi di studio e tendenze del marketing.

- **HubSpot Blog**: https://blog.hubspot.com/marketing - Offre una vasta gamma di guide, suggerimenti e analisi sulle ultime strategie di marketing digitale.

- **MarketingProfs**: https://www.marketingprofs.com - Fornisce formazione, corsi e contenuti informativi su vari aspetti del marketing.

- **Content Marketing Institute (CMI)**: https://contentmarketinginstitute.com - Specializzato in strategie di content marketing, offre risorse educative e studi di settore.

- **Google Digital Garage**: https://learndigital.withgoogle.com/digitalgarage - Corsi gratuiti su digital marketing, dati e tecnologia offerti da Google.

Conclusione e Prossimi Passi:

Mentre chiudiamo questo libro, è chiaro che il viaggio nel mondo del marketing è infinito. La chiave per il successo nel marketing moderno risiede nella capacità di apprendere continuamente, adattarsi alle nuove tendenze e tecnologie e mantenere un forte impegno nei confronti dei valori etici e della sostenibilità. Con le giuste conoscenze, strumenti e mindset, i professionisti del marketing possono non solo navigare ma anche prosperare in questo paesaggio in continuo cambiamento, creando esperienze significative e di valore per i clienti e per la società nel suo insieme.

Ricordate, il marketing è più di una semplice promozione; è un modo di pensare, un modo di comunicare e, soprattutto, un modo di creare valore nel mondo. Con questo spirito, vi auguriamo il meglio

nel vostro percorso di marketing, ricco di
apprendimento, innovazione e successo.